邪馬台国から百済大王へ

千寿 史人

目次

まえがき

ある本のあとがきに書かれた一文がこの本を書くきっかけとなりました。

韓国の古代史研究家によると、三韓を遡る数百年前から南部朝鮮に「伽耶」という高度の文化国があり、韓国固有語で、上伽耶（ウカヤ）・下伽耶（アラカヤ）と呼ばれる兄弟国であったという。

ウカヤフキアエズノミコトと海の彼方から来た豊玉姫の妹の玉依姫との間に生まれた子がカムヤマトイワレヒコで、東征を行って大和へ至り、イワレヒコは即位して神武天皇となります。これが神武東征とされます。

韓国の南部には高霊（コリョン）という都市がありますが、高霊には古代に上加耶（ウカヤ）という国があり、ウカヤフキアエズノミコトのウカヤは古代国家の上加耶（ウカヤ）に由来すると韓国の古代史研究家が言うのです。

神話では天照大神（アマテラスオオカミ）が天孫のニニギノミコトを降臨させたと考え

る人が多いのですが、『日本書紀』には高霊の二字の間に「皇を産む」と書いた高皇産霊尊（タカミムスヒノミコト）という神がアマテラスよりも先に日本の天上に成り、高天原を采配したと書かれています。

イザナキとイザナミが国生みと神生みを行い、天孫のニニギが地上へ降臨すると神は消えて神代は終わり、初代天皇の神武天皇紀へと続いていきます。

本書は『日本書紀』を中心として歴史の流れを追っていきますが、『日本書紀』には魏志倭人伝に書かれている邪馬台国と、邪馬台国と戦争をした狗奴国については書かれていません。イザナキとイザナミが国生みを終えた後に両国があるわけですから、当然のことながら両国は登場しなければならないのですが、なぜか書かれていないのです。

それでいながら、『日本書紀』ではタカミムスヒやウカヤフキアエズといった神の名を使って古代に存在した加耶という国を隠し、神話の中に巧妙に潜めているということは、古代から加耶という国と日本列島は深いつながりがあったということの裏返しと言えるのです。

歴史は時間の流れによって作られていくものですが、流れとは当然のことながら日本国内の中だけには留まらず、朝鮮半島があり、さらには中国大陸と相互に関係しながら動いていくものです。島国だけで先史時代や古代から単独に存在していたということはあり得ません。

神話の冒頭に朝鮮半島が出てくるということは、日本列島の歴史にとって半島との関係は抜き差しならないものがあるということになります。

それらの動きとは離れて、列島の中だけで日本古代史を考えてしまうと、列島を取り巻く時代の変化とは隔絶されたものとなり、列島を中心とした目で外部を眺めてしまうということになります。

私なりに朝鮮半島や中国の動きを見ながら書き進めていくと、その流れの中に邪馬台国があるということに気がつきました。卑弥呼が支配する女王国も、女王国と戦った狗奴国も半島と大きく関係しているのです。関係などというよりも、半島から渡って来た人々が国を作り、母国と同じように戦争を始めたわけです。

邪馬台国と狗奴国の戦いはすなわち半島の分国同士の戦いでもありますから、母国の利害も絡んできます。しかも、半島にある母国も戦いを行っているので、状況は変化します。この時代の流れの中に日本列島はあるのです。

弥生時代だけに限らず、古墳時代に入ってもこうした相互の関係は絡み合いながら、むしろ白村江の戦いまで強まる一方でした。

百済再興のために国を挙げて参戦した白村江の戦いは、唐と新羅連合軍に惨敗で終わり、朝鮮半島と日本列島の関係は断絶しました。

邪馬台国論争ばかりにこだわると、時代の流れが見えにくくなってしまいます。そのことに注意しながらまとめたつもりですが、果たしてどうでしょうか。

なお、倭人伝は魏尺の標準里ではなく、短里で書かれています。どうしても欠かすことのできない短里などの記述は、前著の『神さまは渡来人』と一部重複することをお断りしておきます。

また、文中の敬称は略しています。

第一章　高霊加耶から来た王

高霊が産んだ神

「まえがき」で触れたように、私がこの本を書こうと思ったのは『日本書紀』（下）全現代語訳　宇治谷《うじたに》孟《つとむ》（一九一八―一九九二）の「あとがき」の一文です。そこには『日本書紀』に秘められたと言うよりも、日本の歴史が避けては通ることのできない、非常に大きな問題が込められていたのです。非常に大きな問題とは何か。早速「あとがき」の一文をご紹介しましょう。

われわれ日本人が子どもの時から聞かされ、誰でも知らぬものはない海彦・山彦の物語。その山彦と、海のかなたからやってきた豊玉姫の間に生まれたウガヤフキアエズノミコト。このウガヤフキアエズと、豊玉姫の妹の玉依姫の間に生まれたのが、カムヤマトイワレヒコで、後の神武天皇ということになる。

この海彦・山彦の話にしても、産室の屋根をウの羽で葺《ふ》くのに、それが葺き終らぬうちに子が生まれたので、ウガヤフキアエズと名づけたなどというのは、われわれもオトギ話程度にしか受取っていなかったものである。

ところが韓国の古代史研究家によると、三韓を遡る数百年前から、南部朝鮮に「伽耶」という高度の文化国があり、韓国固有語で、上伽耶（ウカヤ）・下伽耶（アラカヤ）と呼ばれる兄弟国であったという。

日本では伽耶に因《ちな》んだ地名は数えきれないほど多いが、これはいかに古くから両者間に、緊密な交流関係があったかを、雄弁に物語るものと言わざるを得ない。

天孫降臨といえば、天照大神が孫のニニギノミコトを、天降らせるというふうに受けとっていることが多いが、書紀の記述によれば、主宰者は高皇産霊尊《たかみむすびのみこと》であり、ウガヤの都の高霊の二字の間に「皇を産む」の文字を挿入したのが、高皇産霊尊であるのをみると、この命名も無縁とは思い難い。

（『日本書紀』（下）全現代語訳　宇治谷 孟）

三韓とは馬韓、弁韓、辰韓のことを言い、朝鮮半島の南部に古代あった国です。日本では三韓は一世紀から四世紀にかけて存在したとする説が一般的で、馬韓を母体にして四世紀前半に百済が建国され、弁韓を母体にして加耶（伽耶、加羅、駕洛などとも）諸国が建国されたのが三世紀、辰韓を母体にして新羅が建国されたのが四世紀中頃とするものが定説となっています。

馬韓は半島南部の西側、辰韓は半島南部の東側を占め、弁韓は半島の南側にあって、馬韓と辰韓の間に食い込むようにしている小国です。

三韓の中では最も小さな国の弁韓は、さらに小さな国々が各地に分散した諸国で構成され、その国の一つに上加耶《ウカヤ》があり、しかも三世紀に建国されたとする加耶はそれよりも数百年も前から、上加耶が日本神話の冒頭に登場するウカヤフキアエズの名の元になっているというのです。

もしそれが本当のことだとすれば、日本の三韓に対する認識が根底から違っていたことになります。しかも、神話の初めに加耶諸国の一つが日本で神を産んだとなれば、日本の天上に神が成り、国が作られたとする神話が成り立たなくなってしまいます。

『日本書紀』神代上巻《かみよのうわつまき》は次のように始まります。

　昔、天と地がまだ分かれず、陰陽の別もまだ生じなかったとき、鶏の卵の中身のように固まっていなかった中に、ほの暗くぼんやりと何かが芽生えを含んでいた。やがてその澄んで明らかなものは、のぼりたなびいて天となり、重く濁ったものは、下を覆い滞って大地となった。澄んで明らかなものは、一つにまとまりやすかったが、重く濁ったものが固まるのには時間がかかった。だから天がまずでき上って、大地はその後でできた。そして後から、その中に神がお生まれになった。

それで次のようにいわれる。天地が開けた始めに、国土が浮き漂っていることは、たとえていえば、泳ぐ魚が水の上の方に浮いているようなものであった。そんなとき天地の中にある物が生じた。形は葦の芽のようだったが、間もなくそれが神となった。国常立尊《くにとこたちのみこと》と申しあげる。――大変貴いお方は「尊」といい、それ以外のお方は「命」といい、ともにミコトと訓《よ》む。以下すべてこれに従う――次に国狭槌尊《くにのさつちのみこと》、次に豊斟渟尊《とよくむぬのみこと》と、全部で三柱《みはしら》の神がおいでになる。この三柱の神は陽気だけをうけて、ひとりでに生じられた。だから純粋な男性神であった、と。

（中略）

また一書（第四）ではこういっている。天地がはじめて別れるときに、始めて一緒に生まれ出た神があった。国常立尊という。次に国狭槌尊。また高天原においでになる神の名を天御中主尊《あめのみなかぬしのみこと》という。次に高皇産霊尊《たかみむすひのみこと》。神皇産霊尊《かむみむすひのみこと》。皇産霊――これをミムスヒという。

（『日本書紀』全現代語訳　宇治谷 孟）

天孫降臨の場面です。

高皇産霊尊は、真床追衾《まとこおうふすま》で、瓊瓊杵尊《ににぎのみこと》を包んで降らせられた。皇孫は天の磐座《いわくら》を離れ、天の八重雲を押し開き、勢いよく道をふみ分けて進み、日向《ひむか》の襲《そ》の高千穂の峯にお降りになった。

タカミムスヒはニニギノミコトを布団で包み、ニニギを天から降《くだ》らせられたとあります。布団で包まれているはずのニニギですが、なぜか自ら天の八重雲を押し開き、勢いよく道をふみ分けて進み、日向の襲の高千穂の峯に降り立っています。

皇孫すなわち天孫がニニギで、タカミムスヒは天上にいる祖神ということになります。降臨したニニギは美人と出会います。名を鹿葦津姫《かしつひめ》、またの名を木花開耶姫《このはなさくやひめ》と言い、一夜で姫は妊娠しました。疑う皇孫に姫は怒り、「私が孕んだ子がもし天孫の子でないならば、きっと焼け滅びるでしょう。もし本当に天孫の子ならば、火も損なうことができぬでしょう」と言って出入り口のない無戸室に入り、火をつけました。

燃え上がる無戸室から三人の子が出てきて、その中の一人に彦火火出見尊《ひこほほでみのみこと》と名付けたのです。

ホホデミ（山彦）は兄の火闌降命《ほのすそりのみこと》（海彦）から借りた釣針を海で失ってしまい、貸した釣針を返せと要求されて途方に暮れるホホデミは海神《わたつみ》と出会い、海宮《わたつみのみや》に招かれます。ホホデミは海神の娘、豊玉姫を娶って生まれたのがウカヤフキアエズです。

ウカヤフキアエズが産まれる時に見てはいけないと言う豊玉姫の約束を破ってホホデミが覗くと、のたまう竜（一説には鰐とも）でした。辱しめを受けたと豊玉姫は海宮へ帰り、久しく経ってからホホデミは隠れて（亡くなって）います。

豊玉姫はウカヤフキアエズの出産に先立って海の彼方から妹の玉依姫を引き連れて来ていますが、ウカヤフキアエズはその玉依姫に育てられたということです。

ウカヤフキアエズは伯母の玉依姫を妃とされ、四人の男神を生んでいます。初めに彦五《ひこいつ》瀬命《せのみこと》、次に稲飯命《いなひのみこと》、次に三毛入野命《みけいりのみこと》で、最後に生まれたのが神日本磐余彦尊《かむやまといわれひこのみこと》です。

混然一体となった天地が初めて分かれる時に、真っ先に高天原に成った神が天御中主尊の次が高皇産霊尊で、タカミムスヒはニニギを降臨させ、ニニギは鹿葦津姫を娶ってホホデミが生まれ、ニニギは隠れ（亡くなり）ます。ホホデミは豊玉姫を娶ってウカヤフキアエズが生まれ、ホホデミも隠れ（亡くなり）ます。

ウカヤフキアエズが玉依姫を娶って生まれた子が神日本磐余彦尊、略してイワレヒコです。

ニニギは天から日本列島へ降臨し、ニニギが娶った鹿葦津姫との出会いは海辺です。一書には、波の上に建てられた御殿で機織る娘の姉が磐長姫《いわながひめ》で、妹を木花開耶姫《このはなさくやひめ》という、とあります。

ホホデミが娶ったのは海神の豊玉姫で、ウカヤフキアエズを産んだのは海辺ですし、ウカヤフキアエズが娶った玉依姫は、豊玉姫と一緒に海の彼方からやって来ています。イワレヒコが生まれるまでの神話に、海が頻繁に出てきています。

「高霊」の文字の間に「皇を産む」を入れた神が高皇産霊尊だと、韓国の古代史研究家が指摘をしていました。高霊（コリョン）は半島の南部を北から南へ流れて海に注ぐ洛東江《ナクトンガン》の中流域にあり、山上には数多くの古墳群が現存しています。

その高霊から日本列島へ渡ってこようとすれば、当然のことながら海を越えて来なければなりません。日本神話の始めに海が繰り返して書かれていることと、朝鮮半島と日本列島が海を隔ててあるということは、相互間が古代にはまったく無縁の関係であるどころか、むしろ非常に強いつながりがあったということが言えるのです。

また、『日本書紀』には「海」が「わたつみ」と書かれています。海神を「わたつみ」、海宮を「わたつみのみや」としています。

私は、「海」の語源は「つみ」ではないかと考えました。「つみ」が「うみ」に転訛したと思ったのです。「海」の音読みは「かい」で、訓読みが「うみ」です。音読みは中国式の読み方で、訓読みは漢字の意味を言い表した日本式の読み方としますが、それからすれば、「海」がなぜ「わたつみ」になるのか。「つみ」が「うみ」の語源だとすれば、「わた」は何を意味するのだろうか。

韓国の数学者で、日韓文化比較を長年に渡って研究している金《キム》容雲《ヨンウン》によれば、「海」の言葉について次のように説明しています。

日本語のうみは百済語のヨミ、新羅語はパダです。二つの異なる言葉「OK、よろしい」のように「わだつみ」はパダとうみが結合しています。

（『日本語の正体』　金容雲）

ヨミがオミとなって「うみ」となり、「わた」は新羅語のパダからきているのだとします。いずれも「海」を言い、パダうみが「わだつみ」になったというのです。「わだうみ」は発音がしにくいので、「わだつみ」が「わたつみ」となった可能性があります。

もしその通りだとすれば、日本式の読み方だとする訓読みは、日本で訓読みが確立するよりも遥かに古く半島で訓読みの原型とも言える話法がなされていて、それが列島に持ち込まれて現在の日本語があると言うことができましょう。

ウカヤフキアエズのウカヤが上伽耶からきたものだとする説と、「わたつみ」の言葉の由来は通じるところがあります。

そのウカヤフキアエズと海の彼方からやって来たという玉依姫が結婚して神日本磐余彦尊、略してイワレヒコが生まれ、神代が終わって神武天皇紀へと続いていきます。

韓国の古代史研究家が言うように、紀元前後から朝鮮半島と日本列島は密接に関係していたのか。これから始まる、弥生時代の根本に関わる非常に大きな問題です。この問題を抜きにしては、弥生時代を語ることはできないと言えるでしょう。

朝鮮半島を南下する建国神話

日本の天上に成った神が、古代韓国にあった上加耶から来て日本の神になるとすれば、その神はなぜ日本列島に来たのか、また、どのようにして列島の神になっていったのか。神話の世界とは言え、無関心でいることはできません。

また、朝鮮半島の南部には紀元前にはすでに高度な文明社会の加耶という国があり、それが事実だとすれば、半島にはどのような神話があるのか気になります。

調べてみると、朝鮮半島の建国神話は、半島の北部から南部へと向かう流れのあることが分かってきました。

半島には十三世紀にモンゴル族の侵入があり、それまで半島の各地にあった神話を統合して書かれたものが『三国遺事』で、高麗の僧、一然が十三世紀末に著しました。古朝鮮の建国神話、檀君《だんくん》神話です。

天帝の桓因《ファンウォン》の庶子に桓雄《ファンウン》という神がいて、人間を救うために三千の供を連れて太伯山《テペクサン》の頂の神壇樹に天降り、そこを神市《カムト》といった。神市で国を起こすと人間の地を三百六十年あまり治めた。そのとき、そこの洞窟には虎と熊とが住んでいて、「自分たちを人間の姿にしてほしい」と桓雄に願った。桓雄は、彼らによもぎ一束とにんにく二十個とを与え、「これを食べながら百日間、日光を避けてお籠もりをせよ」と命じた。桓雄の教えに従った熊は人間の女になれたが、教えに背いた虎は、人間になれなかった。この熊女《ウンニョ》が桓雄の愛を受けて生んだのが最初の君主の檀君王倹《タングンワンゴム》である。檀君は白岳山《ペックァサン》の阿斯達《アサダル》に都を定め、朝鮮と呼んだ。国を開いて千五百年間、治めた。

（『三国遺事』）

檀君とは檀国の君主という意味で、檀君神話は扶余系神話とツングース系の獣祖神話が結びついたものと言われています。桓雄が天下ったのは中国と北朝鮮北部の国境にある太伯山（白頭山）で、桓雄の子、檀君が都を作ったのは平壌です。

高句麗の降臨神話です。

北扶余の王，解夫婁が東扶余に退いていたが、夫婁が亡くなると、金蛙が位に着いた。この時太伯山の南、優渤水で一人の女に出会った。聞くと、「私はもと河伯の娘で、名前は柳花《ユファ》と申しますが、大勢の弟たちと遊んでいると、一人の男がいて、自分は天帝の子、解慕漱《ケモス》だと言いながら、わたしを熊津山のふもとにある鴨緑江のほとりの家に誘い込み、秘かに通じてから出て行ったまま再び帰ってきませんでした。父母は、私が仲立ちなしに結婚したことを責め立てて、ここへ流されてきたのであります」と答えた。

金蛙が不思議に思って、部屋の中に閉じ込めておいたところ、日光が照らした。身を避けると、日光が再び追ってきて照らした。

それで身ごもり、一個の卵を生んだ。大きさが五升ほどもあった。王が捨てて犬や豚にやると、食べようとしない。それで道に捨てると、牛や馬が避けて通り、野原に捨てると、鳥や獣が覆ってやるのだった。

王が割ろうとしても割れず、母に返してやった。母が物で包み、暖かいところへ置いたら、一人の子供が殻を破って出てきた。骨格と外観が人よりも飛び抜けてすぐれていた。

年わずか七歳でもはや成長し、凡人とは違って、一人で弓を作り、百発百中するほどの腕前であった。国の風俗に、よく矢を射るものを朱蒙《チュモン》と言ったので、それで名前にした。

金蛙には七人の子がいて、いつも朱蒙と遊んでいたが、技能はとうてい朱蒙に及ばなかった。長男の帯素が王に、「朱蒙は人間が生んだものではないから、早く始末しなければ、後々の心配の種となりましょう」と言った。しかし王は聞き入れようとはせず、馬の飼育をやらせた。

朱蒙は駿馬《しゅんめ》をよく見抜いて、餌を減らしてやせ細らせ、駑馬《どば》にはよく食わせて太らせた。王はよく肥えた馬は自分が乗り、痩せ馬は朱蒙に与えた。王の大勢の子と臣下たちが、朱蒙を殺そうとたくらむと、朱蒙の母がそれを察して、朱蒙に「国の人たちがおまえを殺そうとしている。早く逃げなさい」と言った。

追っ手を逃れた朱蒙は卒本州に都を定めて住み着き、国号を高句麗と号した。姓は高氏、このとき年は十二歳。漢の孝元帝の建昭二年（紀元前三七）に王に即位した。

（『三国遺事』）

以上が高句麗・東明聖王《トンミョンソンワン》の降臨神話です。高句麗は鴨緑江《アムノクガン》流域に建国しました。現在の北朝鮮国境に近い、中国遼寧省の地です。また、高句麗の始祖が馬の使い手であることを神話が語っています。

百済の建国神話は、朱蒙が高句麗王となってからのものです。

高句麗王・朱蒙《チュモン》の息子沸流《ピリュ》と温祚《オンジョ》の二人は、腹違いの兄が太子になるや、迫害を受けるようになった。身の危険を感じた二人は、十人の家臣を率いて南下する。弟はソウルに近い漢江《ハンガン》の河南に、そして兄は、現在の仁川《インチョン》の近くミチュホルに国を建てた。弟温祚の部下の数が十人だったので、最初は国の名前を十済と名乗った。弟の選んだ河南の地は肥沃で日増しに栄え、最初の名前十済を百済と代えるほど大きく成長させた。兄の沸流が選んだミチュホルの地は、湿気が多くとても国を保つことができず、自身の不明を恥じ自殺した。

（『三国史記』「百済本紀」）

高句麗と百済の建国神話は良く似ています。王の異母兄弟が太子になると身に危険が及び、国を離れて建国するのです。

騎馬遊牧民族は元来が小家族単位での放牧生活です。兄弟とは言え、成長すると家族を離れ、それぞれが単独に放牧をして暮らしていかなければなりません。大家族でいれば、放牧している家畜が周囲の草を食べ尽くしてしまい、そのままでは暮らしていくことができなくなります。王家といえどもその例には漏れず、兄弟は独立して新しく国を作る宿命にあります。

なお、朱蒙の息子の兄、沸流は『三国史記』では自殺をしたことになっていますが、異説も併せて掲げ、「沸流は、弟とともに一団の部下を率い、二つの河を渡り、ミチュホルに定着した」とも記しています。

次に、加耶の降臨神話です。

後漢の世祖、光武帝の建武十八年壬寅（四二）三月、禊浴の日に、彼らが住んでいた村の北側にある亀旨《クジ》から、皆を呼ぶ怪しげな声がした。

村の衆二、三百人がそこへ集まっていくと、人の声は聞こえるが、姿は見えない。その声は「ここに人がいるか」と聞く。九干らが「我々がおりまする」と言うと、また「ここはどこなのか」と聞く。「亀旨であります」と答えると、声はまたこう言った。「皇天が、私に言いつけてここに来させ、国を新しく建てて、私をここの君主になれと言われたので、いまここに降りてきたのだ。お前たちは、峯の頂上の土を掘りながら、次のように歌いなさい。

亀よ亀よ　頭出せ　出さずんば　焼いて食べるぞ

このように歌いながら舞い踊れば、それで大王を迎えて、喜び踊ることになるのだ」。

九干どもは、言われた通りに、みんなが楽しげに歌いながら舞った。しばらく経ってから空を仰いでみると、紫色の紐が天から垂れてきて地面に着いた。紐の端を見るとそこに赤い風呂敷があり、その中に金色のお盆が包まれていた。それを開いてみると中に黄金の卵が六個入っていて、太陽のように丸い。皆の者がそれを見て驚きながら喜び、百拝した。しばらくして再びそれを包み、抱えて我刀干の家に持ち帰り、床の上に安置してから、皆解散した。

十二時を過ぎ、翌日の夜明け方に大勢の者が集まってきてお盆を開いてみると、六個の卵が化けて男の子になっていた。顔立ちが麗しかった。床に座らせてから皆が拝賀し、心を込めて歌った。

日に日に大きく育ち、十余日経つと背丈が九尺にもなって、あたかも殷の天乙のようであり、顔は竜に似てあたかも漢の高祖のようであり、眉の八彩は唐高のようであり、目に瞳が二つずつあるのは虞舜のようであった。

その月の十五日に即位した。初めて現れたというので諱《いみな》を首露《スロ》と言った。あるいは首陵とも言い、国を大駕洛、または伽耶国と称したが、これは六伽耶の一つであり、残りの五人もおのおの帰って行って五伽耶の王となった。

（『三国遺事』「駕洛国記」）

天孫は小さな卵で現れると、土地の民が卵から出てきた子を育て、成長したのを見届けてから王に推戴しています。しかも、「亀よ亀よ　頭出せ　出さずんば　焼いて食べるぞ」と囃し立て王になる子を脅しています。

駕洛国記では六個の卵から生まれ出た王がそれぞれに国を作り、加耶には六つの国があると書かれています。

新羅の降臨神話です。

始祖の姓は朴《パク》氏、諱《いみな》は赫居世《ヒョクコセ》で、前漢の孝宣帝の五鳳元年甲子（紀元前五）四月丙辰の日に即位し、国号を徐那伐《ソラボル》と呼んだ。

これより先に朝鮮の遺民たちがここにやってきて山の谷間に分居し、六つの村を作って暮らしていた。

蘇伐公が楊山の麓を眺めると、井戸の傍らの林の中に一頭の馬が跪いていないないていた。そこへ行ってみると、急に馬は消えて見えず、ただ大きい卵があったので、それを割いてみると一人の赤ん坊が中から出てきた。

その赤ん坊を連れて行って育てたところが、十余歳になると立派な大人に成長した。六部の人々はその児の誕生が不思議であったので敬い奉り、ついに王に推戴した。

辰韓の人たちは瓢《ひさご》を朴と言っている。初め大きな卵が瓢のようであったから朴をもって姓とした。

（『三国史記』「新羅本紀」）

新羅の降臨神話も加耶の降臨神話と同様です。卵があり、中から出てきた子を土地の民が育てて大きく成長したので王に推戴した、という筋書きです。王となる支配者は農民の支持が必要で、農民は自分たちを武力で守ってくれるという考えで王に推戴するのです。
檀君神話では人間と熊との結婚があり、高句麗の天孫降臨神話には蛙が登場し、卵から王子が生まれています。加耶と新羅の天孫降臨神話でも王子は卵から生まれています。日本の神話には人間と蛇の結婚が良く登場しますが、日本の天孫降臨神話は南韓の神話とは違って威圧的です。
天降ったニニギノミコトに仰せつけられたアメノウズメノミコトに、こんな場面があります。

（アメノウズメノミコトが）海の魚の大・小すべてを追い集めて、問い尋ねて、「おまえたちは、天つ神のご子孫にお仕え申し上げるか」と言った時に、多くの魚がみな、「お仕え致します」と申した中に、海鼠《なまこ》だけは申さない。そこでアメノウズメノミコトは海鼠に、「この口なのだな、返事をしない口は」と言って、紐のついた小刀で海鼠の口を裂いた。

（『古事記』　中村啓信）

服従しない者は無理矢理にでも服従させています。支配者は土地の民の上に威圧的に君臨するのです。

檀君神話では人間の姿をした神が降臨していますが、日本神話でもニニギノミコトが人間の姿のままで降臨しています。この形は北方系の要素を含んでいるとする説があります。古代朝鮮では卵を神聖視しています。卵は鳥が産むものですが、鳥は空から降りてくる、つまり天から降りてくることを意味し、卵の丸い形と合わせて天孫降臨神話としたようにも思えます。

さらに重要なことは、高句麗の降臨神話には乗馬した王が書かれていることです。高句麗王家の家系から分かれた沸流と温祚の兄弟によって百済も生まれています。と言うことは、百済を建国した沸流と温祚の兄弟も騎馬民族ということになります。百済だけには留まりません。加耶もそうです。

加耶王は扶余系の血筋を継いでいますから、加耶王も騎馬民族なのです。その加耶から王が九州へ渡来し、建国すれば、加耶分国の王も騎馬民族の血筋を継いだ人物ということになります。

騎馬民族の血筋を継いだ人物とは言え、弥生時代に馬を伴って列島へ渡来したとするには早過ぎます。人間を運ぶのでさえ危険な航海を、神経質な馬を運ぶには当時の船の構造と輸送技術では無理であったと思われます。徒党を組んだ騎馬軍団が列島へ渡ってきたのではなく、繰り返しますが、弥生時代には騎馬民族の血筋を持った人間だけが渡来したのです。

一九四八年に日本で初めて「騎馬民族征服王朝説」を発表した江上波夫でしたが、弥生時代の出土品に馬や馬具などの遺物がないことや、倭人伝に「牛馬なし」と書かれていること、前方後円墳という日本独自の古墳が築かれ半島とは一線を画すこと、皇室の行事に馬に関するものがないことなどさまざまな反論がなされ、一蹴されてしまいました。

古代ロマンに名を借りた空理空論とさえ酷評された騎馬民族征服王朝説は、現在でもほとんど顧みられることはありません。

しかしそうでしょうか。私は、江上波夫が主張するように「大陸の騎馬民族が一気呵成に九州や日本列島を征服したのではなく、長い年月に渡って朝鮮半島を支配していた騎馬民族が半島の急な情勢の変化で日本列島に渡来し、長期間をかけて日本列島を支配した」と考えるべきではないか、と思います。

神話は中国北部の吉林省・扶余に始まり、朝鮮半島の北部へ移り、さらに半島の南部へと移っています。そうして日本列島へも――。

『日本書紀』が書いているのです。高霊が神を産んだ、と。

支石墓と甕棺墓が示すもの

九州の北部には大きな石をいくつか立て、その上に平たい大石を乗せて墓とした、支石墓と呼ばれるものが所どころにあり、山口県下関市にも支石墓があります。よく似たドルメンと呼ばれる支石墓はヨーロッパにもありますが、中国から朝鮮半島、取り分け朝鮮半島の南部に支石墓が集中しています。九州の支石墓には支石に塊状の石が使われたり、支石がなく、天板の平たい大石があるものなど変形型も見られます。

九州北部の支石墓が造られたのは縄文時代末期から弥生時代中頃にかけてで、大型の甕棺が支石墓の下に置かれるようになるとやがて支石墓は造られなくなり、一世紀後半には姿を消します。

甕棺は成人の遺骸を折り曲げて納められるほどに大きなもので、二つの甕棺の口を合わせて一つの甕棺墓とする合わせ口甕棺も弥生時代中期頃に行われるようになります。甕棺墓が行われた最盛期の南限は熊本県を流れる白川流域で、やがて大型甕棺は熊本県から姿を消し、九州北部の一部地域に限られるようになります。

中国で始まった甕棺墓が朝鮮半島を経て九州の北部で行われるようになったということは、甕棺墓の風習を持った人たちが中国から朝鮮半島を経て九州北部へ渡って来たということです。

甕棺墓の風習は紀元前四千年前頃に中国で始まったとされ、長江下流域では戦国時代（紀元前五世紀―紀元前二二一）まで残っていたといいます。

朝鮮半島南部の甕棺墓の起源は日本の縄文時代とされますから、九州における風習は縄文時代末期に始まったと考えられます。

甕棺墓の風習があった中国の長江中流域から下流域にかけては、広大な湿地帯が広がっており、また温暖な気候でもあるために稲作が紀元前六千年前には始まっていたのではないか、と推定されています。

長江中流域から下流には多くの稲作民が暮らしているところに、紀元前十世紀頃から長江の河口域にある呉国と越国間で長い戦いが始まり、紀元前四九六年に呉国は敗北してしまいます。

追放された呉国の難民の多くは船で脱出し、大陸の海岸沿いに北上して朝鮮半島の西海岸に着きます。さらに稲作の適地を求めて半島の西海岸に沿って南下し、半島の南部に定着して再び稲作を始めます。

その一部は海を渡って九州北部に移り、稲作を始めますが、難民の持っていた風習が支石墓というわけです。

こうして九州と山口県の一部が弥生時代の幕開きとなったわけですが、弥生時代の初めは農耕社会で支配者はいません。九州で暮らしていた縄文人とも戦いはなく、縄文人の力を借りながら開墾し、開拓を進めて水田稲作を始めていったことでしょう。

九州とは関門海峡を隔てて下関付近で始められた稲作は、長い年月をかけてゆっくりと東へ広がっていきました
九州に遅れて日本海側に渡来した稲作民もいます。新羅は山が海に迫る地形が多く、半島の東海岸を出発して対馬海流に乗ってきた船は、山陰海岸から若狭湾、能登半島にかけて着きやすく、上陸して稲作を始めます。

若狭湾に着いて稲作を始めた人々は、さらに適地を求めて南下をします。低い山並みを越えれば琵琶湖があり、琵琶湖から宇治川を船で下れば京都盆地が広がっています。京都盆地からさらに船で川を下れば南部に広がる巨椋《おぐら》の池に入り、池に注ぐ木津川を船で遡ると奈良盆地はすぐそこです。

このようにして各地に稲作が広がっていき、その一つが唐古・鍵遺跡に残る稲作の痕跡でしょう。奈良盆地の中央にある大規模な環濠集落跡で、弥生時代前期から古墳時代にかけての遺跡からは多くの石器が出土していて、二上山から採取したサヌカイトで石器を作

り、耳成山で採取した流紋岩で作った石包丁を使い稲刈りをしています。青銅器鋳造炉跡もありますが、鉄器の出土はなく、外敵の襲来に対する防御力は強くないようです。

また、高楼を線刻した弥生土器が出土していることから、かなりの規模の集団が唐古・鍵遺跡に定着していたことが分かります。そこで邪馬台国大和説者の中には、ここにいた集団が近くにある三輪山の麓に移り、邪馬台国を建国したのだとする見方があります。

九州にも古くから国はあったが、大和にあった邪馬台国が九州の勢力を滅ぼしたのだとするのですが、もしその通りだとすれば唐古・鍵遺跡からは多量の鉄器が出土して当然のことになります。しかし鉄製の武器は出土せず、石製の稲作用道具が多数出土しているのです。

まさか石製の武器を手にした大和にいる邪馬台国の兵が、強力な殺傷能力がある鉄製の武器で戦う九州勢力を相手にして屈服させ、勝利したとでも言うのでしょうか。このことは唐古・鍵遺跡だけには留まりません。畿内には鉄器の原料となる鉄鉱石や砂鉄の採掘地がどこにもないのです。卑弥呼の墓は大和のどこかなどという話以前の問題です。

混乱する朝鮮半島

紀元前三、四世紀頃の中国大陸は戦国時代と呼ばれるほどの戦乱の時代で、戦争は多くの難民を生みます。

身の危険を感じた人々は生まれ育った故郷を捨てて難民となるのは、古今東西を通じて変わりません。誰でも生まれ育った所が一番で、故郷を捨てて難民となるのはよほどのことがない限りはあり得ないのです。

中国の南部で暮らしていた人々は戦争で南へ北へと国を捨てるのですが、北へ難民となった人々は陸路や船で朝鮮半島へと向かいます。

大挙して難民が朝鮮半島に来ると、半島は当然のことながら大混乱に陥ります。その混乱に乗じて半島の北部から騎馬遊牧民が南下すると、農耕社会を乗っ取って支配をしたのです。農民は土地に定着して暮らしますが、遊牧民は元来が放牧した牛や馬、羊などと共に移動して暮らすので、情報力と行動力は農民の比ではありません。

そうして混乱した農耕社会を支配していくわけですが、ただ騎馬遊牧民であれば誰でも支配者になれるわけではなく、遊牧民の出自が大事になります。どこぞの馬の骨ではない、建国神話に登場する王の血筋で、農民が認める実力を持った遊牧民が支配者、すなわち王になれるのです。

高句麗を建国した朱蒙《チュモン》（東明王《トンミョンワン》）も、百済を建国した沸流《ピリュ》と温祚《オンヂョ》も、加耶を建国した首露《スロ》と伊珍阿豉《イチアキ》も、新羅を建国した朴赫居世《パクヒョクコセ》も皆、騎馬遊牧民の血筋を持った扶余系の王の家系なのです。しかし、新羅の二代目以降の王は扶余系とは違う人物となっています。

半島で製鉄が行われるようになった時期について詳しくは分かりませんが、紀元前四世紀には半島に鉄器が出現していることから、そのころまでに製鉄が行われるようになったことは確実です。

青銅器や鉄器の出現は、それまで緩かった国家体制が強められ、三韓が三国へ、つまり馬韓が百済へ、弁韓が加耶へ、辰韓が新羅へと移行していきました。

加耶は百済や新羅の国家体制とは異なり、半島の南部にある小国の集合体で、日本では加耶の建国を三世紀としていますが、ハンギョレジャパン紙の記事によれば紀元前一世紀には既に加耶文化が成立していたと書かれています。

慶尚南道伽耶古墳群世界遺産登載推進団」は十六日、『伽耶史論』『伽耶古墳群1』『伽耶古墳群2』の三巻で構成された『伽耶古墳群研究叢書』を出した。研究叢書は「伽耶史の時期区分と空間的範囲」「伽耶古墳群の形成過程と景観の特徴」「文献で見た伽耶の対外交流」など計二十五章で構成され、大学博物館・研究院など二十の機関の専門家二十五人が一章ずつ分けて執筆した。

研究叢書は『三国志』『三国史記』『日本書紀』などを総合的に分析する時、政治体制としての伽耶は二世紀から存在するが、文化成立時期を含めれば伽耶の歴史は紀元前一世紀から大伽耶の滅亡する五百六十二年までの六百年余りに達する。

また伽耶は、十二個以上の小さい国々で構成され、高句麗・百済・新羅の三国とは区分される独自の歴史を持っている」と結論付けた。

（ハンギョレジャパン二〇一八年七月十八日付　記事）


新羅中心に書かれた『三国史記』には、常に倭が侵入したとあり、紀元前一世紀がその最初で、陸地を通って撤退したという記事があることから加耶の倭人が新羅に侵入したのです。また、『後漢書』「倭伝」に建武中元二年（五七）に倭の奴国が朝貢して漢の武帝が印綬を賜ったと記され、その金印が福岡県志賀島から発見されています。

正方形の印面の一辺は約二・三センチ、高さ約二・二センチで蛇鈕の高さが一・三センチの金印ですが、一辺が二・三センチは後漢の銅尺の一寸にあたり、漢制の規格で作られています。印面には「漢委奴國王」とあります。

ただ、漢代の印章には等級が定められていて、天子は玉印、諸王と宰相は金印、九卿は銀印、蛮夷（異民族）は銅印となっていました。定められた等級からすれば、東夷の倭王は銅印となるはずですが、一九五六年に中国雲南省の石塞山古墳群で、「滇王之印」という志賀島で出土したものと同じ金印蛇鈕の印章が発見され、蛮夷とされる国でも金印が贈られることがあるのを確かめられたのです。

西暦五七年には後漢に朝貢するほどの国がすでに九州にあり、永初元年（一〇七）にも倭国王が献じたとあることなどから上記の結論となるのでしょう。

カラ語が訓読み

十二国以上の小国で構成された集合体が加耶ということですが、国名には金官《きんかん》加耶、安羅《あら》加耶、小加耶、大加耶、星山《せいざん》加耶、古寧《こねい》加耶、卓淳《とくじゅん》国などがあるものの、上加耶（ウカヤ）という国名は見当たりません。

数学者で文化比較を長年に渡って研究している金《キム》 容雲《ヨンウン》（一九一七―二〇二〇）によれば、大加耶のカラ語読みはオオカヤと読み、オオカヤのオオが母音変化をしてウカヤになったとします。

カラ語とは古代韓国語のことです。ウカヤフキアエズを登場させた人物、つまり『日本書紀』の編纂者はこのウカヤを良く知っているのです。

しかも「大」をカラ語読みでは「オオ」と読んでいます。カラ語は訓読みをしていたのです。「大」の音読みはダまたはデです。訓読みとは「漢字をその意味に相当する和語（大和言葉、日本語の固有語）による読み方」となっています。音読みは「漢字を音で読むこと」と辞書にはありますが、中国での読み方が音読みです。

独自の文字がなかった加耶の人々は漢字を使い、漢字の一文字一文字を並べて表現する万葉仮名の原型とも言える方法を、加耶では紀元前から行っていたのです。

万葉仮名の例を挙げてみましょう。

紀貫之が書いた『古今和歌集』の序文に、王仁《わに》の和歌「難波津《なにわづ》の歌」をもって和歌の父と紹介しています。「難波津に咲くやこの花冬ごもり今は春べと咲くやこの花」が「難波津の歌」です。

この歌をすべて漢字で一文字一文字並べたのが万葉仮名です。例えば、「咲くやこの花」をある木簡に書いたものには「左久也己能波奈」となっています。「左」を行書体にすると平仮名の「さ」になり、同様に「久」が「く」、「也」が「や」、「己」は「こ」となります。「の」は「乃」の行書体ですが、この木簡を書いた人は「能」を「の」に当てています。

「波」が「は」、「奈」が「な」で、通して読めば「咲くやこの花」となります。

因みに、平仮名同様に片仮名も日本で作られた文字ですが、「咲くやこの花」の片仮名は次の文字から生まれました。

「サ」は「散」から、「ク」は「久」から、「ヤ」は「也」から、「コ」は「己」から、「ノ」は「乃」から、「ハ」は「八」から、「ナ」は「奈」から生まれています。

日本では万葉仮名が広く使われだしたのは万葉集が編纂された奈良時代で、万葉仮名が使われている現存する最古のものは、埼玉県行田市の稲荷山古墳から出土した、辛亥年（四七一）に制作された稲荷山鉄剣です。「獲加多支鹵《ワカタケル》大王……」と金で象嵌《ぞうがん》された有名なもので、もし万葉仮名が日本で作られた和語だとすれば、その遥か以前から万葉仮名が実際に使われていたことになります。ワカタケル大王は雄略天皇とされますが、雄略天皇は百済系となります。

稲荷山鉄剣には次の文字が金で象嵌されています。

（表）辛亥年七月中記乎獲居臣上祖名意富比垝其児多加利足尼其児名弖已加利獲居其児
多加披次獲居其児名多沙鬼獲居其児名半弖比

（裏）其児名加差披余其児名獲居臣世々為杖刀人首奉事来至今獲加多支鹵大王寺在斯鬼
宮時吾左治天下令作此百練利刀記吾奉事根原也

銘文からは、乎獲居臣《おわけのおみ》から遡る八代の系譜と、代々杖刀人の首となって大王に奉じて今に至り、獲加多支鹵大王を左治する乎獲居臣がこの百練の剣を作った、と読めます。雄略天皇の和風諡号を「大泊瀬幼武天皇《おおはつせのわかたけのすめらみこと》」と言い、ワカタケル大王が雄略天皇ではないかとなるわけです。

獲加多支鹵大王と銀で象嵌された鉄剣は、熊本県玉名郡の江田船山古墳からも出土しています。

もしも雄略天皇の祖先が日本で生まれ育ち、雄略天皇も同じように生きてきた日本人だとすれば、奈良時代に広まり始めた万葉仮名が五世紀の後半には使われていたことになり、定説よりも二百年は早まることになってしまいます。

大和言葉、日本語の固有語とは、古くは古代韓国語の固有語で、カラ語読みだったのです。

「令和」は大和言葉から「令」と「和」を取って名付けたもので、中国の故事によらない、日本に由来する初めての元号だと時の倭国王、いや内閣総理大臣が得意げに発表していましたが、違いました。

同様に金 容雲が説くには、卓淳のカラ語読みはトゥクスンで、トゥクスンがトゥクシとなり「つくし」になったとします。「つくし」は筑紫のことで、現在の福岡県を指します。

大加耶があった現在の地名は高霊（コリョン）ですが、古代の地名は弥烏邪馬と書いてカラ語でミオヤマと読みます。邪馬は邪馬台国に通じます。

カラ語の訓読みの例をもう少し挙げてみましょう。

日本語の「神」の音読みは「じん」、訓読みは「かみ」です。カラ語読みはカム。神武東征を行った神日本磐余彦はカムヤマトイワレヒコと、「神」をカラ語読みと同じカムと読みます。

「原」の訓読みは「はら」ですが、九州では「ばる」となります。カラ語読みはボル。ボルは九州では「ばる」となり、「ばる」が「はる」となり「はら」となったのです。

冠（かんむり）は、カラ語読みのカンモリが語源で、カンは王のこと、モリは頭を指し、冠は王の頭に戴くところからカンモリと呼び、カンモリが「かんむり」になったのだとしています。

カラ語でマシは日本語であじ（味）のこと。マシがアシとなり、「あじ」になったのですが、おいしいことを「うまし」と言います。

時代劇の常套文句に「あばよ、さらば」がありますが、「「あばよ」はカラ語の「カバヨ」から、「さらば」はカラ語で消えるという意味の「サラジダ」が「サラバヨ」となり、「さらば」が生まれたと言います。

訓読みとは違いますが、天皇をスメラミコトと読みます。「天」がスメラとなるのです。なぜでしょうか。

やはり金容雲によれば、スメラの語源はカラ語のソモリで、ソは牛のこと、モリは頭のことでソモリは牛頭を意味します。牛頭のソモリはカラ語で最高の頭を言い、牛の頭には角があり、角は王冠を指すので王冠を頂く王からソモリ、ソモリがスメラになったのだとしています。

京都の八坂神社は牛頭天王《ごずてんのう》を祀ります。牛頭天王すなわち渡来人の王のことです。

私がつねづね疑問に思っていたのは、九州北部から中部にかけて、なぜウがつく地名が多いのかということです。宇土《うと》、宇木《うき》、宇城《うき》、宇佐《うさ》、宇美《うみ》、ざっと挙げただけでもこれだけあります。このことについて、『誰にも書けなかった邪馬台国』の中で、著者の村山健治はこう述べています。

長《おさ》はウサ、長島《おさじま》はウサジマ、大木戸はウウキンド、「大きか」はウウキカ、「多か」はウウカという具合に、オの音がウに転訛しやすいのがこの地方方言の特徴である。

ひょっとしたら、九州でオがウに転訛しやすいということを遡れば、大加耶のオオがウに転訛するということにたどり着くのかも知れません。

高霊加耶から来た神

加耶諸国の内、大加耶がある高霊《コリョン》と金官加耶がある金海《キメ》は鉄の二大産地です。

高霊は洛東江を遡った内陸にあって、近くには伽倻山という標高千四百三十メートルの山が聳えています。一方の金海は釜山の近くにあり、当時の海岸線は金海付近まで入り込んでいました。金官加耶は中国が名付けたもので、カラ語の読みは任那加羅《ミマナカラ》。金官加耶を倭人伝では狗邪韓国《くやかんこく》と書いています。

加耶にはいくつもの呼び方と書き方がありますが、ここでは基本的に大加耶を高霊加耶、任那加羅を金官加耶と呼ぶことにします。

加耶には高霊加耶と金官加耶のそれぞれに建国神話があり、九世紀末に新羅の儒学者が著した『釈利貞伝』には、「加耶山の山神と天神は感応して大加耶王の伊珍阿豉《イチアキ》と金官加耶王の首露《スロ》を生んだ」という内容のことが書かれています。

一二八一年に高麗の僧、一然が書いた『三国遺事』に抄録される「駕洛国記」には、「後漢の光武帝建武一八年（四二）、亀旨峯で怪しげな音がし、村人に〈皇天の命令でこの地の王になったので峯から降りる〉という天からの声が聞こえ、天から紫色の紐が垂れてきた。紐の先には布包みがあり、中には黄金の卵が六個入っていた。村長が持ち帰ると、翌日の朝、家の中で卵は六人の男になっており、その内の一人はたちまち大きくなって王となり、首露王と呼んだ。残りの五人も加耶五国の王になった」と書かれています。

前者の神話のように、初めから人間の姿をしているのは北方遊牧民系で、後者の卵や箱、布団などに包まれて姿を現すのは卵生神話と呼び、南方系に多い神話だとされます。

十二国以上ある加耶の有力国は、高霊加耶と金官加耶の二国ということが分かります。高霊加耶と金官加耶の二国は鉄の二大産地でもあるために、百済や新羅から狙われることになります。

鉄欲しさに敵に攻め込まれて脱出した高霊加耶の一団が逃れたのが、半島から最も近い九州の北部だったのです。それが日本の建国神話の元になった、高霊加耶が産んだ神ということです。

イチアキは日本の国生み、神生みをしたイザナキノミコトのイザナキと語感がとても良く似ています。

高霊加耶を脱出したイチアキの子孫が率いる一団が海を渡れば最短の九州へ渡来し、そのことを題材として日本の天上に高神産霊尊（タカミムスヒノミコト）が成ったとする神話の筋書きが読めます。

天地も定まらぬ混沌とした所があるとして始まるのが日本神話です。天地が定まらない列島のある所に、軽くて上に昇りたなびいたものが列島の天になり、重く濁ったものが下に固まってできたものが大地になったというのです。

天上にある高天原には三柱の神が成り、その中に高神産霊尊という神がいました。そうして高天原に次々と神が成り、イザナキとイザナミの二柱の神は国生みを始めます。

高天原にいるイザナキとイザナミですが、下に向けた矛の先から滴り落ちた海水が凝り固まっておのころ島という島になり、おのころ島に降り立つと夫婦の交わりをして次々と国が生まれます。

最初に生まれた国が淡路洲《あわじのしま》ですが、不満足な出来でした。記紀には蛭子《ひるこ》が生まれたが三年経っても脚が立たなかったので、海に流したとあります。次に生んだのが大日本豊秋津《おおやまととよあきつ》洲《しま》で、その次に伊予の二名洲《ふたなのしま》、筑紫洲《つくしのしま》、億岐洲《おきのしま》と佐度洲《さどのしま》の双児、越洲《こしのしま》、大洲《おおしま》、吉備子洲《きびのこしま》と生み、これによって始めて大八洲国《おおやしまのくに》の名ができた、と『日本書紀』は書きます。

イザナキとイザナミが国生みをするまでもなく、日本列島にはすでにこれらの島々があり、そこでは人々が暮らしていました。と言うことは、神話が国生み、神生みとするのは、神々が列島に渡って来てその神々が国を作っていくということを、神話として語らせているのだということができます。

言い換えれば、イザナキとイザナミは列島に渡って来た最初の神ということになります。つまり、神とは海を渡り列島に来て農耕社会を支配し、国を作る支配者であり、あるいはそれまでの列島にはなかった技能や技術、特別な知識を持った人や集団までをも含めて神として崇めたのではないかと思います。

そうして次々と国が作られますが、やがて戦いが始められて混沌とした時代になっていきます。神々が列島に渡って来るまでに住んでいた国が戦いで明け暮れていたために、列島ではそれまで人々は季節と一体になって暮らしていた世界が戦いの渦中に巻き込まれて、混沌とした世界に変わっていくのです。

第二章　女王国は九州北部

倭人伝は短里法

弥生時代を考える上で、必読の史書が倭人伝です。倭人伝は中国の陳寿（二三三―二九七）が著したもので、中国に魏《ぎ》、呉《ご》、蜀《しょく》の三国が相対立していた時の歴史を書いた書が『三国志』です。

『三国志』は『魏書』『呉書』『蜀書』から成り、『魏書』の最後に書かれている倭人条を『魏志』倭人伝、または単に倭人伝と呼んでいます。

『三国志』は二六五年に魏に代わって建国された晋《しん》になって書かれたものですが、陳寿が生まれた二三三年の六年後に卑弥呼は初めて魏へ使者を出し、卑弥呼が死んだのは二四七年か二四八年と見られますので、まさに陳寿は卑弥呼と同じ時代に暮らしていたのです。

倭人伝は九州のことが書かれています。なかでも玄界灘に面する一帯が詳しく書かれ、邪馬台国と戦争をした狗奴国《くなこく》が出てきますが、九州北西部に比べれば簡単に書かれています。九州以東についてはその他大勢の類いで、邪馬台国論争の最有力候補である大和はまったく触れてはいません。

それならば、なぜ邪馬台国は大和にあったのかとする見方が圧倒的多数なのか、という疑問が当然起こりますが、大和には大古墳が集中し、大和に限りませんが邪馬台国があった時代よりも古い遺構や遺物なども発見されるからです。

さらに、倭人伝には理解に苦しむ邪馬台国までの道のりが書かれています。もしも邪馬台国が九州内にあったとすれば、倭人伝に書かれた道のりでは到底あり得ない遠距離となってしまうため、卑弥呼がいた時代に大きな古墳を築けるのは邪馬台国を置いて他にはいない、だから邪馬台国は大和にあったのとするのが大和説です。

日本で古代について書かれた書に、『古事記』と『日本書紀』があります。共に天武天皇の発意によるもので、古事記の序文に「諸家のもてる帝紀と本辞は既に正実《まこと》に違ひ、多《さは》に虚偽《いつはり》を加ふといへり。今の時にあたり、その失《あやまり》を改めずは、幾年を経ずしてその旨滅びなむとす」と主旨が記されています。

帝紀は皇室系図が主題、本辞は宮廷に伝わる物語を言い、「それぞれ勝手な解釈を加え脚色をしているので、この機に当たりまとめなければならない」といったようなことが書かれています。

『古事記』は和銅五年（七一二）に、『日本書紀』は養老四年（七二〇）に成立したものです。

『日本書紀』は年月順の記述による編年体で書かれていますが、書き方に統一性がなく、史料として『百済紀』『百済新撰』『百済本記』などが多く明記されているところから、作成に百済人が分担して関わったことが分かります。記述の中には日本のことを「貴国」とまで書いてあれば、それを疑う余地はないでしょう。

日本神話の初めに高霊が神を産んだとあるように、列島の建国には加耶が強く関係していたが、途中から百済の影響は避けて通ることはできないものがある、と考えざるを得ないと思います。

言い換えれば、日本国内だけからの視点では歴史の見方に限界があり、邪馬台国論争が百家争鳴、百人百様となっているのも、そのことに起因するように思えます。

倭人伝の出だしです。

倭人は帯方の東南の大海の中に在り、山島に依りて国邑《こくゆう》を為す。

始まりは倭国ではなく、倭人となっています。倭人伝に倭国と書かれているのは三カ所あり、初めに出てくるのは伊都国にある魏の出先所で大率の検閲を受け、倭王が遣使を魏や諸韓国へ出す時と帯方郡の郡使が渡来してきた時で、九州島とみられる国内を倭国としています。

二回目は、男子が王となって七、八十年も国が大いに乱れる時の倭国、最後は台与が女王に立って国中が定まった時の倭国です。

卑弥呼は倭王、卑弥呼が女王となって君臨する諸国は女王国、女王国から東に海を渡った所に住む人は倭種など、まったく足を踏み入れていない、それこそ遠絶した列島なのに陳寿は良く把握しています。

倭人伝は倭人の住んでいる国が中国から見てどの位置にあるかを紹介し、倭人の風俗や風習、暮らしぶりなどを長文で書き連ねた後に、邪馬台国の記述に入ります。厳しく設けられた城柵の中で常時警護される女王・卑弥呼の祈禱と生活は詳しく書かれ、詳細な魏への遣使と献ずる品々の記述。敵対する狗奴国との戦争の開始で派遣されてきた張政と、卑弥呼の死。葬られた墓の詳しい記述。

倭人伝はそこから一転して簡単に書かれ、邪馬台国は狗奴国との戦争が終わり、女王に台与が立ち、張政の帰国で終わります。

倭人伝の始まりに書かれている帯方郡から邪馬台国までの道のりを簡単にすれば、次のようになります。

帯方郡から狗邪韓国まで海岸に沿って南へ行ったり、西へ行ったりしながら水行七千余里。狗邪韓国から対馬国まで南へ一海を渡り千余里。対馬国から一大（壱岐）国まで南へ一海を渡り千余里。壱岐国から末盧《まつろ》国まで一海を渡り千余里。末盧国から伊都国まで東南へ陸行五百里。伊都国から奴《な》国まで東南へ百里。奴国から不弥《ふみ》国まで東へ百里。不弥国から投馬《つま》国まで南へ水行二十日。投馬国から邪馬台国まで南へ水行十日陸行一月。女王国の南に狗奴国があり、帯方郡より（女王国の境界まで）万二千余里。

帯方郡から不弥国までは里数で表示され、不弥国から邪馬台国までは所要日数で表示されていますが、帯方郡から女王国境界までの総里数が一万二千余里と書かれているので、不弥国と女王国境界間の里数を求めることができます。

帯方郡から末盧国までは水行で一万余里、末盧国から不弥国間は陸行七百余里なので、帯方郡から不弥国までは水行と陸行を加えて述べ一万七百余里となり、帯方郡から女王国境界までの総里数一万二千余里から差し引けば、千三百余里が不弥国から女王国境界間の里数となります。

魏尺の一里は四百三十四メートルなので、千三百余里は五百六十四・二キロメートルに相当します。この距離は、博多駅から九州新幹線に乗って鹿児島中央駅間を往復すれば五百七十八キロメートルなので、ほぼそれに見合う距離となってしまいます。

これではいくら九州説を採ろうにも仕方がありません。鹿児島から南へ海に出て、さらに海上を同じくらいの距離も行かなければならないのです、そのような所に邪馬台国があるわけがありません。そこで博多駅から山陽新幹線に乗って東へ向かったとすれば、西明石駅までの距離が千三百余里とほぼ見合います。

しかしながら、倭人伝に書かれている区間の距離を地図上で測り、倭人伝の里数で割ってみると、一里は大体七十メートルから九十メートルくらいの範囲に収まります。倭人伝に書かれている一里の距離は魏尺の一里四百三十四メートルではなく、その五分の一から七分の一程度の短い距離を一里としていることが分かります。倭人伝は魏尺の標準里ではなく、短里で表示されているのです。

そこで一里を九十メートルにして、不弥国があったと思われる宇美町を支点に円を描いてみると、九州の福岡県と大分、熊本、佐賀県の一部が円内に収まります。倭人伝に書かれている里数からすれば大和説はあり得ません。

では、大和説はどのような邪馬台国までの道のりの説明になるのでしょうか。

倭人伝に書かれている末盧国から不弥国までの方位に少しずつ誤りがあり、誤りの合計は東の方向へ百三十五度になる。そこで不弥国から南のところを東側へ百三十五度修正すれば不弥国から東北の方向となるが、不弥国から東北の方向へは航行できないので誤差の範囲として、瀬戸内海を東へ二十日間と十日間の延べ三十日間を航行して古大阪湾に着岸し、そこから陸行一月で奈良盆地の南東に着く、というものです。不弥国でそれまでの方位の誤りを合算して、倭人伝に書かれている不弥国から南に邪馬台国とするものを東にしてしまうのです。

この考え方は、水行と陸行の所要日数には誤りがないとして、方位だけが誤っているとするものです。

また、陸行一月の「月」は「日」の誤記ではないかとして、陸行一日で大和に至るとする説もあります。「日」の文字にほんの少し足を出せば「月」になります。そこで陸行一月は陸行一日の間違いだろうとするのですが、古大阪湾に着岸するとなぜか俄然健脚となって、わずか一日で奈良盆地の南東部にあるだろう邪馬台国の都まで歩き通してしまうというのです。

縄文時代には気候の温暖化で海水面が上昇して生駒山地の山麓近くにまで海が入り込み、河内湾と呼ばれる古大阪湾が広がっていました。それが淀川や大和川などから運ばれてくる土砂が長い年月をかけて堆積し、だいたい千八百年前頃には古大阪湾は淡水化し始めたのではないかと見られることから、使者を乗せて対馬海峡を航行できるほどの大型船が古大阪湾を奥深くにまで入って着岸することは、困難であったのかも知れません。

『日本書紀』推古天皇紀十六年四月（六〇八）の条に、遣隋使として派遣された小野妹子の帰国に同行して答礼使の裴世清とその付き添い十二人が来たとだけ記されていますが、裴世清ら一行十三人は大和川を船で飛鳥へ向かっています。多分、船底の浅い川船での航行でしょう。

倭人伝が書かれている時代は裴世清が来た時よりも三百五十年近くも古い時代ですが、駅制度があるわけもなく、自分の食糧や荷物を背負いながら野を越え山を越え川を渡り、それこそ韋駄天の如く突っ走って行ったとしても、わずか一日で歩き通してしまうことは可能だったのでしょうか。もしも一日で歩き通せるとするならば、呼子で船を降り、すぐ前を行く人が見えないほどのけもの道を行くような難行は何のためだったのか。呼子で下船せず、そのまま船で大阪湾まで向かえば良いではないか。

そう思うのは当然のことでしょう。倭人伝に書かれている少しの誤りを根拠にして南は東の間違いだとし、大和にあったとする邪馬台国までの道のりを考えるのですから、このように無謀とも言える陸行一日説が出てくるのです。

事実、大和にヤマト王権が樹立してからは倭人伝に書かれている経路は使われず、関門海峡に近い宗像《むなかた》の沖にある沖ノ島を経由して瀬戸内海を航行する、沖ノ島ルートで大阪湾へ向かうようになっています。神宿る島・沖ノ島、海の正倉院・沖ノ島と呼ばれる由縁です。

大和説者は邪馬台国があるのは大和とするのですから、不弥国から先の方位だけに拘りますが、水行と陸行の所要日数についての疑問には思いが及ばないようです。もし不弥国から南が正しく、所要日数の方に誤りがあるとすれば大和説は足元から崩壊してしまうためです。

倭人伝には、里数の他にもう一つ魏尺で書かれたものがあります。卑弥呼の墓です。「径百余歩の冢《ちょう》」と書かれた卑弥呼の墓ですが、魏尺の一歩は一・四四メールですから径百余歩は約百五十メートルとなります。纏向にある箸墓古墳が卑弥呼の墓だとするのが大和説ですが、果たしてそうでしょうか。

倭人伝が短里で書かれていることは間違いありません。道のりが魏尺の標準里ではないことは明白なのに、卑弥呼の墓に魏尺の一歩の距離を当てはめるのは理屈に合いません。理屈に合わないのに、墓の径は百余歩だから百五十メートルほどの距離だとし、被葬者が女性で、箸墓古墳の後円部の径が百五十メートルなので卑弥呼の墓だとするのですが、これもまたなんとも不可解な考え方だとしか言いようがありません。

短里法で求める

倭人伝の一里は魏尺の標準里四百三十四メートルメートルではなく、一里がおおよそ七十メートルから九十メートルの短里で表示されていることは分かりましたが、一里の正しい数値はいくらなのか。

この疑問に答えてくれたのが、『海の倭人伝』の著者、大友幸男です。彼が住む北上山地では金や鉄が採れたために古くから渡来人が住み着き、渡来人は短里法を使っていたのでその習慣が残り、近年まで実際に使われていたそうです。

魏尺の標準里は四百三十四メートルもあって実用的ではなく、一里の単位を短くしたのが短里法です。魏の人は奇数を陽数と考えていたらしく、魏尺の標準里四百三十四メートルを五で割った八十七メートルが海里、七で割った六十二メートルが陸里で、短里に海里と陸里があるのは運送費を決める料金単価の基準としたためだと言います。海里と陸里の距離の違いは、海送は陸送に比べて一度に大量の荷物を輸送することができますが、船の製作費と維持費がかかるためにその費用を按分して決めたのだと説明します。

渡来人が北上山地から去り、陸送が牛馬を使って行われるようになっても牛方や馬方はこの短里を頑なに守り、それで近年まで短里が残っていたとのことです。

奥州・平泉にある中尊寺の金色堂には藤原三代が眠り、藤原姓の祖先は加耶人と聞いたことがあります。藤原三代は皆身長が一般人に比べて高いのは、出生の違いによるものです。平泉には黄金伝説があるのも、大友説を裏付けるものでしょう。奈良市にある壮大な興福寺は藤原不比等が開基の、藤原家の菩提寺です。加耶から渡来した藤原一族は王朝に重用されていました。

そこで、短里を使って『魏志』「韓伝」に書かれている「韓は帯方の南にあり、東と西は海を持って限られている。南は倭に接す。方は四千里」から一里当たりの距離を求めてみることにします。

釜山《プサン》を東南端とし、木浦《モッポ》を西南端と見れば、地図上で東西の直線距離は二百五十キロメートルとなります。方は四千里で割れば、一里当たりは六十二・五メートルとなり、陸里一里の六十二メートルとほぼ等しい結果となりました。

次に、倭人伝に書かれている「帯方郡から狗邪韓国まで海岸に沿って南へ行ったり、東へ行ったりしながら水行七千余里」を、海里一里の八十七メートルで求めると六百九キロメートルあまりとなります。釜山から海岸に沿って島を避けながら西へ行き、さらに島を避けながら北へ行くと、航行距離六百九キロメートルで着くのは開城《ケソン》付近を流れる川の河口になります。

帯方郡は楽浪郡の南部を分割して設けられましたが、その役所となる帯方郡治がどこにあったのかは分かりません。

帯方郡治があった場所については南北説があり、考古学者の森浩一は、帯方郡治があったのは平壌から南へ五十キロの所にある黄海道鳳山郡智塔里の土城跡と見て、帯方郡治北説を採ります。土城跡の北方八キロに一辺が三十ほどの方墳があり、内部の煉瓦積み墓室から「使君帯方太守張撫夷塼」と型押しされた塼《せん》（煉瓦）が発見されているためです。

「夷」とは東夷のことでしょう。倭は東夷の果てなので、倭から帰国した張政の墓に間違いありません。「撫《ぶ》」は可愛がるといった意味合いがありますので、国が定まって十九年後に帰国した張政の倭での活躍を晋が認め、帯方郡の太守に抜擢されたのです。

帯方郡治北説では、郡治から海へ出るためには楽浪郡治と同じ大同江《デドンガン》を航行することになり、黄海へ出てから半島の西岸を遠回りして南へ向かわなければなりません。そうすると韓と倭を支配下とするために設けた帯方郡の意味合いが薄れてしまい、機能的ではありません。

それに、帯方郡治が平壌に近い所にあれば、『魏志』「韓伝」に書かれている「方は四千里」（韓は四角い）とは相反することになります。張政の墓が平壌の近郊にあるのは、死後に彼の生まれ故郷へ葬ったとする説があります。

海里から求めた距離からも帯方郡治は南韓に近い南説となりますので、開城付近に帯方郡治があったと考えられます。

さて、倭人伝に書かれている不弥国から女王国境界までの道里は千三百余里でしたから、陸里一里の六十二メートルを掛ければ距離は八十・六キロメートルと求まります。不弥国は現在の宇美町とし、宇美町のすぐ近くを通る国道三号線沿いに南下し、久留米市で二百九号線をさらに南下すれば八十キロメートル地点はちょうど福岡県と熊本県の県境に当たります。筑後平野には途中に高い山はなく、ほぼ現在の道筋に沿って古代の道があったと見られます。

狗奴国と戦争があった時の邪馬台国は熊本県との県境付近までを領域とし、熊本県側に狗奴国があったはずです。

会稽・東治の東に狗奴国

女王国境界は短里の計算から、福岡県と熊本県の県境と見当がつきました。邪馬台国は女王国の南にあると倭人伝に書かれていますので、卑弥呼がいた居城は県境からそれほど遠くない場所にあったと考えられます。倭人伝には、女王国境界と接して南にある狗奴国を書いたと思われる文章が続きます。

此女王境界所盡其南有狗奴國男子爲王其官有狗古智卑狗不屬女王自郡至女王國萬二千餘里

これ女王の境界の尽きる所、その南に狗奴国有り、男子が王を為し、その官に狗古智卑狗有り、女王国に属さず。（帯方）郡より（女王国境界に）至る万二千余里。

この狗奴国が邪馬台国と戦争をするわけですが、狗奴国の風俗と風習を書いていると見られる文章です。

男子は大小なく皆黥面《げいめん》分身する。古《いにしえ》より以来その使いが中国へ詣《まい》るに皆大夫と称する。夏（の時代に）后の少康の子が会稽に封じられた時、断髪分身をして（水中の）蛟竜の害を避くる。

黥面とは顔の入れ墨、分身は体の入れ墨のこと。男子は総入れ墨をし、王の子が会稽に封じられた時に土地の風習に合わせて断髪、分身をしたとあります。断髪とは、長江流域の倭族がしていたもので、頭頂部の一部の毛髪だけを長く残して他は短く刈る風習です。長江流域に住んでいる倭族と姿かたちが似ているだけでなく、男子の風俗も同じようだとの驚きの言葉です。

倭人は好んで水に潜り、魚や蛤《はまぐり》を採ると書かれた末尾に、その道里を計るに当《まさ》に会稽・東冶の東に在る、とあります。その道里は帯方郡から女王国境界までの距離と、女王国境界から会稽・東冶までの距離は同じようなものと読めます。

さらに、「その地は牛、馬、虎、豹、羊、鵲《かささぎ》無し。兵は矛、盾、木弓を用い、木弓は下を長く、上が短い。竹箭《ちくせん》或いは鉄鏃或いは骨鏃《ぞく》、有無する所儋耳《たんじ》、朱崖《しゅがい》と同じ」とあり、鉄鏃とは鉄の矢尻ですから、倭人は貴重な鉄を使っていたのです。奈良平野は古墳時代になっても鉄器の出土は少なく、ましてや弥生時代の鉄器が出土することはほとんどありません。一方の九州では、弥生時代に使われた鉄器の出土数が奈良平野とは比較にならないほど多く、ことに福岡県と熊本県からは突出した数の鉄器が出土しています。

儋耳、朱崖は、中国の南端にある南シナ海の海南島にあった郡を指します。中国というよりもむしろベトナムに近い南国で、海南島に住む倭人と似た木弓や矢尻を使っていると述べています。

それに続いて「倭の地は温暖で、冬夏生菜《せいさい》を食べ、皆徒跣《とせん》なり」とあり、温暖な倭の地で冬も野菜を食べ、貫頭衣を着て皆裸足で暮らしているということがこの文章から良く分かります。貫頭衣とは頭の部分だけに穴が開いていて、上からすっぽりとかぶる簡単なものです。

もしここで言う倭の地が奈良平野だったらどうなるのでしょうか。

冬の寒さは厳しく、貫頭衣を着て裸足で野菜を食らうといった光景を目にすることはない、とした方が早いでしょう。凍てつく地面の上を裸足で歩くのはできそうにありません。

狗奴国は古くから使いがあり、その距離は帯方郡へ行くのと同じようなものと言うことは、狗奴国から会稽や東冶を結ぶ航路が古くからあり、狗奴国と会稽や東冶の間では国交があったという意味になります。狗奴国の本国、百済は呉と深いつながりがありました。

当時の中国では、会稽、東冶の東に狗奴国があると認識していたのでしょう。

女王国境界から南へ海沿いに歩けば、まるで越人そっくりな人々が暮らしていると書いてあるのに、大和説では東も西も北も南も山ばかりです。水に潜って魚を獲ることは大和でも川でできますが、川で蛤を採ることはできません。

また、倭人伝にはわざわざカササギなしと、特定の鳥だけを取り上げています。半島ではカササギを神聖な鳥として崇めているからでしょうが、現在では佐賀県から福岡県の有明海沿岸を中心として生息し、カチガラスなどと呼ばれています。

水行二十日の怪

倭人は帯方郡の東南の大海の中にあり、狗邪韓国から海を渡って女王国の北端に着き、女王国の南に女王に属さない狗奴国がある。女王国境界は会稽、東冶の東に当たる、と倭人伝に書かれています。これが陳寿の理解する倭国の全体像です。

狗邪韓国から対馬、壱岐を経て海を渡り、上陸してからは末盧国、伊都国、奴国と陸路をたどって不弥国に着きます。不弥国から先の投馬国と邪馬台国の道のりが問題の記述です。

（不弥国から）南至投馬國水行二十日官曰彌彌副官彌彌邦利可五萬餘戸南至邪馬壹國女王之所都水行十日陸行一月官有伊支馬次曰彌馬升次曰彌馬獲支次曰奴佳鞮七萬餘戸自女王國以北其戸數道里可略載其餘旁國遠絶不可得詳

南へ投馬国に至る。水行二十日。官は弥弥《みみ》といい、副は弥弥那利《みみなり》。五万余戸ばかり。南へ邪馬台国に至る。女王の都とする所。水行十日陸行一月。官に伊支馬《いきま》有り、次は弥馬升《みましょう》といい、次は弥馬獲支《みまかき》といい、次は奴佳鞮《ぬかて》という。七万余戸ばかり。女王国以北はその戸数、道里は略載できる。その余の旁国は遠絶にして詳らかにし得えず。

この後にその余の旁国の二十一国が書き連ねています。

邪馬壹國と書かれていますが、当時は減筆文字で書かれていることがあり、「壹」は「臺」の減筆文字と考えられ、邪馬台国《やまと》となります。

邪馬台国は女王国の盟主なだけに、官は四人、戸数は七万余戸と他国に比べて大規模です。

不弥国までは道のりを里数で書いているのに、不弥国から先は里数ではなく、所要日数で書かれています。しかも、不弥国までは各国間が三十キロから六キロメートル程度の距離だったものが、水行で二十日と十日、陸行で一月という桁違いのものとなっています。

ここで誰しもが迷うところですが、この謎を解かなければ邪馬台国に到着できないはずなので、さまざまな解釈がなされます。

倭人伝に書かれている不弥国までの陸行の方位に誤りがあるので、南へは東の誤りとして不弥国から東へ航海し、水行二十日と十日で現在よりも内陸深くに入り込んでいた古大阪湾の奥深くまで船で行き、そこから陸行一月をかけて奈良平野の南東まで行くとする大和説。

大和説の何と言っても強みは権力を象徴する大古墳群や、三角縁神獣鏡や鏡などの大量な出土品です。近畿地方以外で作った土器も出土します。

しかし、大和説には弱みもあります。魏の皇帝が卑弥呼に賜った銅鏡は百枚でしたが、その何倍もの枚数の銅鏡が出土し、しかも鈕《ちゅう》と呼ばれる鏡を吊るすためにある穴が鋳つぶされていたり、鏡の縁にバリがあったりして、国内製の銅鏡だと見られること。弥生時代に作られた銅鏡は一面も発見されていないこと。邪馬台国と戦った狗奴国がどこにあるのか説得力のある説明に欠けること。狗奴国の場所もさることながら、その余の旁国についてはどこにあったとするのか考える気持ちはさらさらないようです。

卑弥呼の墓は箸墓古墳だとしますが、戦争が始まって間もないのに大古墳を築ける余裕があったのか、卑弥呼の墓は塚なので大古墳とは違います。九州では数多くの鉄器が出土するのに畿内からの鉄器の出土は非常に少ない、など多くの疑問があります。

一方の九州説ですが、大和説の主体となるような目立った遺跡に乏しく、邪馬台国があったとする場所は九州の各地に散らばっています。九州説は、九州の各地に散らばる各説を総称したものです。

九州説の強みは、弥生時代は九州から始まったということに尽きます。稲作もそうですし、青銅器や鉄器の金属器が使われたのも九州からです。九州では弥生時代の鍛冶遺跡が多く、大和を含めた近畿地方とは比較にならないほどの鉄器が出土しています。

弥生人が渡来して稲作を始め、それまでの縄文時代が弥生時代へと変わりましたが、大和説はこの時代の流れを見ずに考古学的なこだわりをみせており、そのことが強みと言えば強みになるのでしょうか。

青銅器を超えて最強の武器となった鉄製の武器は圧倒的に九州に多く、福岡県と熊本県に集中しています。銅鏡も奈良平野の物よりも古く、銅鏡を破砕して墓に埋葬した風習も九州で行われ、それが遅れて奈良平野で行われています。墓に朱が使われるようになったのも九州で、九州に遅れて奈良平野でも行われるようになりました。

九州説の弱みは、大和説ほどのまとまりがなく、九州の各地に分散していることです。それぞれの自説が絶対だと主張しますので、大和説のような求心力に乏しく、各説の反発力が九州説にマイナスに働いていることは否めません。

私は、陳寿が倭人伝を執筆している時には邪馬台国のあり場所は分からなかったと考えます。

それは次の文章から読み取ることができます。

女王國以北其戸數道里可略載其餘旁國遠絶不可得詳

ここで女王国とは邪馬台国を指し、邪馬台国以北はその戸数、道里は略載できる。その余の旁国は遠絶にして詳らかにし得ない、と読めます。

また、不弥国まで里数で書かれているのは次のように考えます。

伊都国に帯方郡の出先所があり、郡使は出先所に駐まってそこから先へは行かないと倭人伝に書かれています。郡使は伊都国から先へは行かないと言いながら、不弥国までの里数についてはなぜか書かれています。

福岡市と糸島市を結ぶ道は、海側を通る国道のほかに低い峠越えをする山側の道がありま す。峠と言っても標高が二百三メートルの峠ですが、峠に行く道を歩くと糸島市や博多の市街を望むことができます。

峠の名は現在では日向《ひなた》峠ですが、古くは「日向（ひむか）」と呼ばれていたのではないかと思います。この日向峠から続く山並みには標高四百十六メートルの高祖山《たかすやま》があり、その南にある山はかつて「くしふる山」あるいは「くしふる岳」と呼ばれていました。

糸島半島には加也山という標高二百三メートルの独立した火山があり、その形から筑紫富士とか糸島富士などの名で呼ばれています。加也山からは貴重な黒曜石が採れ、伊都国にある魏の出先所に滞在していた郡使は、この眺めの良い加也山や日向峠に行き、眺望した奴国と不弥国までの距離を目算で見当をつけて里数を概算で求めたのではないかと思います。加也山の麓は加也原《かやばる》と呼ばれ、加耶製の土器が多数出土しています。

筑紫の日向と言い、高祖山と言い、くしふる岳などとニニギノミコトが天孫降臨する場面に出てくる名が目白押しです。私は、ニニギノミコトが天孫降臨をした所はこの日向峠を指していると思っています。このことについては〝加耶王参戦〟の所で触れることにします。

不弥国から南へ行けばその先には筑紫平野が広がり、邪馬台国やその余の旁国があるとの情報を郡使は得ていたはずです。ところが伊都国から先へは行かないので郡使に分かるわけがない。郡使も知らない情報を倭人伝に書けないので、陳寿は不弥国に続けて女王国以北は遠絶して詳らかにし得ずと書いたはずです。伊都国から不弥国間については前述の通りです。

そこへ新たな情報が陳寿に入り、その情報を書き加えたものが不弥国から先の投馬国と邪馬台国までの道のりと、その余の旁国の国名だと考えればつじつまが合います。

新たな情報の主は郡使ではなく、倭人でしょう。倭人、それもただの倭人ではなく、台与が中国へ遣使を出し、その使者を務めた大夫《たいふ》。大夫は国の長官で、最高責任者という重職にあります。情報の主は投馬国から使者を務めた大夫だと思います。なぜそう考えるのかについては、第四章の〝張政の怪〟で述べます。

大夫を含めて倭人には里数の概念と知識がなく、魏の役人に答えたのが邪馬台国から帯方郡まで来るのにかかった所要日数で、邪馬台国から呼子まで北へ陸行一月。呼子から狗邪韓国まで北へ水行十日。狗邪韓国から帯方郡まで水行二十日という言葉だったでしょう。

この大夫の言葉が誤って陳寿に伝わり、陳寿が書き加えたものが例の不弥国から南へ水行二十日で投馬国、投馬国から水行十日陸行一月で邪馬台国というものだと思われます。

陳寿は新たな道のりを初稿に書き加えながらも疑問は尽きません。不弥国まで短い距離を陸行してきたのに、なぜ不弥国から再び船に乗り、しかも二十日間という長旅を。そうして投馬国という所から水行十日と陸行一月もかけて邪馬台国に着くなら、その余の旁国との関係はどうなるのか。加えて、不弥国までの道のりが里数となっているのに、どうして所要日数に変わってしまうのか。

不弥国から先は遠くて分からないと書いたところに新しい情報が入り、陳寿は喜んで書き加えながらも疑問の気持ちを表わしたのが「可」です。倭人伝は次のように書かれています。

不弥国までは戸数を「有」と書いています。例えば、伊都国は「有千餘戸」、奴国は「有二萬戸」、不弥国は「有千餘家」となっているのに対して投馬国は「可五萬餘戸」、邪馬台国は「可七萬餘戸」と、「有」が「可」に変わっています。

可には「だろう」という推量の意味合いもあります。投馬国は五万余戸だろう、邪馬台国は七万余戸だろう。著者の陳寿が疑問を持ちながら倭人伝に書き加えているのに、その疑問を解こうとしてもその解は得られないと私は思うのですが。

その余の旁国を考える

陳寿が初稿を書き上げたところに新たな情報が入り、書き加えたものが不弥国から投馬国と邪馬台国までの道のりとその余の旁国の列記と述べました。

その余の旁国は次のように書かれています。

次有斯馬國次有巳支國次有伊邪國次有都支國次有彌奴國次有好古都次有不呼國……。

このように次有、次有とその余の旁国の二十一国が書き連ねられています。次有と言うことは、その余の旁国は地続きであるということになります。斯馬國が有り、次に巳支國が有り、次に伊邪國が有る……。

二十一のその余の旁国があって邪馬台国がある、となります。邪馬台国とその余の旁国は地続きなのです。

二十一国のその余の旁国の終りの方に、支惟國と烏奴國が出てきます。支惟國は「きいこく」、烏奴國は「うなこく」と読めます。「お」を「う」と呼ぶのが古くからの九州での方言ということからすれば、「うなこく」は「おおなこく」または「おおのこく」であった可能性があります。

〝卑弥呼の墓は権現塚〟の所でも触れていますが、大野《おおの》と椽《き》は天智天皇の代の六六五年に朝鮮式山城が築かれた所です。神籠石と呼ばれる石垣を築いた大野城は太宰府政庁跡の背後に聳える山にあり、この大野に烏奴國があったと思われます。

もう一つの朝鮮式山城がある椽（き）と「きい」は語感が似ています。かつて、「きい郡」と呼ばれていた地があります。肥前國基肄《きい》郡がそれに当たり、現在の佐賀県三養基郡基山町になります。

烏奴國は不弥国の南に隣接し、支惟國は烏奴國から近い南にあります。支惟國のやはり南にある国が對蘇《とそ》國です。「とそ」と「鳥栖《とす》」はほぼ同じ読みです。鳥栖は肥前國となりますが、加耶勢力は筑紫國だけには留まらずに肥前國へも及んでいます。

これらの旁国が九州北部にあると考えられるのに、大和説者はどのように考えているのでしょうか。

福岡県は筑前と筑後の筑紫國で、筑紫は加耶の卓淳をカラ語でトゥクスンと読むことから卓淳人が呼ぶトゥクスンがトゥクシとなり、それが「つくし」になったのだと金 容雲が述べていました。同様に、肥前と肥後の「肥」の語源は百済の建国時にまで遡らなければならないと説いています。

百済の建国は、高句麗王・朱蒙の太子に異母兄弟の兄が登用されたことに始まっています。高句麗で腹違いの兄が太子になると沸流と温祚の二人の王子は身の危険を感じ、高句麗を脱出してそれぞれ国を作りました。

弟の温祚はソウルに近い漢江のほとりに十済と呼ぶ国を作り、兄の沸流は仁川近くのミチュホルに国を作ったのです。沸流はその後に都をミチュホルから南の熊津に移しました。その熊津から九州へ渡来して作った分国が狗奴国になります。

沸流のカラ語読みはピリュで、ピリュがブルに転訛し、ブルは韓国語で「火」を意味することから「火」が「肥」となり、熊本県を古くは「肥の國」と呼ぶようになったのだとします。

また、百済を発った船が南下をすると、五島列島から九州の西海岸側に着く地理的な条件にあります。そうして熊本県の中部以南に狗奴国が作られたわけですが、九州の北西側の海岸にも百済人が作った国が「肥前」と呼ぶ長崎県から佐賀県にかけての一帯です。

倭人伝では呼子に上陸すると玄界灘沿いに東進して末盧国を経て伊都国へ行きますが、末盧国から現在の唐津線に沿って佐賀平野に抜ける道筋もあったはずです。恐らくは、この一帯も加耶勢力が支配していたものが百済勢力の支配下となり、そのために不弥国から南下せざるを得なかったと思われます。卑弥呼が女王の時に加耶勢力が及んだ西の範囲は、佐賀県の小城市を流れる牛津川の辺りだったかも知れません。

その余の旁国には「鬼」の名が付いた国が二つあります。「鬼國」と「鬼奴國」です。「鬼」が棲む所は地獄と相場が決まっています。人間の住む所が天国と言うわけではないでしょうが、この世とは思えない荒々しい所、それを地獄と呼んでいるわけです。

その地獄の筆頭が別府と連想するのは簡単です。ゴーッ、ゴーッと轟音を立てながら天へ届けとばかりに噴き上げる噴気。それが至る所に立ち昇っているさまは、まさに地獄の蓋が半分開きかけているようです。

火の国九州ですので地獄には事欠きませんが、地獄は温泉という天与の極楽も用意してくれます。温泉天国・日本と言うではないですか。

しかし、九州最大の地獄は何と言っても阿蘇山に尽きます。雄大なカルデラの中央にある阿蘇五岳の中岳からは、常に噴煙が立ち昇っています。特に噴煙はひどくなくても、中岳の噴煙が日向灘の洋上にまで薄くたなびいているのを機上からも見て取れます。狗奴国の人々は阿蘇山を神の山と崇めたことでしょう。

女王国のその余の旁国を考えただけでも、邪馬台国大和説は成り立たないことが分かります。鬼が棲む地獄も近畿地方にはありません。

熊襲は狗奴国

現在の水田稲作を行うのと同じように導水路を造り、設けた畔に水を張って水田とするためには多くの人と時間が必要です。集団作業で大規模な造成工事と水路工事を大勢で行わなければなりません。水田稲作が日本で始められたのは福岡県の板付遺跡がある低い台地上とみられ、近くを流れる川から取水して導水し、田に水を引き込んでいます。板付遺跡は博多湾に近く、集団で渡来した稲作民が縄文時代末期から水田稲作を始めました。
九州の北部で水田稲作が始められたのは、朝鮮半島から最短という地の利があったためです。これが弥生時代の始まりとなったわけですが、同様に、農耕社会を支配する人も半島から渡ってきました。その第一陣とも呼ぶべき人々が、半島の南部から対馬海峡を渡ってきて九州北部に住み着いた、高霊加耶から騎馬遊牧民の血筋を持つ王家の家系に率いられる一団です。

騎馬民族と言うと徒党を組んだ騎馬軍団と思われがちですがそうではなく、弥生時代に日本列島へ渡ってきたのは人間だけで馬はいません。

加耶は小国がまとまった集合体ですが、九州北部に最短という地理的な条件もあって加耶諸国から渡来した王家の家系を持つ人々は九州の北部に次々と国を作り、やがて卑弥呼が王となった邪馬台国を盟主とする、倭人伝が言うところの女王国となりました。女王国は加耶からの渡来人が作った国なので、加耶本国と同じ小国の集合体なわけです。

半島の南部には三国があり、実質的に紀元前一、二世紀には文化国家として動いていた加耶は九州へ最も早く渡来し、国々を作りましたが、半島からは加耶に遅れて百済と新羅からも列島に渡ってきました。

半島の南西部にある百済を出航すると、海岸沿いに南下して済州島の東沖を通って五島列島から九州の西海岸に着きます。

半島の南東部にある新羅を出航すると、対馬海流に乗って隠岐か、隠岐を通過してしまうと若狭湾から能登半島にかけて着岸することになります。

隠岐は航路上の非常に重要な中継点で、隠岐から陸地へ向かって作られた国が出雲です。出雲は新羅人が作った国なのです。

九州の西海岸に上陸した百済人は国を作ることになるわけですが、九州の北部は加耶人が先着して国を各地に作っているので、九州の中部から南へ国を作るようになります。百済人が九州に国を作り始めた時の加耶勢力との境界は、阿蘇カルデラ内を源流として有明海に注ぐ白川流域ではないかと思います。白川を境にして北側に九州北部と同様な甕棺墓が分布しているのが、支配勢力を示すものでしょう。

出雲は九州とは離れて独自の国を作っていきます。加耶勢力と百済勢力は熊本市を流れる白川付近で接する形となるために、百済人はさらに南へ行き、球磨川を遡って開けた人吉盆地に本拠地を定めたのではないかと思います。

人吉盆地は球磨盆地とも呼ばれるように、地方の名にクマが目立ちます。このクマはクナから転訛したものではないかと思います。クナとは倭人伝に書かれている狗奴国のことです。

百済から渡来した人々は母国をクンナラと呼んでいたことでしょう。紀元頃に馬韓を百済と呼んでいたかどうかは定かではありませんが、馬韓は三韓の中では最も強大で、馬韓の「馬」は韓の頭という意味合いがあります。クンは大きいことを指すカラ語で、韓国では現在でも長男をクンエとよんでいます。クンは大きい意味で、エは兄のこと、すなわち長男のことです。中大兄皇子を「なかのおおエのおうじ」と読むことと同じです。ナラはカラ語で国のこと。カラ人、加耶人はクンナラと呼んでいたはずです。

クンナラはクナラ、クタラと転訛しやすく、クタラは「くたら」、「くだら」となります。また、クンナラはクナともなります。

狗奴国と九州北部、いや狗奴国と邪馬台国との違いは金属器に対しても言えます。九州北部からは鉄製武器も出土しますが、青銅器製の銅剣や銅矛《どうほこ》、銅戈《どうか》が比較的多く、熊本県南部から出土する金属器の多くは鉄製武器で、しかも大きくて鋭い刃先をしているのが特徴です。

九州における弥生時代の武器を含む鉄器が出土した遺跡の総数は三百三十七カ所ありますが、最も遺跡数の多いのは筑後川流域を含む筑紫平野の百九カ所で三十二パーセントを占め、次いで玄界灘沿岸の八十一カ所、白川と菊池川、緑川流域の遺跡数は二十五カ所と七・四パーセントにしか過ぎません。

ところが武器を含めた鉄器の出土数から見れば、白川と菊池川、緑川流域では千四百九十二点と三十三・一パーセントを占めるのに対して、筑後川流域を含む筑紫平野では九百九十二点で二十二パーセントと逆転します。

鉄製武器だけを見ても同様の傾向があることから、百済勢力は限られた地域で集中して鋭利な武器を作っていたことが分かります。

加耶勢力を凌ぐ武器を手にする百済勢力は強く、クナがやがてはクマと呼ばれ、手ごわい相手を熊襲と呼び捨てたのでしょう。

最も多くの鉄製武器を出土したのは熊本県菊池郡大津町にある西弥護免遺跡で、同県阿蘇郡阿蘇町にある四つの遺跡から出土した数とほぼ同数です。阿蘇地域は弥生終末期になると、列島で最大の鉄器生産が行われるようになります。

ここで注意をしなければならないのは、弥生時代に鉄鉱石などの採掘が日本で行われた形跡が見当たらず、原材料を精錬して鉄生産をするのではなく、鉄鋌《てってい》と呼ばれる持ち運びが可能な鉄の塊を熔解して鍛冶鍛造を行い、鉄器としているのです。

鉄鋌は母国から、加耶分国であれば加耶本国から、百済分国であれば百済本国から運んでくる必要があるのです。中でも高霊加耶と金官加耶は鉄鉱石の産地として知られるので、百済や新羅から狙われることになります。

それではおかしいではないか。短里法で求めた女王国と狗奴国の境界が福岡県と熊本県の県境で、甕棺墓の南限が熊本市の白川付近とすれば、福岡県の県境と白川の間はどちらの勢力が支配していたのか、という疑問が出てくるかも知れません。

山門で生まれ育ち、山門の郷土史研究家となった村山健治は『誰にも書けなかった邪馬台国』の中で、次のように述べています。

山門郡近辺から出土する黒曜石は、佐賀県唐津の腰岳のものが弥生前期に多く、中・後期には熊本県菊池郡と大分県姫島のものが混入する。阿蘇産のものは少ない。阿蘇あたりに、『魏志倭人伝』でいう女王国への敵対国・狗奴国の北端部があったのだろうか。

山門では弥生時代前期に唐津の腰岳で採った黒曜石が多く使われ、阿蘇産の黒曜石を使っている例は少ないと、黒曜石が使われている産出地の傾向についても九州の北部と中南部では違いがあることが分かります。そのことについては、改めて述べることにしましょう。

弥生時代の鍛冶遺跡は、熊本県と福岡県、大分県の九州に分布が集中しているのに対し、奈良県を始めとした近畿地方については弥生時代に鉄鉱石などの原材料を採掘した地や、鉄艇に鋳込みされた鉄塊から鉄を加工した鍛冶遺跡は皆無に近く、弥生時代の権力の象徴とも言うべき鉄器の出土がほとんど見られないのは、近畿地方には九州の勢力を凌ぐ集団はなかったと言わざるを得ません。

いかに土器や石器が大和から出土しようとも、また権力を象徴する大古墳が多数存在していても、女王国や狗奴国が大和やその周辺にあったとする大和説はあり得ないのです。

倭国大乱

後漢では二世紀後半になると賄賂政治が露骨となり、国民の間に不満が広がり始めました。

一八九年、後漢は中国王朝から見れば遠絶の地である遼東地方の太守に公孫度を任命しましたが、中央では賄賂政治が続き、これを糾弾しようとする動きが国民に出始めたものをうま味の特権を握った上級官僚は阻止し、露骨な賄賂政治を続けたのです。

国民の怒りは一層高まり、黄巾《こうきん》の乱と呼ばれる騒乱にまで至りました。

後漢の混乱は遼東半島に及び、もともと中央政府からすれば絶域とさえ思われていた遼東地方ですから、公孫度は後漢の混乱に乗じて勢力を広め、前漢が設けた楽浪郡を支配下とし、一時は山東半島までを勢力範囲としたほどでした。

ところが韓も勢力を強めたために、公孫度が支配下とした楽浪郡では韓の統制が困難な状況となりました。

この混乱は列島にも及び、倭国が大いに乱れるという状況になったわけです。倭国大乱は日本列島全体が騒乱状態になったと解釈されることもありますが、九州内、つまり加耶分国と百済分国間の争いです。

加耶分国とは邪馬台国を盟主とする集合体で、百済分国とは狗奴国のことです。邪馬台を盟主とする女王国は狗奴国に先着して勢力範囲を熊本平野の中ほどにまで広げ、加耶勢力に遅れてやって来た狗奴国は九州の中部以南を勢力範囲としました。両国間の境界は熊本平野を流れる白川になったと思われます。

後着した狗奴国ですが、女王国を上回る量の鉄製武器の製造と、より鋭利な殺傷力で領土を女王国側へと拡張していったのです。しかしいくら狗奴国強しと言えども、鉄の補給は本国で作った鉄鋌に頼らざるを得ないわけですから、本国の協力なしでは長期戦を行うことはできません。

もし倭国大乱の主戦場が奈良平野だとしたら、どのようなことになるのでしょうか。

弥生時代の鍛冶跡がない大和ですし、青銅器の出土も極めて乏しい所ですから、石器で戦ったのでしょう。木の棒で殴りあい、石器で撲殺したのかも知れません。石鏃を矢で引いた可能性も考えられます。獲物を獲るように。

鉄を使ったとすれば、その鉄はどのように入手したのか。また、大和から鉄器の出土がないのはなぜか。こうした初歩的な疑問を解かずに、その先に進むことはできないと思うのですが。

倭人伝に、「旧《もと》百余国、漢の時に朝見する者あり、今使訳《しやく》の通ずる所三十国」とあるのは、それまで加耶勢力が作った国を百済勢力に奪われて減ってしまったためではないかと考えます。学校の統廃合のように、人口の減少で国が統廃合されてしまったということは皆無とは言えないにしても、それよりは倭国大いに乱れる戦いで加耶分国の数が減ったからではないかと思います。

熊本平野を流れる白川まであった加耶分国でしたが狗奴国の侵攻で後退し、熊本県の北部も狗奴国の勢力が占めるようになります。邪馬台国と相対し、狗奴国の先頭に立って指揮、統率するのは菊池彦でしょう。倭人伝には狗古智卑狗と書かれています。

佐賀平野の西からも狗奴勢力が迫ってきます。いよいよ邪馬台国は狗奴国との全面戦争は避けられないような情勢になってきた、そのようなひっ迫した状況の中で女王に共立されたのが、鬼道を能《よ》くして衆を惑わす卑弥呼だと思われます。

倭国大乱の遠因となった後漢の混乱でしたが、統率が困難となった韓と倭の支配力強化を目的として、二〇四年に公孫度の嫡子、公孫康は楽浪郡の南部を分割して帯方郡を設けたのです。

楽浪郡の南部を分割して帯方郡を設けたからといってすぐに倭の混乱が収まるわけでもなく、倭国は大いに乱れる状態が続きました。

遼東地方を我が物顔にしていた公孫氏でしたが、二二八年に公孫氏一族の公孫淵が謀反《むほん》を起こし、公孫康を引き倒して位を乗っ取ったのです。公孫淵は魏に忠誠を装いながら呉とも同盟を結び、独立国家となることを謀りました。二三六年に魏へ出向くように指示を受けた公孫淵は燕王を名乗り、翌年は単独の元号を付けるほどに魏へ対して公然とした反抗の態度をとっています。

二三八年、魏の征伐によって降伏した公孫淵は一族と共に処刑され、公孫氏の支配は終わっています。

帯方郡が魏の管轄下となった翌年、卑弥呼は魏の皇帝へ初めての遣使を出しました。しかし、大いに乱れた倭の状況は公孫氏の終焉で終わったわけではありません。むしろ倭国大乱はその前哨戦であり、本戦が始まるのはこれからだったのです。

第三章　山門に邪馬台国

劣勢な邪馬台国

景初二年（二三八）に韓と倭を支配していた公孫氏が魏によって滅ぼされると、それを待ち兼ねていたように卑弥呼は翌年、難升米《なんしょうまい》と都市牛利《としごり》の二人の使者を魏の都がある洛陽へ派遣しました。

歴史学者の森浩一は、難升米の「難」を「儺《な》」と見て、儺は奴国の「奴《な》」、つまり奴国の人ではないかと指摘をしています。倭人伝によれば奴国の戸数は二万余戸で、これは邪馬台国の七万余戸、投馬国の五万余戸に次ぐ戸数です。倭人伝に書かれている対馬国から伊都国までと不弥国を加えた総戸数が一万余戸ですから、奴国の規模が知れようというものです。

奴国の主な遺跡は、福岡市内を流れる那珂川と御笠川に挟まれた春日丘陵一帯に集中していることから、那珂川の「那」は「儺」に由来するものでしょう。

春日丘陵では一、二世紀頃には盛んに青銅器が作られましたが、弥生後期になると鉄製武器の製造が行われるようになっていますので、狗奴国と全面戦争となる頃に女王国の中心となったのは奴国ではないかと思います。奴国は加耶本国に近く、南にある邪馬台国と比べれば鉄艇の入手がしやすいという地の利もあります。

都市牛利の「都市」は役職名と見られます。

難升米と牛利の二人の遣使を出したのは倭人伝には景初二年と書かれていますが、景初二年は公孫氏が魏に滅ぼされた年で、しかも公孫氏が討たれたのは八月であることから同年中に魏へ使者を派遣することは無理なため、翌年ではないかと思われます。遣使がされたのは、『日本書紀』では景初三年（二三九）として書かれています。

遣使に当たっては次のような手続きを経たはずです。

卑弥呼がしたためた皇帝拝謁の嘆願書を伊都国にある魏の出先所に提出し、大率《だいそつ》の検閲を受け、使者は帯方郡治へ持参した嘆願書を差し出して承諾を得る、という手順になったと思われます。

倭人伝には大率の役目が詳しく書かれています。

女王国以北に特に一人の大率を置き、諸国を検察する。諸国これを畏憚《いたん》す。常に伊都国で治す。国中に於いて刺史《しし》の如き有り。王が使いを遣わして京都《けいと》や帯方郡、諸韓国に詣《まい》り、及び郡の倭国への使いには皆津に臨みて捜露《そうろ》し、伝送文書や賜遺《しい》の物が女王に詣るに差錯《ささく》するを得ず。

大率という職名の役人が諸国を検察したので、諸国はひどく恐れたとあります。諸国を監察する刺史のようだと述べ、邪馬台国王の使者が魏の都の洛陽や帯方郡、諸韓国へ行く時、あるいは帯方郡から使者が来た時には、伊都国の港で文物に不審なところがないか徹底的に調べ上げられました。

そのように厳重な検閲を経て帯方郡治へ出向いた二人の使者は皇帝への拝謁を願い出て、嘆願を受け入れた太守の劉夏は役人を同行させ、一行は男の生口四人と女の生口六人、それに少しばかりの布を携えて洛陽へと旅立ちます。

日本で広く漢字が使われるようになったのは奈良時代からで、弥生時代に漢字が使われていたと考える人はほとんどいません。まして、弥生人が直接中国人と会話をすることができたとは思いも寄らないでしょう。

しかし、実際に漢字で文章を作成し、使者は中国人と会話をしています。ただ、一概に倭人を弥生人と一括りにしてしまっては、倭人伝に書かれていることを理解できません。

加耶人を含め、南韓では漢字を読解できる人々がいて、その人々の一部が日本列島に渡ってきたとすればこれらのことは解決されます。

使者を務めた難升米と牛利は漢字の読解ができ、中国人との会話も直接行うことができたのです。

さらに、中国では漢代の頃から過所（かしょ。かそとも）と呼ばれる通行制度があり、官に申請して取得した通行許可証を要衝に設けられた関所を通過するたびに提示し、通行を認めてもらわなければなりません。

そうして難升米と牛利の二人が洛陽へ到着したのは、六月に帯方郡治を発ってから半年後の十二月のことでした。

少しばかりの貢ぎ物を携えて遠路をはるばるとやって来た使者を、皇帝は次のようにねぎらったと倭人伝は記しています。

汝《なんじ》の所在は踰遠《ゆえん》にして、乃《すなわ》ち使いを遣わし貢献した。是《これ》汝の忠孝、我甚《われはなは》だ汝を哀《あわ》れむ。

今、汝を以って親魏倭王《しんぎわおう》と為す。金印・紫綬を仮し、装封して帯方の太守に付《たく》す。

前述したように、倭人伝には卑弥呼が使者を出したのは景初二年と書かれていますが、公孫氏が魏に滅ぼされたのは同年の八月です。もし、倭人伝の記述通りの景初二年に使者を出したとすれば、公孫氏の支配下にあった楽浪郡と帯方郡の二郡が魏によって陥落したので、卑弥呼は公孫氏が魏に滅ぼされるのを見越して六月に遣使を出したことになります。いくら公孫氏が危機に陥っていたとしてもそれは無理筋というものです。まだ帯方郡は通行許可証を発行できる体制にはなっていないでしょうし、太守が郡の役人を同行させることもできなかったはずです。

ところが、翌年の正月に魏の明帝が死去し、倭の使者はその年の景初三年十二月にまだ八歳の皇帝、曹芳に拝謁したことになります。

八歳の皇帝が「汝の忠孝、我甚だ汝を哀れむ」などと言うか、という見方もありますが、側近の言葉だとしか思えません。倭国の某国王も、側近の書いた書面を棒読みしていたことが連日のように続いていました。なお、哀れむという意味は「いつくしむ」だとされます。

とにかく、遠路をはるばるとやって来させた卑弥呼を皇帝は大いに喜び、「親魏倭王」の称号と金印・紫綬を卑弥呼に仮授し、難升米には率善中郎将の称号と銀印・青綬、牛利には率善校尉の称号と銀印・青綬を仮授したのです。その上に、卑弥呼が献じた貢ぎ物とは比較にならないほどの賜り品が仮授され、難升米と牛利は戻ったのでした。

仮授とは目録が贈呈されたことを言い、翌年の正始元年（二四〇）帯方郡の太守は使者を倭国に出し、皇帝から下賜された詔書と印綬と多くの品々（金、絹、毛氈、刀、鏡、采物など）を賜わりました。

ここで鏡とは銅鏡百枚のことですが、大和からはこれまでに五百枚以上の三角縁神獣鏡が発見されています。しかも鈕の穴が鋳つぶされていたり、文字が判読不明な物、鏡の縁にバリがあったりする粗悪品も多いことから、国内で作られた鏡だと見られます。

卑弥呼は二度目の使者を正始四年（二四三）に出しています。一度目の遺使から四年後のことです。

使者は伊声耆《いしょうぎ》、掖邪狗《ややく》ら八人と人数不明な生口の他、錦や絹布、紬《つむぎ》の衣、丹木、短い弓矢などを献じての朝見です。

使者はそれぞれ率善中郎将の称号と印綬を賜っていますが、一度目の遺使とは状況がまったく違っています。初めての遺使では親魏倭王の称号を授かった卑弥呼でしたが、二度目の遺使があった二年後の正始六年（二四五）に皇帝は詔《みことのり》を発し、女王の卑弥呼ではなく、一度目の遺使を務めた難升米に黄幢《こうどう》を授けるべく帯方郡に託していたのです。

黄幢は黄色の幟《のぼり》で、戦いの象徴となるものです。その黄幢を女王の卑弥呼に授けずに大夫の難升米に授けるということは、戦争の大将は卑弥呼ではなく難升米だということを魏の皇帝が認めたことになります。二度目の使者からの報告でしょう。

邪馬台国と狗奴国は全面戦争となることが間近いこと、邪馬台国は劣勢で卑弥呼は国々からは既に見放されていることなどの情報を魏は受けていて、二度目の遣使があって間もなく、帯方郡から皇帝に邪馬台国の情勢が緊迫しているとの報告があったと見られます。

奴国は弥生後期に鉄器の生産が盛んになったことが、遺跡から見て取れます。対する狗奴国は邪馬台連合国を上回る鉄製武器の製造を行い、しかも殺傷力の強い強力な武器です。邪馬台国連合国は、狗奴国の攻勢で切羽詰まった状態にあることは間違いないところです。

そうして正始八年（二四七）、倭の使者から狗奴国と全面戦争が始まったとの報告を受けた帯方郡治は、下級官吏の張政らを派遣し、皇帝から託されていた詔書と黄幢を難升米に授けたのです。

径百余歩の冢

帯方郡治から派遣されてきた張政が、詔書と黄幢を授ける場面を倭人伝は詳しく書いています。

塞曹掾史張政等因齎詔書黄幢拝假難升米爲檄告喩之卑彌呼以死

塞曹掾史《そくそうえんし》の張政らに因《よ》りて詔書と黄幢をもたらし、難升米に拝仮《はいか》し檄《げき》を為して之を告諭す。卑弥呼以死。

卑弥呼以死をどう読むのか。「以死」を「以《すで》に死んだ」とする説が少なからずあります。

張政らが詔書と黄幢をもたらして難升米にこれを拝仮し、檄をなしてこれを告諭した。卑弥呼は以《すで》に死んでいた、と読むのです。

しかし、卑弥呼が女王の時に魏の皇帝は倭の難升米に授けるようにと、詔書と黄幢を帯方郡治に託していました。ところが張政らが詔書と黄幢を携えてやって来た時には卑弥呼は以《すで》に死んでいた……。

もし卑弥呼が以《すで》に死んでいたとするならば、文章は次のようにならなければおかしいと思います。

「張政らが来た。卑弥呼は以《すで》に死んでいた。（そこで）張政は難升米に檄を以って告諭し、詔書と黄幢を難升米に授けた」。

ところが、「以死」は文章の末尾に書かれています。「張政が来た。難升米に詔書と黄幢を授け、檄を以って告諭した。卑弥呼以死」。つまり、檄を以って告諭した主な相手は卑弥呼であり、卑弥呼はその告諭によって死んだと読めます。

「以死」の「以」は、「よって」と同じ意味です。卑弥呼は張政の告諭によって死んだのです。

告諭とは「告げ諭《さと》す」という意味ですが、張政の告諭は劣勢に置かれている邪馬台国を糾弾するような厳しい言葉だったでしょう。戦いの象徴となる黄幢は難升米に授けられ、張政の厳しい糾弾の言葉に卑弥呼は死を選ぶ他にはなかったのです。

帯方郡の出先所に招集された各国の大夫は、皆押し黙って張政の言葉を聞くしかありません。

邪馬台国に戻った卑弥呼は自死したのです。卑弥呼は死に、葬られます。

大作冢徑百餘歩徇葬者奴婢百餘人

大いに冢を作る。径百余歩。殉葬者奴婢百余人。

卑弥呼の墓の全容です。冢とは塚のようなもの。径とあるので、円形の塚ということが分かります。百余人が殉葬され、塚の径は百余歩。

倭人の百余歩は何メートルに相当するのかが問題です。魏尺の一歩は百四十四センチメートルだということは分かっています。魏尺の一里は四百三十四メートルでした。

しかし、倭人伝に書かれている一里は四百三十四メートルではなく、短里で書かれていることも明らかです。短里法の陸里一里は六十二メートルで、海里一里は八十七メートルでした。

大和説者は次のように考えました。

魏の一歩は一・四四メートルである。百余歩ならば、その長さは概ね百五十メートルになる。埋葬者は女性である。卑弥呼が死んだのは張政が渡来した二四七年か、その翌年の二四八年であろう。墓は三世紀の中ごろに築造された。墓のあり場所は言うまでもなく、大和である。それらすべてを満たすのは、箸墓古墳である。

箸墓古墳は奈良県桜井市にあり、三輪山の北西山麓に広がる低く緩やかな丘陵地帯とも言うべき地にある。付近には大小さまざまな古墳が群集している。これらの古墳群は権力を象徴するものである。邪馬台国が大和にあったことを示すものである。

箸墓古墳がある纏向古墳群にあって、その威容は群を抜いた大きさである。墳長は約二百五十メートルの前方後円墳ではあるが、後円部の直径は百五十メートル。径百余歩と符号する。後円部の高さは約三十メートルもあり、これは十階建てビルの高さに相当する。径と言い、その規模と言い、女王の墓として十分なものであろう。しかも、墓の主は倭迹《やまとと》迹《と》日《ひ》百《もも》襲《そ》姫《ひめの》命《みこと》という女性である。これで決まり、がくどいですが大和説です。

しかし、この考え方にはその前提となるべきものが間違っていないかをもう一度確認する必要があります。

魏の一歩は一・四四メートルとしている、長さの基準です。もし一歩が一・四四メートルでなければ、大和説が最大の拠りどころとしている箸墓古墳は卑弥呼の墓だとする根拠が一気に崩れ去ってしまいかねません。

それにしても、なぜ魏の一歩は一・四四メートルなのでしょうか。

私たち成人男性の歩幅は、普通の速さで歩けばだいたい八十センチメートルです。ただし、これには条件があります。平坦な舗装路の上を、成人の男性が時速四キロメートルほどの速さで歩いた場合の歩幅です。

平坦な舗装路でも上り勾配になれば歩幅は短くなりますし、逆に下り勾配になれば歩幅は長くなります。

路面の状態によっても歩幅は変わります。砂地やぬかるみになればたちまち歩幅は小刻みになって短くなります。

このように、歩幅は常に一定とはならないのです。それを、魏尺の一歩は一・四四メートルだから百余歩で径の長さは百五十メートルとしては、あまりにも事務的と言うか、それこそ杓子定規の頑固さで考えて、いや、考えてはいないのです。

倭人伝は魏尺の標準里である一里が四百三十四メートルではないことが分かっているのに、なぜ短絡的に、魏尺の一歩で歩幅を一・四四メートルとしてしまうのか。

魏尺の一歩とは、一歩目が半歩で、次の二歩目で一歩という決まりです。当時の人の歩幅は七十二センチメートルくらいだったのです。路面状態や古代人の身長を考慮すれば納得のできる歩幅です。

卑弥呼の墓の径を測った倭人がこの魏尺の決まりを知らずに、私たちと同じように一歩、二歩と数えていたとすれば、径の長さはこれまで考えていた長さの半分となってしまいます。

しかも墓には奴婢が百余人も生きたまま埋められているのです。墓の径を測る倭人は普通の速さで歩きはしないでしょう。しずしずと歩を進めたはずです。歩幅は短くなって当然です。

何よりも、卑弥呼の墓はまだ戦争が始まったばかりで、しかも戦況は悪く、女王が死んだからといって悠長に墓づくりをしている状態ではないはずです。何年かかったら完成するかも分からないような大古墳を、殺《や》るか殺られるかといった戦いを横目にしながら墓づくりに精を出していたのでしょうか。奴婢の上に数十メートルもの高さの土を一所懸命に盛っていたのでしょうか。侵攻してきた狗奴国の軍勢は、王の墓づくりは神聖なものだとして見過ごしてくれたのでしょうか。

いや、大和説者はそのような状況になるとは毛頭も考えていないはずです。何しろ卑弥呼が死んだ後に男王が立ち、そのためにいさかいがあって千余人は殺されたものの、卑弥呼の宗女の台与が再び女王に立ち、遂に国中は定まると倭人伝は書いているのですから、そのような取り越し苦労は愚の骨頂と左団扇で高みの見物をしています。

狗奴国との戦争の最終の勝者は邪馬台国で、台与が女王に立って遂に国中が定まると倭人伝に書かれているではないか。だから墓づくりにいくら時間をかけようとも何の問題があるのか、と息巻かれてお終《しま》いです。

しかし、邪馬台国が勝ったとするにはまだ早過ぎます。これまで倭人伝に書かれている内容を考えれば、邪馬台国は苦境に立たされています。つまみ食いのイイトコ取りをしなければ、邪馬台国は崖っぷちに立たされていると言った方が早いでしょう。

殉葬者奴婢百余人

径が百余歩の塚に奴婢百余人が生き埋めにされています。

邪馬台国があった場所と、卑弥呼の墓はどれかが邪馬台国二大論争と言っても過言ではありません。卑弥呼の墓はどれかについては異様とも言えるほどの注目を集めながら、なぜか一緒に埋葬された奴婢百余人についてはまるで関心外です。

殉葬は、王が死亡して埋葬される際に臣下や王の従事者なども一緒に埋葬されることを言います。死亡したのは王ですから、殉葬される人間は当然のことながらそれまで生きていました。殉葬者は自ら命を絶って死ぬか、もしくは殺されるか、それとも生きたまま埋め立てられてしまうのか、いずれかの方法がとられたことになります。

殉葬が行われたのは古代文明の発祥地、エジプト、メソポタミア、中国などで行われていたと言います。

中国では、初めて全土を統一した秦の始皇帝が死亡した際には殉葬は行われず、兵馬俑《へいばよう》と呼ばれる等身大の精緻な兵や馬などの塑像が整然と非常な規模で埋納されているように、紀元前三世紀の前半には殉葬は行われなくなったと思われます。

韓国でも殉葬が行われていて、古墳から多く発見されているのが加耶と新羅に分布しているとされ、高霊の池山洞古墳群《チサンドン》には殉葬者は死んだ状態で王の周囲に埋葬された例があります。

日本列島でも殉葬は行われていたと考えてしかるべきです。なぜなら、朝鮮半島から騎馬民族の血筋をもった人が渡って来て王となり、支配しているのですから半島の風習が引き継がれるのは当然の成り行きです。しかし確実な古代の殉葬跡がまだ発掘されていないため、考古学上では殉葬はなかったとするのが日本では定説となっています。

しかし、倭人伝にははっきりと書かれています。殉葬者奴婢百余人と。

墓の径と築造された時期、埋葬者は女性かが卑弥呼の墓を考える上で重要な問題であり、奴婢百余人については墓の問題とは関係がないということでしょう。しかし、私は一緒に埋葬された百余人は無視し得るものではないと考えています。むしろ、卑弥呼の墓を考える上で最も重要な糸口になるのではないかとさえ思います。

殉葬についての記述は少なく、弥生時代に殉葬がどのように行われていたのかを知る手がかりがないので困りましたが、その糸口となるものを見つけることができました。

『日本書紀』垂仁《すいにん》天皇紀二十八年十一月の条に書かれている殉葬の部分です。

二十八年冬十月五日、天皇の母の弟の倭彦命《やまとひこのみこと》が亡くなられた。

十一月二日、倭彦命を身狭《むさ》（橿原市在）の桃花鳥坂《つきさか》（築坂）に葬った。このとき近習の者を集めて、全員を生きたままで、陵のめぐりに埋めたてた。日を経ても死なず、昼夜泣きわめいた。ついには死んで腐っていき、犬や鳥が集まり食べた。

天皇はこの泣きわめく声を聞かれて、心を痛められた。群卿に詔して、「生きているときに愛し使われた人々を、亡者に殉死させるのはいたいたしいことだ。古の風であるといっても、良くないことは従わなくてもよい。これから後は議《はか》って殉死をとめるように」といわれた。

同じく、三十二年七月の条です。

三十二年秋七月六日、皇后日葉酢媛命《ひばすひめのみこと》が亡くなられた。葬るのにはまだ日があった。天皇は群卿に詔して、「殉死がよくないことは前に分かった。今度の葬《もがり》はどうしようか」といわれた。

野見宿禰《のみのすくね》が進んでいうのに、「君主の陵墓《りょうぼ》に、生きている人を埋め立てるのはよくないことです。どうして後の世に伝えられるでしょうか。どうか今、適当な方法を考えて奏上させて下さい」と。使者を出して出雲国の土部《はじべ》百人をよんで、土部たちを使い、埴土《はにつち》で人や馬やいろいろの物の形を作って、天皇に献上していうのに、「これから後、この土物《はに》を以って生きた人に替え、陵墓に立て後世のきまりとしましょう」と。天皇は大いに喜ばれ、野見宿禰に詔して、「お前の便法はまことに我が意を得たものだ」といわれ、その土物を初めて日は酢媛命の墓に立てた。よってこの土物を名づけて埴輪《はにわ》といった。あるいは立物《たてもの》といった。命を下されて、「今から後、陵墓には必ずこの土物をたてて、人を損ってはならぬ」といわれた。天皇は厚く野見宿禰の功をほめられて、鍛地《かたしところ》を賜った。そして土師の職に任じられた。それで本姓を改めて土部臣《はじのおみ》という。これが土部連《はじのむらじ》らが、天皇の喪葬《みはぶり》を司るいわれである。いわゆる野見宿禰は土部連らの先祖である。

（『日本書紀』全現代語訳　宇治谷 孟）

垂仁天皇は『日本書紀』によれば崇神天皇の次の天皇で、私は崇神天皇が大和に初めてヤマト王権を樹立した大王と考えていますから、ヤマト王権が樹立して間もなく殉死の風習は廃止されたと見られます。

殉葬について、生きたまま埋め立てられ昼夜泣きわめいたとありますから、立ったままの状態で肩まで土に埋められたと思われます。腕の自由はきかず、身動きができないようにされたのでしょう。糞尿の問題も外見上では問題はなくなります。

物音ひとつしない暗闇に、悲鳴だけが響き渡ったのです。やがては悲鳴も消え、死体が腐ってくると犬やカラスが集まったのを倭人は目の当たりにしています。そんな倭人が墓の径を測るのに、大股で歩を進められるはずがありません。恐る恐る足を動かしたはずです。

この記述を裏付ける貴重な体験談が、『誰にも書けなかった邪馬台国』に載っています。著者の村山健治（一九一五—一九八八）は福岡県山門郡瀬高町（当時）の地主の子に生まれ、親から継いだ資産を売り払いながらも、生涯を郷土史の研究に捧げた人です。生まれ育った地が山門で、古い自転車で走り回り、土器や石器を土の中から掘り出したりしながら調べ、邪馬台国は山門にあったと確信をしました。

同著に書かれている殉葬の記述です。

殉死についてかんたんに触れよう。瀬高町の上小川で、石棺が発掘されたとき、その周囲に二十五センチくらいの朱の固まりが、一メートル間隔見当で、円状に並んでいた。弥生のころ、殉死する人は体じゅうに朱を塗って、棺の回りに人垣を作って葬られたようだ。この上小川の石棺と、それを取り囲む朱が、殉死の原型と思う。

（『誰にも書けなかった邪馬台国』村山健治）

中央に墓の主が石棺に納められて置かれ、その周りに一メートル間隔で円周状に立たされていたことが分かります。二十五センチメートルの朱の固まりとは立たされたままの状態で死亡し、それが朱の固まりとなったことを示しています。殉死者は皆、上半身か全身に朱を塗られていたのです。

倭人伝に、埋葬方法が次のように書かれています。

其死有棺無槨封土作冢

その死、棺《かん》有って槨《かく》無し、土で封じて冢《ちょう》を作る。

棺《ひつぎ》の上に土をかけて冢を作る。卑弥呼の冢もこのようなものだったのでしょう。ただ、殉死者が百余人もいるので、大きな土饅頭みたいな塚になったのではないかと思えます。日本では殉葬された実例はまだ発見したことはないとしていますが、村山健治が実際に見た記述は、弥生時代に殉死がどのようになされたのかそのヒントを与えてくれました。

村山健治が具体的に、一メートル間隔見当で円周状に朱の固まりがあったと書いています。それからすれば、百余人が円状に立つには直径は三十三、四メートルの円となります。このことから見れば、四、五十メートルの径の塚の大きさの方が卑弥呼の墓としてより現実味を帯びてきます。

何も径が百五十メートルもある巨大な墓、箸墓古墳のように十階建てビル相当の高さがあり、周囲を圧倒するほどの巨大な墳墓を築く必要はなくなります。もしそれでも径が百五十メートルの大古墳にこだわるならば、巨大願望のなせる業《わざ》と言うしか他に言葉がありません。

朱は古墳時代になると広く使われるようになり、前方後円墳などの古墳に納められている石棺の内部や槨の内面などが朱で塗られています。古墳時代の後期になると朱の使用は減っていき、呉から入ってきたベニバナの顔料が使われるようになっています。

朱は硫化水銀を砕いて粉にし、水で溶いたものですが、倭人伝にも朱が書かれています。卑弥呼が魏へ初めての遣使を行った際に、皇帝から貢ぎ物とは比較にならないほどの下賜がありましたが、その中に朱のことが次のように書かれています。「金八両五尺刀二口銅鏡百枚眞珠鉛丹各五十斤皆装封付」。

真珠鉛丹各五十斤とありますが、「斤」とあることから真珠のことではなく、朱とみられます。朱も丹も銅鏡を磨くのに必要なため下賜品に加えられたのでしょう。朱は中国でも貴重品でした。

朱は古墳時代初期から中期にかけて多く使われていますが、九州ではそれよりも古くから朱が使われていることを墳墓から知ることができます。

福岡県前原市《まえばるし》にある平原《ひらばる》遺跡の方形周溝墓からは、多くの玉や破砕された大型鏡の他に大量の朱が発見され、木棺内の首飾りの辺りにはおびただしいほどの朱が見られることから、遺骸の上半身には朱を塗られていたことが分かります。

旧前原市域にある、十六基の弥生時代中期から後期の墓には朱を使われていたことが確認されています。このように、墓に朱が使われていたり、破砕された銅鏡などを一緒に埋葬する風習は九州の北部で行われ、その風習が古墳時代へとつながっていっていることが分かります。九州北部で朱を使われていたものが、大和でも行われるようになったのです。

瀬高町に矢部川という有明海へ注ぐ川があります。矢部川をすこし下流へ下ると矢部川の支流である飯江川と合流しますが、その飯江川のほとりに太神という地名があります。鹿児島本線の南瀬高駅の近くです。

太神と書いて「おおが」と読みます。地元に伝わる説話によれば、大昔、有明海から矢部川を遡ってきた神がこの地に着き、たたら製鉄と稲作を始めたとのことです。それで太神という地名が付いたと思われますが、一帯には小さな神社が数多く点在し、その中の「こうやの宮」と呼ぶ古社の祠には木製の七支刀を持った武神像が安置されています。大和の石上神宮《いそのかみじんぐう》が所蔵する七支刀と同じ形をした、小さな木製の七支刀です。村山健治は、「こうやの宮」の祠にある武神像が持つ七支刀を次のように考えています。

石上神宮の七支刀は、山門郡から熊本県菊池郡にかけて存在した邪馬台国女王卑弥呼が、魏王から授けられた二口の刀の一本である、ということになる。大和朝廷は邪馬台国の流れを引いていた。だから大和朝廷の武門の棟梁物部氏が七支刀を持った。したがって物部氏の氏神である石上神宮にそれが納められた。

（『誰にも書けなかった邪馬台国』　村山健治）

卑弥呼が初めて出した遣使は五尺の刀を二口仮授されたと倭人伝に書かれていますが、そのうちの一刀が石上神宮の七支刀であろう、としています。しかし、七支刀にはこう金象嵌で記されています。

（表）泰□四年□月十六日丙午正陽造百練□七支刀□辟百兵宜供世世侯王□□□□作

（裏）先世以来未有此刃百済王世□奇生聖晋（晋の上に点がある）故為倭王旨造□□

□世

刀の表には泰□とあるので、泰和四年に百済から倭王に献上されたもの、とする説があります。泰和四年は二六八年に当たりますが、二六八年は帯方郡から派遣された張政が帰国した二年後、つまり倭国が定まって間もない年であり、しかも倭国は加耶勢力が初代の大王となっていますので、その倭国に百済王が七支刀を贈ることはあり得ません。

泰は太に通じることから、泰□を太和と読み、刀の裏面を次のように解読する説があります。

先世以来未だ有らざる此の刃を、百済王世子は（生を）聖なる晋に寄せた。故に倭王旨の為に造り（後）世に伝え示さん。

『日本書紀』神功紀五十二年九月の条に、久氐《くてい》らは千熊長彦に従って（倭国に）やってきた。そして七支刀《ななつさやのたち》一口、七子鏡《ななつこのかがみ》一面、および種々の重宝を奉った、とあります。

『日本書紀』には百済の肖古王《しょうこおう》として出てきますが、近肖古王《クンチョゴワン》（三四七－三七五）のことです。

以上のことから、石上神宮が所蔵する七支刀は村山健治が主張する、邪馬台国女王卑弥呼が魏王から授けられた二口の刀の一本ということにはなりません。

銘文の解釈とは別に、七支刀はどのようにして日本へ渡ってきたのかという問題もあります。贈り主と贈り方をめぐってのことです。

この問題の説としては次の四つが挙げられます。①百済と倭国は対等な立場で贈られた　②百済が倭国に献上した　③東晋が百済を介して渡した　④百済が倭国に下賜した。

七支刀は古墳時代に百済から倭国に贈られています。弥生時代の百済と倭の関係は、百済本国と百済分国の関係にありました。もっとも、倭は日本列島で生まれた独自の国だ、とする考え方からすれば上記の①百済と倭国は対等な立場で贈られたとなるでしょうが、百済から倭国に七支刀が贈られているのは事実です。

『日本書紀』は日本国が主体で、他国は隷属的な立場として書かれています。また、国民的な感情からしても百済と倭国は対等な立場と考えたいところですが、弥生時代の百済と倭の関係は百済本国と百済分国ということから、七支刀は弥生時代ではなく、古墳時代になって百済勢力が倭国を支配してから④の百済が倭国に下賜したとなります。

ではなぜ「こうやの宮」に七支刀を持った木像があるのかと問われれば、私はこう考えます。

邪馬台国は狗奴国に敗れ、山門を去った。山門は狗奴国の領土となり、やがて百済勢力が列島を支配すると七支刀が百済から倭国に贈られ、七支刀を見た人が七支刀を持つ木像を作ってこうやの宮に納められた。狗奴国の本国は百済であり、七支刀の裏に彫られた「百済王が倭王のために造った」とする銘文とつながります。

もっとも、敗北した邪馬台国はどこへ行き、そこで何をしたのかが弥生時代最大の問題となるわけですが、もっぱら邪馬台国はどこにあったのかということばかりを弥生時代最大の問題と捉えているので、ここではこの辺りで終えましょう。

十世紀に編纂された『和名類聚抄《わみょうるいじゅしょう》』には、山門郡には山門、大神、草壁の三郷から成っていると書かれ、山門は夜万土、大神は於保美和、草壁は久佐加部と読むとあります。夜万土は「やまと」、於保美和は「おおみわ」、草壁は「くさかべ」になります。

大和は三輪山の麓にある大神神社の、「おおみわ」と同じ読み方です。

その三輪山とそっくりな山が瀬高町にある女山です。女山と書いて「ぞやま」と読みます。かつては女王山という名でしたが、女王山とは畏《おそ》れ多いとされたので女山《ぞやま》になったと言います。

大和へ移った一団が山門の女王山と瓜二つの三輪山を神と崇め、三輪山をご神体として祀る神社の名を山門と同じ大神とし、大神（おおみわ）神社と名付けたのではないかと思えるほどです。

女王山を間近に仰ぐ所に、径が五十メートルの権現塚という塚があります。巨大な土饅頭のような形をしたこの塚こそが、卑弥呼の墓ではないかと思います。

卑弥呼の墓は権現塚

大和説者に限らず、学者、研究者を含めて魏尺の一歩は一・四四メートルだから、百余歩では約百五十メートルが合い言葉のようになっています。

しかし、果たしてそうなるでしょうか。倭人伝は魏尺の一里が四百三十四メートルではなく、短里法が使われているのは誰の目にも明らかです。それなのになぜ倭人伝に書かれている一歩を一・四四メートルとしてこだわるのでしょうか。

私は、倭人は魏尺の概念も知識も持ち合わせていなかったのではないかと考えています。なぜそう考えるのかというと、〝水行二十日の怪〟の所でも述べているように、邪馬台国と狗奴国の戦争が終結して国中が定まり、十九年間も列島にいた張政が二十人もの使者を従えて新女王・台与に見送られ、帰国しています。

『三国志』を執筆した陳寿と張政はほぼ同時期に生きていた人ですから、倭人伝を書き上げたところに張政の情報が入ってきたはずです。不弥国から先、邪馬台国までは遠くて分からないと初稿を書き上げた陳寿に新しい情報が入ったのでしょう。

伊都国から先へは郡使は行かないし、張政も身の危険を冒してまで邪馬台国へ行く必要はない。知っているのは張政に同行した使者です。

ところが使者には距離を伝える知識がない。晋の役人から邪馬台国まではどのくらいあるのかと聞かれても答えられない。

多分、こう答えたのでしょう。「邪馬台国から呼子まで北へ陸行一月。呼子から任那加羅まで北へ水行十日。任那加羅から西へ北へ水行二十日で帯方郡」。

なぜそう言えるかというと、倭人伝には「その余の旁国は遠絶にして詳らかにできない」と書きながら、それに続いてその余の旁国を書き連ねているからで。しかもその書き方は、「次斯馬國次有巳百支國次有伊邪國次有都支國次有……」となっています。

分からないはずのその余の旁国がこのように書かれているのは、同行した使者の言葉に他なりません。

つまり、使者には魏尺の概念も知識もなかったわけです。使者は大夫という、国の最高位の長官ですら魏尺の知識がないと思われるのに、卑弥呼の墓の径を測った倭人に魏尺の知識を云々したところであさって来いと言われるだけでしょう。

倭人はしずしずと（今風に言うならば、粛々と）歩を進めたのです。もちろん、一歩目は半歩で二歩目が一歩とする魏尺の決まりを知るわけもないので、一歩、二歩と数えました。

一歩の歩幅を魏人の標準的な歩幅、七十二センチメートルの七掛けとすれば、一歩は五十センチメートルくらいとなります。百余歩では約五十メートル。これが卑弥呼の墓の径です。

奴婢百余人を一メートル間隔で立たせたときの直径は三十三、四メートルになると、〝殉葬者奴婢百余人〟の所で述べました。一メートル間隔で百余人を立たせれば径は三十三、四メートル、残酷にも土を被せて覆えばその径は五十メートル。大和説者が言うような巨大古墳である必要は何もありません。

長くはなりますが、地面に這いつくばって調べ上げた村山健治の力作、『誰にも書けなかった邪馬台国』から権現塚についての記述をそのまま引用します。

『魏志倭人伝』には卑弥呼の塚を「径百余歩」と書いてある。この数が日本式の百歩だった場合、私は大塚部落からちょっと外れた所にある権現塚を、その墳墓と想定する。権現塚は現在では田畑に囲まれており、高さ五メートル、幅五十メートルの円墳である。周囲を幅十メートルの堀跡が囲んでいるので、『魏志倭人伝』にいう径百余歩に当てはまる。

私は円墳とかんたんに表現したが、確実に表現すれば「段つき円墳」とでもいった方が正しい。ふつうの円墳と異なって、ちょうどつばつき帽子、英語でいうならハット、それを伏せた形になっている。この形は古墳が多い山門郡でも他にはない。

もっとも明和年間（十八世紀）にできた古文書『南筑明覧』や、大正元年に発行された『邪馬台国探見記』は、この権現塚を別のものと断定している。つまり、神功皇后が田油津媛を討った話は、もう書いたが、その戦いでの死者多数を葬ったのが権現塚、というのである。

もしそうだとすれば、私なりに考えて、これだけ豪華な塚なら、一般の兵だけではなく田油津媛も同時に埋葬したはずだ。ところが、大塚部落の老松神社境内にある蜘蛛塚が田油津媛の墳墓、という口伝が残っている。

権現塚を発掘調査したら、戦死者をまとめて葬ったものかどうかすぐに解る。戦死者を多数埋葬したのなら、石室どころか石棺も使ってはいまい。遺体の直葬墳墓だろうから、土の色が黒ずんで変わっているだろう。判別は容易である。

しかしながら、私にはどうも卑弥呼の墓の可能性がかなり大きいように思える。その理由を述べよう。

理由の一つは立地条件である。天体観測の項で説明したように、堤（筆者注：権現塚の南にある堤集落）から見ると夏至の朝、太陽は古僧都山から昇るが、権現塚はその真西に位置している。ということは、権現塚から観測すれば、春分と秋分の日、朝日が古僧都山から出る計算になる。調査したらその通りであった。

もう私は「これは偶然の一致であろうか」とは問いかけない。この世の中に、偶然の一致などそうはないのである。

古代において聖地視された古僧都山がある。堤大国玉神が祀られた聖地堤から見て、夏至の日の出地点は古僧都山である。他の古墳とは形も違う大きな円墳の権現塚から見ると、春分秋分の朝、太陽は古僧都山から昇る。すでに書いたが、春分と秋分は天皇家にとって、重要な祭祀の日として今日も考えられている。

この点だけを取り上げても、権現塚がただ戦死者を埋めて土を盛ったという程度の、単純な塚とはどうしても考えられない。

権現塚が卑弥呼の墳墓ではなかろうか、と想定するもう一つの理由は、周辺部の状況と周辺部からの出土遺物である。まず、塚の周囲は堀であったらしいし、南側には祭祀用と思える広場がある。三、四世紀のころ、戦死者を埋葬したくらいで、こんなに仰々しい墳墓を造築した例を、私は知らない。

塚の周囲から出た遺物からも、そのことはいえる。大きな高杯が出土した。高さが四十センチもあった。それも丹塗りだった。

このように大きな高杯は、かつて藤ノ尾遺跡で出土しただけである。それも丹塗りではない。だいたい当地方では丹塗りの高杯は出ない。さて、この丹であるが、後の古墳時代になると、古墳から朱や馬が発見されるので、祭祀用に用いられたようだ。それも高貴な人が死んだときの祭祀用であろう。丹プラス高杯の大きさから、権現塚は超高貴な人の墓と判断できる。

南に十メートルとは離れていない畑から、神酒を献じたと思える小型壺も出た。ほかにも祭祀用と思える土器が出土している。弥生土器である。この塚では周辺部の出土遺物から推定して、弥生後期から古墳時代中期まで、祭祀が行われていたようである。

周辺部について注目しなければならないことはまだある。祭祀用広場と反対側、塚の北にある畑から、石棺や甕棺が出ている。今も、農地の断層からわずかに縁をのぞかせている石棺がある。北側を発掘すれば、かなりの墳墓が確認されよう。

（『誰にも書けなかった邪馬台国』　村山健治）

村山健治は権現塚を実測していて、自ら測量した図によれば一段目底部の径は四十七・五メートル、同上部の径が四十メートルで、その上に重なる二段目底部の径は三十メートル、同上部の径が十八・五メートルとなっています。一段目と二段目はほぼ円形ですが、二段目はやや東側に偏心して一段目の上に盛られています。

一段目の高さは二メートル、二段目の高さが四・九メートルなので、塚の総高は六・九メートルとなります。全体的には底部から上部にかけてなだらかな曲線をした、大きな盛り土といった感じがします。

この一段目の高さが二メートルの所に、上半身に朱を塗られた奴婢百余人が円周状になっていると私はふんでいます。二段目底部の径は三十メートル、一段目上部の径は四十メートル。二段目が少し偏心しているため一段目の高さが二メートルの幅は均等とはなりませんが、概ね幅五メートルの所に一メートル間隔で朱の固まりがあるはずです。もちろんその中央には卑弥呼が納められた石棺があり、石棺の内面は鮮やかな朱で塗られていることでしょう。

女王山に築かれた神籠石

村山健治は、権現塚から間近に仰ぐ女山《ぞやま》の麓に卑弥呼の居城があったと考え、女王の居城の背後にある整った山容を女王山と呼んだのではないか、としています。標高が二百メートルの女山には、神籠石《こうごいし》と呼ばれる高さ数十センチメートルの列石が、三キロメートルほどの長さで築かれています。

神籠石と呼ばれるものは九州北部を中心として、瀬戸内地方や中国地方にまで及んでいます。神籠石の上には土塁が築かれたようで、谷を通過する所は石塊を積み上げて流れを通す朝鮮式山城とされます。どのような目的で、いつ築かれたものか確定したことは言えませんが、九州北部を中心として瀬戸内地方や中国地方の要所に至るまでこの朝鮮式山城が築かれたということは、朝鮮半島から敵の襲来を予測して設け、山城の計画者も築造者も朝鮮半島からの出身者だということが言えます。

神籠石が築かれている所は陸の孤島のようにポツン、ポツンとあるだけなので、国土防衛のためと言うよりは、国土防御の拠点として各地に築くのが主な目的ではないかと考えられます。神籠石は七世紀に築かれたとする説が多く、そのころの朝鮮半島では歴史的な変化が起こっています。

百済が唐と新羅の連合軍によって滅ぼされたのです。後進国の新羅は唐の文化を受け入れることを条件に唐と手を組み、それまで敵対していた百済に攻め込みました。百済はそれまで唐を無視して中国の南朝と手を組んでいたので、新羅は唐の軍事力を頼りにして連合軍を組んだのです。

六六〇年、唐と新羅連合軍は扶余にある泗沘《サビ》城を攻め滅ぼしました。扶余の地名は、百済人は扶余人の直系だということを主張して名付けられています。当時、倭国と百済は兄弟国同士だったので、倭国に滞在中だった百済義慈《ウイジャ》王の子、余豊璋《ヨブンジャン》は倭兵五千人を率いて母国へ渡り、さらに二万七千人もの水軍が出兵しました。総勢三万二千人もの倭国の兵が百済再興のために向かったのです。

結果は惨敗。これが六六三年にあった白村江《はくすきのえ》の戦いです。

『日本書紀』天智天皇紀二年九月の条にこう書かれています。

百済の州柔城は唐に降伏した。このとき国人は語り合って、「州柔城が落ちた。如何とも致しがたい。百済の名前は今日で終わりだ。先祖の墓にも二度と行くことができぬ。ただ弖礼城に行って、日本の将軍たちに会い、今後の処置をそうだんしよう」といった。

百済は滅亡し、難民となった百済国民は大挙して避難してきたのが兄弟国の倭国というわけです。

慌てたのは総勢三万二千人もの大軍を送り出し、百済を支援した倭国です。唐と新羅連合軍の追撃を恐れた朝廷が九州北部と瀬戸内の各地に築いたのが朝鮮式山城で、この時に設けた石組みが今に残る神籠石というのが私の推測です。

『日本書紀』天智天皇紀三年十二月の条に、「この年、対馬・壱岐・筑紫国などに防人《さきもり》と烽《すすみ》(のろし台)をおいた。まや、筑紫に大堤を築いた。これを水城《みずき》と名づけた」とあり、同じく四年八月の条に、「達率答㶱春初《たっそつとうほんしゅんしょ》を遣わして、長門国に城を築かせた。達率憶礼福留《おくらいふくる》・達率四比福夫を、筑紫国に遣わして、大野と椽《き》(大宰府の西南)に二つの城を築かせた。耽羅《たんら》が使いを来朝させた」とあります。恐らく、この城が今に残る神籠石のことではないかと思います。達率とは、官位の中でも上級位を示します。

唐と新羅の追撃を恐れた朝廷は、防御のために山城や烽火台を築いただけでは留まりません。都を飛鳥から近江に移しています。慌てふためいている朝廷を横目に、動揺する世情が『日本書紀』天智天皇紀六年の条に次のように書かれています。

三月十九日、都を近江に移した。このとき天下の人民は遷都を喜ばず、諷諫《ふうかん》するものが多かった。童謡《わざうた》も多く、昼夜ともなく出火する所が多かった。

白村江の戦いでの大敗による衝撃と国力の衰退に加え、唐と新羅連合軍の追撃を恐れて都を急遽近江に遷都しましたが、唐の本当の目的は強大国の高句麗討伐でしたので、百済を滅ぼすと連合軍は高句麗へ向かって高句麗も滅ぼしたのです。

女山には産女谷と呼ぶ谷と、女山の東北東のやや南寄り三・五キロの山地に男ノ子という部落があると村山健治は述べています。産女谷は「うぶめ」と読み、男ノ子は「おのこ」と読むそうです。この産女谷と男ノ子については次のように考えられるとします。

大塚部落の真東、つまり卑弥呼の宮殿の真東に、産女谷という谷がある。私はこの産女谷が、みごもった女官たちの出産所ではなかったろうかと考える。女官はここで子を産み、それがもし女児だったら、宮殿に連れ帰って育てたと思う。『魏志倭人伝』に婢千人とあるのは、このような女の子を含めての数字だろう。

男児が生まれたら、どうしたろう。宮殿は男子禁制であった。女山の東北東よりやや南寄り、直線距離にして約三・五キロの山中に、男ノ子という部落が今もある。男児を産んだ女官はその子を抱いて、男ノ子に行き、住民のだれかに引き取ってもらったと思うのだ。

男ノ子部落あたりには古墳も多い。発掘すれば弥生時代の遺跡も出てくるはずだ。

私の生母の実家は女山にあった。産女谷のすぐ近くである。幼いころから、私はよく母の家に行った。その私に、祖母は真剣な目つきで声をひそめ、

「産女谷にゃいたちゃでけんばん。あすこさんいくと、ウンダカショにとり憑かるるけんのう」

と、耳にタコができるくらい、注意を繰り返したものだった。

祖母はまた、この言い伝えは、はるかに遠い昔から語り継がれてきたんだ、とも教えてくれた。

幼年期はもちろん、十歳を過ぎるころまで、私は絶対に産女谷には近づかなかった。ウンダカショという、目には見えない妖怪に恐怖を感じたせいだった。

ところが、今になって考えると、ウンダカショはウン抱カショ、この地方の方言で「抱かせよう」という言葉である。産女谷で男の子を生んだ女官が、その子を他人に「うん抱かしょ」と押しつける。あるいはそうでなく、三世紀の分娩だから、難産で

死亡した女官も少なくはなかったはずだ。そのような不運の女官の霊が産女谷に満ち満ちて、人が来ると「うん抱かしょ」ととり憑くだろう。そう恐れた住民の間に自然発生した言い伝えなのかもしれない。または、単に子供を産んだ場所という意味かもしれない。

（『誰にも書けなかった邪馬台国』　村山健治）

いくら端正な山容の山とは言え、たかだか二百メートルほどのどこにでもあるような山です。そこに朝廷が山城を築かせたということは、朝廷はこの女山を良く知っていたと言うことができます。

『日本書紀』に神功皇后が山門県《やまとのあがた》の田油津媛《たぶらつひめ》を討ったと書かれ、大和の朝廷が女山に神籠石を積んで朝鮮式山城を築かせたという事実は、山門にはそれなりの根拠があったと言えるでしょう。その山門にある径百余歩の権現塚。さらに、塚の近くから弥生土器に混じって丹《に》塗りの高杯《たかつき》が出土し、弥生時代後期から古墳時代にかけて祭祀が行われていた痕跡がある、と見られています。

かつては女王山と呼ばれていた女山といい、その麓にある巨大な土饅頭のような二段積みの権現塚と、塚の付近から出土する祭祀の痕跡と見られる出土品といい、権現塚が卑弥呼の墓だと考えるほかにないような気がします。しかも地名が山門。卑弥呼の墓は権現塚だと思います。

論より証拠　古代通行証

みやま市瀬高町にある藤ノ尾遺跡で、古代通行証と見られる石製の加工された遺物が出土したのは、昭和三十四年（一九五九）のことです。みやま市とは、平成十九年に旧山門郡と旧三池郡が合併して作られた市名です。

村山健治がもう一人と一緒に遺跡で土取り作業をしていたところ、それまで見たこともない、四角くて平たい石の上部に丸く小さな穴が開けられたものが現れたのです。武器や農具、生活道具とも違う、初めて目にする石器でした。

私は現物をまだ目にする機会はありませんが、恐らくは手のひらに収まるくらいの大きさでしょう。石の表面には文字が彫られていますが、半ば消えかかっていて、「齋□□十一月六日」と読めますが、「齋」のような文字は下半分が磨滅していて確定したものではありません。

四角いとは言っても、縦横比が六対四くらいの、やや縦長の形です。以下に、当事者の文章を書き出します。

藤ノ尾遺跡を発掘していた昭和三十四年三月四日、北ノ前で土取作業をしていた猪口一郎氏が、

「こりゃあ、なんじゃろうか」

と大きな声を挙げた。私は大股でそこへ行った。

おかしな形の黒っぽい石が出土していた。長方形で、上部に人工の小穴があけてあった。一見して加工されたと解る石だった。

私はそれを手に取った。冷ややかな感触、重い手応えが何となく快かった。表面の泥を丁寧に払い落としてみた。

「こりゃあ、なんじゃろうか」

と、こんどは私がひとりごとを言った。

石の左隅に漢字が彫ってあったのだ。

『齋〇〇〇十一月六日』

となっていた。

私ははっとした。その八年前、私は金栗遺跡（筆者注：瀬高町金栗遺跡）調査のと

き、丸形の石板を発掘していたのだが、それがなにか解らないでいた。鏡山先生（筆者注：当時九州大学教授）に聞いても、石の正体は判明しなかった。金栗遺跡は弥生時代から平安時代にかけての複合遺跡だから、石板もその時代のものに違いないのである。

私は手にした長方形遺石にある字を、穴があくくらいみつめながら考えた。「（齋）」は齋ではなかろうか。齋の何年かの十一月六日、と彫ってあったのではあるまいか。すると、齋が問題である。

「そうだ、もしかすると」

と、私は口の中で呟いた。

その日、帰宅するとすぐ、私は参考書を開いた。やはりあった。魏に齋王という帝王がいたのだ。二四〇年から二五三年まで在位している。児玉幸多編、吉川弘文館発行の『日本史年表』にも、二四五年に魏の齋王が倭国使に物を下賜した、と載っている。邪馬台国女王卑弥呼は、魏の年号でいうと正始年中（二四〇〜二四八）に死んだとされている。

魏の齋王は日本の邪馬台国のころ、弥生時代後期の王である。石が出土したのは、弥生時代から平安時代までの複合遺跡藤ノ尾である。

私はこれを石製のパスポート、つまり通行証と判断した。齋王が倭に向かう魏人に与えたか、その魏人が死んだため、ここに残されたか、そうでなければ齋王が倭人に与えたものだろうと推論した。

念のため、私は翌日、この石を、瀬高町で印鑑店を営む上津原孝一郎氏のところに持っていった。鑑定を頼んだ。

上津原氏はきっぱりこういいきった。

「日本の石ではなかです。中国から、それも北部から産出されるロウ石ですばい」

魏は三国時代、中国の北部を支配した国であった。

私は藤ノ尾の発掘をしていた鏡屋先生にもこの石を呈示して意見を求めた。だが、鏡山先生は慎重だった。

「比較できるものがないから、なんともいえませんね」

というだけだった。ただ、鎌倉時代の日本に、これと似た形で陶製の品があったと教えてくれた。幕府が発給し、それを持っていれば旅行中に人馬を徴発できた、という話であった。

（中略）

発見から二十年近く経過した今では、私はこの通行証が個人に与えられたものではなく、魏の政府から邪馬台国政府へ送られた、対照用原本であろう、と思うようになっている。昭和二十五年に金栗遺跡で発掘した丸形石板も、同じ対照用通行証だと思っている。

そう考えが変わったのには理由がある。同じような通行証が、奴国だった博多や、投馬国だった浮羽郡からいくつか出土していると聞いたからである。形状や石質は同一ではない。それに、それは、所持者の身分なり旅行目的なりによって異なったり、年代によって異なるのだろう。

残念ながら、博多で出た通行証は、まだ目で確認はしていない。しかし、浮羽郡浮羽町大字朝田字原で、大正十五年に出土した通行証はこの目で見た。形は私が持っている藤ノ尾出土のものと同一で、文字はない。石質は滑石で私のものより固く、厚みもある。出土状況は弥生土器といっしょだったという。私の持つ通行証も、やはり弥生土器といっしょに出てきたのだ。そのほか、高良山のふもとにある久留米市御井町二本木からも同型の通行証が発見されている。

近畿地方でこのような通行証が発見されたという話を、私は寡聞にしてまだ耳にしたことがない。

私の通行証説に対して、いくつかの異論がある。それを取り上げたい。

異論の一つは、この石を銅の分銅だというのだ。分銅を、昔、奈良時代の日本人が、あるいは魏の中国人が、これほど丁寧に仕上げただろうか。年号だの月日などまで彫り込む必要があっただろうか。分銅なら秤も出土して当然である。が、そんなものは、弥生の遺跡のどこからも出土していない。だいいち、弥生時代には、物の重さを計って物々交換をするなどという、けちくさい取引慣習があっただろうか。私はなかったと思う。魚一匹と兎一匹というような、おおらかな物々交換だったろうと思うのである。

私の通行証は前述のように、弥生の土器といっしょに出土した。だが百歩譲って、金栗も藤ノ尾も弥生から土師までの遺跡だし、この地方の土師器は平安時代に及ぶから、平安時代の分銅だったとしよう。日本のどこかから、こんな分銅がほかに出ているだろうか。平安時代の分銅なら、近畿地方あたりからぞくぞく発見され、京都の平安博物館あたりに山と展示されているはずである。

もう一つの異論は、通行証の齋の字は、日本の年号齋衡の衡が磨滅したものである、よって日本の九世紀の通行証である、という説だ。

確かに日本にも齋衡という年号はある。八五四年から一一九二年までだから、その初期に当たる。そして齋衡は、丸形石板の出た金栗遺跡も長方形石板の出た藤ノ尾遺跡も、弥生時代から平安時代までの複合遺跡であるので、年代的に矛盾はしない。

けれども私は反論させていただく。藤ノ尾で発見した通行証の石質が、まだ正式な科学鑑定を受けたわけではないが、石については長年の経験を持つ上津原氏に、中国産それも中国北部で取れるロウ石、と鑑定されたのは、どう解釈したらいいだろう。齋衡のころ、日本の通行証に、中国の石を輸入して使っていたのだろうか。

もし、この石が日本産としても、齋衡のころの日本の通行証なら、正倉院御物の中にいっぱいあって当然だろう。京都あたりでたくさん出ていなければいけない。ところが、それがないのである。

前にも述べたように、出土地は博多、福岡県浮羽郡、久留米市御井町、そしてここ瀬高町である。最初の博多は、学界でも『魏志倭人伝』に出てくる奴国と公認されている。つぎの浮羽郡は、私が主張する投馬国の比定地久留米市に接しているし、久留米市御井町は投馬国の王城の地である。瀬高町は邪馬台国である。結論すれば、私のいう邪馬台国の道筋から、これらの石板が出土しているということは、石板が魏の通行証原本であってもおかしくはない。

（『誰にも書けなかった邪馬台国』　村山健治）

日本では、漢代から唐代にかけて過所《かしょ》と呼ぶ通行制度があったとする説が大勢のようですが、自国の古代通行制度を研究する中国人研究者の説によれば、過所は漢の時代よりも古く、中国が初めて統一された秦の時代に過所の原型が作られ、漢はその制度を踏襲していると説きます。

陸路の要所に関、水運の要所に津（港）を設け、軍事上の監視を主な目的としたものです。通行者は官から発行された通行証を常に携帯し、関や津を通過するたびに通行証を提示しなければなりません。

通行証の材料は時代とともに変わり、青銅製や木簡、紙などが使われています。日本で現存する最古の通行証は、大中九年（八五五）に三井寺の僧、円珍が唐で発行され、使用した書状で、国宝に指定されています。

瀬高町藤ノ尾遺跡から出土した石製の独特な形をしたものが、魏で使われた古代の通行証ではないかと推察されています。村山健治は、長方形をした独特な石板が古代通行証の原本だろうとしています。それは次の理由によります。

山門地方郷土史の先駆者の一人、渡辺村男氏が、大正十五年に著わした『山門郡誌』にも、古代の日本の通行証について触れている部分があるので、それを転載しよう。

「わが邪馬台国女王が漢魏と交通せし当時は、わが国未だに官用文字一定せず、甚だ不便なりしならん。降りて千四百年（六四五）大化新政に際して、唐の駅伝馬飛脚等の方法を採用せらりたり。時に官府より発する駅鈴あり。此の官府の一半は地方官の手を経て其の所定地に交付し、一は将軍其の他糧食人馬を要する人に下付し、双方より符を出して相一致すれば相違なきものとして其の需要に応ずるの制なりき。爾来駅制も幾度遷を来たしたりき」

卑弥呼の時代から四百年後、中国の制度をまねた駅制で、通行証の対照用原本はあらかじめ地方官に配られていた、と書いてある。

明治十二年発行の河村與一郎著『日本外史字類大全』にも、つぎの説明がある。

（筆者注．一体の割り符が二つに裁断された図が載っている）「契《わりふ》ノ図。本朝中古、唐制ニナライテ之ヲ造ル。コレハ京都ヨリ諸国へ瓜出ノ官人ニ給スル、人馬継発ノ符験《わりふ》ナリ。名ツケテ伝符ト云ウ。又関所ヲ通行契ナリ。其ノ形状大小一ナラズ」

この契もやはり対照できるようになっている。諸国の出先機関に政府は半片を常置し、官人の半片と合わせて、符合するのかどうかを調べるのである。

鎌倉時代以前にも、日本には通行証の制度があったのである。すべて、旅行者が所持する通行証を、政府の出先機関で対比する方法をとっていた。このような例からも、私は魏の通行証もやはり対照制度をとっていたろうと推定したのである。
（『誰にも書けなかった邪馬台国』　村山健治）

「符《ふ》」は璽《じ》と並び、古代中国では皇帝が下す権威のあるものとされます。藤ノ尾遺跡から出土した石の表面に皇帝の文字らしきものと年月日が彫られているのは、まさに時の魏の皇帝である齋王が下したものと断定して間違いないと思われます。

中国で、古代の通行証に石製の物があったのかは不明ですが、後漢時代の永元十二年（一〇〇）に成立した『説文解字』には、「符、信なり。漢制は竹を以ってし、長は六寸、分ちて相合す」とあり、通行証は竹製で、長さは六寸と言いますから約十五センチほどです。また、『史記』孝文本紀の文帝二年九月条には「初めて郡国の守・相ともに銅虎符・竹使符を為る」とあるので。銅製と竹製の通行証もあったことが分かります。

『史記』には『漢旧儀』を引き、「漢旧儀に、銅虎符は発兵、長は六寸、竹使符は出入り・徴発」とあることから、銅虎符は兵の動員用で、竹使符は国への出入りや徴発の際に使うことが分かります。

これらの符は一枚の表面に文字を彫り、それを二つに割って一枚は関に保管し、もう一枚は通行者が持って関で照合する、いわゆる割符《わりふ》というものです。

「符」は現在でも広く使われています。〝切符〟の「符」です。今から二千年ほど前に、「符は信なり」と『説文解字』で説明されています。

村山健治は石板を符の対照用原本としていますが、過所は魏の国内で通用する制度であり、弥生時代の倭に魏の通行制度がとられていたとは思えません。通行制度どころか、邪馬台国と狗奴国が領土を巡って戦いの最中ですから、通行制度自体が成り立ちません。

それに、割符は一枚の表面に文字を彫り、それを二つに割ってその一枚を通行人が所持し、関でもう一枚と突き合わせて照合する仕組みですから、割符は一つの関を対象としたはずです。

いくつかの関を通過しなければならない場合には、その関の数の割符が必要となります。ましてや、魏の政府から見れば辺境の地とも言うべき帯方郡から都の洛陽まで行こうとするには、どれほどの割符がいるのでしょうか。

同著（『誰にも書けなかった邪馬台国』）には浮羽郡から出土した石板の写真も掲載されていますが、藤ノ尾遺跡で出土した石板に比べてもう少し縦長で、上部に開けられた丸い小穴は少し中央寄りとなっています。石質の違いも歴然です。一つ一つが手作りのため、その一個ごとが完結品となっているのは写真から見ても明らかです。出土した石板は割符ではありません。

藤ノ尾遺跡から出土した古代通行証と思われる石板に彫られた文字が一部磨滅しているのは、石の上部に開けられた穴に紐を通して長い間首から吊るしていたために、ロウ石の表面が摩耗してしまったためと思われます。

弥生時代に同一規格品があるわけもなく、似た形の物であれば関所の通行は許されたのでしょう。

同じような石板の出土地は博多、福岡県浮羽郡、久留米市御井町、瀬高町藤ノ尾遺跡とされます。また、村山健治は瀬高町の金栗遺跡でも丸形の石板を出土したとも述べています。博多と久留米市御井町から出土した石板については、写真がないので同じような物としか言えませんが、金栗遺跡で出土した丸形の石板は長方形の石板とはまるで違います。と言うことは、瀬高町から、つまり邪馬台国から魏へは少なくとも二回は使者が行き、関所を通過したということになります。

卑弥呼が一回目の使者を魏の都である洛陽へ遣わしたのは、景初三年（二三九）でした。それまで韓と倭を支配していた公孫氏が魏に滅ぼされた翌年、待ちかねていた卑弥呼は魏の支援を求めて、少しばかりの貢ぎ物と生口を献上しての朝見です。使者は難升米と牛利の二人。

二回目の遣使は、一回目の使者を出した四年後の正始四年（二四三）に行っています。

掖邪狗ら八人の使者が帯方郡と洛陽を往復しました。

藤ノ尾遺跡から出土した石板の表面に彫られている、「齋」と見られる文字の主が魏の齋王だとすれば、石板が魏の通行証である確率が非常に高いと思われます。魏の齋王とは、公孫氏が魏によって滅ぼされた年の暮れに明帝（曹叡《そうえい》）が死去し、翌年、わずか八歳の曹《そう》芳《ほう》が位を継いでいます。この曹芳が齋王に当たります。

私は藤ノ尾遺跡から出土した石製の古代通行証について、次のように考えます。

魏が東夷の地とする辺境の帯方郡から都の洛陽までの長途の旅路となるため、長期の使用に耐える石製の「符」となった。「符」は璽に次ぐ皇帝の下す信を示すものであるため、遣使の代表者である邪馬台国の使者が携帯する「符」には、皇帝の名と下した年月日が彫り込まれている。

「符」は常に携帯しなければならないために、石で作られた特製の物となった。石製の「符」に小穴が開けられ、使者は「符」に紐を通して首から下げていたためにロウ石製の表面が摩耗し、彫られた文字の一部が判読困難となってしまった。

同行者も各人が「符」を常に携帯しなければならないが、同行者は代表者と一緒に関を通過する必要があるため「符」に文字はない。従って同行者は単独で関を通過することはできない。

また、「符」は魏の関を最後に通過しても出発地に帰るまで携帯しなければならない。

以上のことから、藤ノ尾遺跡から出土した石製の古代通行証は邪馬台国の使者が魏で使用した「符」であり、同じような石板が出土した博多、福岡県浮羽郡、久留米市御井町のものについては、邪馬台国の使者に同行した「符」である――。

私の考え方が正しいかどうかの判定をすることはできないにしても、長方形をした平たい石は「符」ではないとする方が難しいことは言えると思います。

藤ノ尾遺跡から出土した古代通行証と同型の物が久留米市御井《みい》町から出土し、村山健治は久留米市御井町を投馬国と比定していると述べていました。久留米市には高良《こうら》大社があり、磐井《いわい》の乱を起こした磐井の墓があるとも伝えられています。

投馬国の読み方は「とうま」なのか「つま」なのかは定まってはいません。投馬を「つま」と読み、投馬国は久留米市にあったとしています。かつては久留米市の一部と八女《やめ》市、筑後市の大部分を上妻郡と呼び、筑後市の一部とみやま市の一部を下妻郡と呼んでいました。八女市から久留米市にかけて投馬《つま》国があったのかも知れません。

もしその通りだとすれば、邪馬台国から北へ投馬国があり、投馬国から北へ不弥国があることになります。これを不弥国から見れば南に投馬国があり、さらにその南に邪馬台国があることになるので、倭人伝が記す不弥国の南に投馬国、その南に邪馬台国ということになって、矛盾はしません。ただ、不弥国から南へ水行二十日と、投馬国から南へ水行十日陸行一月という所要日数だけが違うことになります。

この所要日数については〝水行二十日の怪〟の所で述べているように、倭国の使者が答えた返事が誤って陳寿へ伝わったものだと思えますので、倭人伝の記述との違いはなくなります。

高良大社の主祭神は高良玉垂命《こうらたまたれのみこと》と言い、高良玉垂命は記紀に登場しないため果たして誰なのかさまざまな説があります。伝説によれば、もともとは高木神《たかぎのかみ》が鎮座していたが、一夜の宿に山を借りたいと願い出た高良玉垂命がそのまま居ついたとする話があります。

高木神はタカミムスヒノミコトの別名で、タカミムスヒノミコトは高皇産霊神のことだと本書の冒頭で述べました。高霊が皇を産んだ神の鎮座は、すなわち高霊加耶の勢力範囲がその付近に及んでいたことを意味します。高良はカラが転訛したものではないでしょうか。

その高良大社は久留米市御井町にあり、御井町から藤ノ尾遺跡と同じ形の古代通行証が出土し、御井町から東へ行った浮羽郡からも似た通行証が出土しており、藤ノ尾遺跡で出土した通行証には「齋」の文字らしきものが彫られています。

奴国があった博多でも同様の石板が出土しているということは、卑弥呼が二回目に派遣した使者の持ち帰りで、魏の通行証であることはほぼ確実でしょう。女王国の内、八つの国から派遣された八人の使者が携帯していたことになるので、出土した通行証はその内の四つとなります。

そうすると、金栗遺跡から出土した丸形の石板とは一回目の遣使で使われた通行証だったのか……。

高良山の麓には祇園山古墳と呼ぶ、一辺が二十三メートルほどの方墳があり、卑弥呼の墓ではないかとも見られています。墳墓の頂部には一つの石棺が置かれ、石棺の周辺からは甕棺墓が三基の他、石で蓋がされた土壙墓が三十二基などいくつかの異なる墓があって、多数が埋葬されていること。墳墓の築造時期は三世紀と見られ、卑弥呼の時代と合致すること。筑紫平野を一望できる高台にあることなどが挙げられ、卑弥呼の墓ではないかとする説があります。

しかしこの見方には疑問が残ります。第一に、百余人もの殉死者を埋葬するのになぜさまざまな形の墓が使われなければならないのか。第二に、百余人もの殉死者はどのように埋葬されたと考えているのか、ということです。墓の主が卑弥呼かどうかよりも、私は殉葬者奴婢百余人の方に関心が向きます。

もっとも、弥生時代の殉葬については発見された実例はないということが考古学者の間では決まり文句ですので、仕方がないことかも知れませんが、墓の大きさや築造年代ばかりに捕らわれると箸墓古墳の二の舞を踏んでしまうような気がします。村山健治が見つけた殉葬の情報は無視し得ないどころか、暗闇に射し込んだ一筋の光のように私には思えるのです。

また、高良大社がある高良山には、女山と同じく神籠石が設けられています。標高三百十二メートルの高良山は筑紫平野に張り出す耳納《みのう》山地の先端にあって、要衝の地に当たります。女山の神籠石同様にその目的と設けられた時期は判然としていませんが、百済が唐と新羅連合軍に滅ぼされたころと概ね合致すると見られることから、連合軍の追撃を恐れた朝廷が急遽作らせた朝鮮式山城と思われます。

言い換えれば、高良山も女山も大和の朝廷からすれば要衝の地と認めていることに他なりません。

瀬高町藤ノ尾遺跡で出土した古代通行証と同じような石板が発見された、浮羽郡浮羽町は女王国のその余の旁国の中では何という国だったのでしょうか。

古代通行証が出土した浮羽町朝田は耳納山地の北麓にあり、いくつもの遺跡がまとまっている所です。耳納山地は水縄山地とも書かれ、筑紫平野に張り出した形になっています。耳納山地の先端に高良大社があって、西にある市街地が久留米市、久留米市を南下してしばらく行った所にみやま市があります。みやま市は三池郡と山門郡の合併によって生まれました。

「うきは」を連想させる国名はなく、浮羽郡浮羽町の所在地は筑紫平野の東端に当たることから、浮羽郡を含めて管轄する国があったと見られます。付近の遺跡を調べてみると、朝倉市杷木《はき》に杷木神籠石のあることが分かりました。神籠石は古代の重要な所に築かれています。山門の女王山に築かれ、久留米市の高良大社もそうでした。杷木神籠石も前例に違《たが》わず、この地が重要な場所であったことを示しています。

杷木と呼び方の近い国名に、巴利國《はり》があります。浮羽町で出土した石板は、巴利国の使者が魏で使用した古代通行証と思われます。

第四章　加耶王東遷

敗れた邪馬台国

卑弥呼は死に、奴婢百余人と共に径百余歩の冢に葬られました。倭人伝は次のように続きます。

　更立男王國中不服更相誅殺當時殺千餘人復立卑彌呼宗女壹與年十三爲王國中遂定政等以檄告喩

壹与と書かれていますが、邪馬台国が邪馬壹国と書かれているように、壹は「臺」の減筆文字となっていますので壹与は臺与《とよ》のことで、台与《とよ》と読めます。
この短い文章には一言ではとても言い表せないほどの、非常に重要な出来事が凝縮して込められているのです。そこで、文章を前段と後段に分けて考えてみることにします。

初めに前段の文です。

更立男王國中不服更相誅殺當時殺千餘人

この文は、大和説者を含めて次のように読まれています。

更《かわ》りて男王が立つも国中服さず、更々相誅殺《こもごもあいちゅうさつ》し時に当たりて千余人殺さる。

狗奴国との戦争の結果については明確に書かれていないので、邪馬台国は勝ったのか負けたのかこの文では分かりません。男王は狗奴国の男王かそれとも邪馬台国の男王なのかはっきりしません。

もし邪馬台国が勝ったとすればどうなるのか。

邪馬台国は勝ち、死んだ卑弥呼に代わって男王が立ったが国中服さずとなりますが、「更相誅殺」を「更々《こもごも》殺し合い」と読み、互いに殺し合い千余人が殺されたとするのですから、まだ戦争は続いていることになります。

おかしな文の読み取り方です。新女王が立つまで邪馬台国と狗奴国は戦争を続けていることになってしまいます。あれほど緊迫した戦況が続いていたのに、突然として戦争は終結し、台与が再び女王に立ち、国中遂に定まるとなるのでしょうか。

この変な解釈は、「更相誅殺」を「更々殺し合い」と読んでしまうことにあります。「誅殺」とは、「勝者が敗者を罰して殺す」という意味です。つまり、この時点で戦争の勝敗は決着がついていることになります。

邪馬台国が勝っているとして、「更立男王國中不服更相誅殺當時殺千餘人」の文をこれまで読まれていた読み方に代わって読んだとしたらどうなるでしょうか。

（邪馬台国は勝ち、死んだ卑弥呼に代わって）更に男王が立つも邪馬台国の国中が服さず。更に男王は邪馬台国の国民を誅殺し、時に当たって千余人が殺された、となります。勝った邪馬台国の国民が男王に誅殺されるということになり、勝った方の国民が敗者として男王から罰せられて殺されてしまうという、脈絡のない奇妙な文となってしまいます。

邪馬台国は負けたとすれば、どうなるのでしょうか。

（邪馬台国は敗れ、狗奴国の）男王が邪馬台国を支配したが国中が服さず。邪馬台国の国民は更に誅殺され、時に当たって千余人が殺された、となって文に脈絡が通じます。劣勢だった邪馬台国は敗れ、狗奴国に支配されてしまったのです。

後段の文です。

復立卑彌呼宗女壹與年十三爲王國中遂定政等以檄告喩

さらに文章は続き、再び卑弥呼の宗女である台与が年十三で王に立ち、国中遂に定まると書かれています。あれほど敗戦の道を転げ落ちてきた邪馬台国が地に落ち、難民となって生き延びるしか他に取る道のない国に、新女王が立って遂に国中が定まったというのですから、言うべき言葉がないとはこのことです。

ただ注意をしなければならないのは、陳寿は「国中遂に定まる」と書いています。もし国中を定めた邪馬台国が九州内にあるとすれば、「倭国は遂に定まる」と書くはずです。なぜならば、倭人伝の書き出しは「倭人は帯方の東南に在り、大海の中に山島に依りて国邑を為す」となっています。その倭人の居る所は元百余国、今使訳の通じる所は三十国と書かれ、女王国の二十九国と女王国に属さない狗奴国で計三十国となります。

陳寿は九州島を倭国としています。倭人伝には、女王国から東へ海を渡ること千余里でまた国があり、皆倭種と書かれています。これらのことから、国中遂に定まると言うことは九州島の外へ邪馬台国が移り、そこで国中が遂に定まったと読むことができるわけです。

それ見たことか、初めから邪馬台国は勝ったと言っているではないか、と大和説者は先見の明をひけらかして非難するでしょうが、そう決めつけてしまってはいけません。ここで大事なことは、その過程です。

邪馬台国は狗奴国に敗れたのです。敗れた邪馬台国に女王が立ち、遂に国中が定まったと書かれているのも事実です。ところが、それまで事細かに書かれていた戦争の結果は書かれず、ただ読み過ごしていけば邪馬台国は狗奴国に勝ち、卑弥呼の死後に立った男王の支配に不満な邪馬台国の国民が千余人も殺された、と読んでしまいます。

実際に、勝ったのは邪馬台国、だからあれほどの大古墳を造ることができたのだ、邪馬台国が九州にあったとするのはよほどの色眼鏡で見なければできるものではない、とまで言い切る考古学者もいます。

それともう一つ、このわずか一、二行で書かれた短い文章には、見過ごしてはいけない重要なことが隠されています。

更立男王國中不服更相誅殺當時殺千餘人復立卑彌呼宗女壹與年十三爲王國中遂定政等以檄告喩

張政の再登場です。張政は、女王国と狗奴国の全面戦争突入の報を受けて帯方郡から派遣されて来た役人です。張政が檄を以って卑弥呼に告諭し、卑弥呼は死んでいます。倭人伝の最終盤に再び現れた張政は、今度は新女王の台与に檄を以って告諭をしています。どうやら、邪馬台国の復活には張政が深く関わっていたのではないかと思えます。敗れた邪馬台国はなぜ復活できたのか、女王を擁立したのはどこか。九州かそれとも大和なのか。これらの過程を解き明かさなければ、邪馬台国はどこにあったのかという、いわゆる邪馬台国論争で終わってしまいます。

もっとも、これまで邪馬台国は九州の山門にあり、権現塚が卑弥呼の墓だと解き明かしてきました。邪馬台国論争の一番の問題は、なぜ大和にヤマト王権が樹立したのかという問題なのです。

これからはその問題を考えていきたいと思います。

謎の邪馬台国復活

邪馬台国は敗れてはいない、勝ったのだと大和説者は主張します。現に大和には巨大な古墳がいくつもありますし、それが大和説者の最大な拠りどころとなります。そこで大和には九州の邪馬台国とは違うヤマト国があり、そのヤマト国が九州の邪馬台国を滅ぼしたのだとする説もあります。

もしそうだとすれば、なぜ大和にヤマト国があったのかという問題が生まれます。どうして大和にヤマト国が作られ、発展していったのかという過程を解かなければならなくなります。発想は自由で大事なことですが、その過程を説明しなければ意味は成しません。その例に、弥生時代には各地に豪族があり、豪族が勢力を強めて列島を支配したのが邪馬台国だとする考え方もあります。

それならば、各地の豪族の出自は何だったのかということが問題になります。やはり問題はその過程です。

大和にもともと住みついていた人々が地方の豪族にまで伸長したとするなら、その人々の出自は何か。もし弥生時代よりも前から住みついていて、その人々が地方の豪族にまでなったとすれば豪族の出自は縄文人となります。

しかし、一万年も続いていた縄文人に支配者はなく、食糧を求めて移動をする生活が主体ですから、縄文時代には豪族にまで発展する土壌がありません。中には千五百年間も続いていたと見られる三内丸山遺跡のような大規模な縄文人の集団もありましたが、彼らに支配者は存在せず、有力な指導者のもとでの共同生活であったでしょう。

縄文人と言えども人間ですからいさかい事はあるのは当然にしても、殺し合いから戦争にまで発展することはなかったのが縄文時代です。厳しい自然の中で食糧を確保し、小集団で協力しあいながら暮らしていたのです。

仮に縄文人が列島を支配する支配者になったとしても、縄文人が漢文を読み書きでき、中国人と対等に会話ができたとは想像することもできません。

稲作は、大陸から渡来した弥生人を縄文人の支配者が指図をしてやらせていたのでしょうか。青銅器や鉄器を作る金属の生産は縄文人が行っていたのでしょうか。それとも金属の生産は弥生人が行い、縄文人の支配者が弥生人に指示をしていたのでしょうか。繰り返しますが、一万年も続いていた縄文時代に支配者はいません。

もしそうではない、つまり縄文人が支配者になったのではなく、弥生人が支配者になったとすれば、もともとそこに住みついていた弥生人という論法は成り立ちません。やはり他の土地から移動してきたのです。

狗奴国との戦争で邪馬台国は敗れ、敗れた邪馬台国に女王が立って国中が定まる。まったくおかしな話です。しかも、その戦争後に邪馬台国は狗奴国と再び戦争はしていません。奇妙な話です。

奇妙な話ですが、ただ一つその謎を解く鍵があります。張政です。戦争が始まって渡来した張政が、再び女王に台与が立って国中が定まると張政は再度現れ、新女王に檄を以って告諭しています。このことは、張政は戦争の最中はもちろんのこと、国中が定まるまで列島にいたことの裏返しで、張政がその間の黒幕的な役割を果たしていたのではないかと思えるのです。

それまで詳しく書かれていた倭人伝が、戦争に突入した途端になぜか簡略化され、戦争の結果は記されていません。いつ戦争が終わったのか、勝者はどちらなのか。邪馬台国か狗奴国なのか。

そうして再び張政が現れ、新女王の台与に送られて帰国したところで倭人伝が終わります。その張政の帰国がいつだったのかも記されていません。

ここで言えることは、邪馬台国は狗奴国に敗れはしたが何らかの経過を経て邪馬台国は立ち直り、そうして台与が女王に立って国中が定まったということです。国中とは九州だけに留まらず、倭国、つまり九州を含めた列島全体のことを指します。その何らかの経過に深く関与していたのが張政ではないか、と考えられます。

倭人伝には張政がいつ帰国したのかは記されていませんが、その様子については次のように書かれています。

壹與遣倭大夫率善中郎將掖邪狗等二十人送政等還因詣臺獻上男女生口三十人貢白珠

五千孔青大句珠二枚異文雑錦二十匹

台与は倭の大夫の率善中郎将掖邪狗等二十人を遣わし、（張）政等の還《かえ》るを送る。因《よ》りて台に詣り、男女生口三十人と白珠五千孔、青大句珠二枚、異文雑錦二十匹を献上する。

卑弥呼が初めて遣使を行った際の使者は難升米と牛利の二人だけでしたし、献上品は男の生口が四人と女の生口が六人の他に班布二匹二丈というものでした。それと比べれば比較にならないほどの献上品と使者の数です。いかに張政の果たした役割が大きかったということが知れようというものです。

『日本書紀』神功皇后紀六十六年の条に、次の記述があります。

この年は晋の武帝の泰初二年である。晋の国の天子の言行などを記した起居注に、武帝の泰初二年十月、倭の女王が何度も通訳を重ねて、貢献したと記している。

泰初は泰始の誤記として、泰始二年（二六六）に台与が張政を帰国させていたことが分かります。張政が帯方郡から派遣されてきたのが正始八年（二四七）ですから、張政は十九年間も列島にいたことになります。掖邪狗にとっては、正始四年（二四三）に使者を務めてから二十三年後の二度目となりますが、注目すべきは訳を重ねての会話となっていることです。

これは、いかに倭国の変化が目まぐるしいものであったかを物語っているかのようでもあります。この遣使の際に、帯方郡や晋の役人からさまざまな質問がなされたでしょう。その中には帯方郡から邪馬台国までどのくらいの距離があるのか、との質問があったことは間違いありません。誰でも尋ねることです。

しかし使者には魏尺の知識はなかったために、こう答えたのでしょう。

「邪馬台国から北へ陸行一月で呼子。そこから船に乗り、北へ水行十日で任那加羅。任那加羅でまた船に乗り、西へ北へと水行二十日で帯方郡」

多分、答えた使者は投馬国からの使者。

「大夫はいずれの国か」

「つま国と申し、邪馬台国の北にあります」

訳を重ねた会話がまわりまわって陳寿に伝わり、書き加えられたものが例の「水行二十日で投馬国」の件《くだり》ではないかと思います。

ただ、ここで疑問が残ります。村山健治の記述によれば、古代通行証と思われる長方形の石板が四つと丸形の石板が一つ、九州の北部で出土したとあります。長方形の石板の一つは瀬高町の藤ノ尾遺跡で、もう一つは久留米市御井町で、さらにもう一つは浮羽郡浮羽町で、最後の一つは博多でそれぞれ出土しています。丸形の石板の出土は瀬高町の金栗遺跡と言います。瀬高町は旧山門郡にあります。

それならば、二十人もの使者の一行が行っているわけですから、いくつかの古代通行証が出土しても不思議ではありません。もちろん、九州の北部で出土することはないはずです。台与が女王に立った付近、すなわち畿内を中心にした地域からです。このことについては次の〝加耶王の参戦〟で述べます。

過所と呼ばれる通行制度は唐の時代まで続いているわけですから、晋国でも何らかの通行手形が存在していたことは間違いありません。しかし魏から晋へと変わり、二十数年の歳月は石製の通行証から違う材質と形の物に変えている可能性は十分にあり得ます。

それにしても、あれほど狗奴国の攻勢に苦しめられ、挙句の果てには敗北まで喫したのになぜ邪馬台国は復活できたのか。また、弥生時代末期に倭国に激変があったことを知りながら、なぜ陳寿はそれを隠匿したのか。これから述べることは、弥生時代の末期に起こった倭国激変の過程です。

二つのヤマト

山門で生まれ育った郷土史家の村山健治は、山門の地には暗黙のルールのようなものがあることに気付きました。低地からは土器が一つとして出土しないのに、集落がある微高地とは呼べないほどのわずかな高みからは必ず土器が出土し、遺構なども発見されること。支石墓がまとまっている堤集落があり、山では掘削された土の中から石器時代の石器も見つかりました。

村山健治はこう考えました。郷土は石器時代から縄文時代、弥生時代を経て現在に至るまで、代を継いで連綿とこの地に生きてきた、と。

先祖はどうやら海洋民族のようだが、邪馬台国と狗奴国の間で戦争はあったものの、同じ日本人なので国が亡ぶほどの大戦争には至らなかったのではないだろうか。

山門に邪馬台国があったのは間違いがないが、なぜ邪馬台国は山門を離れてしまったのだろうか。なぜ国は山門に邪馬台国があったことを隠そうとするのだろうか。

村山健治が分からなかったのは邪馬台国がどこにあったのかではなく、邪馬台国が山門を離れた理由なのです。狗奴国との戦いには敗れたようだが、邪馬台国が大和へ移ったのは鉄を求めたからではないだろうか。主導者は歴史上存在が確実な応神天皇、こう結論付けました。

また、もう一人の町民学者がいます。原田大六です。原田大六は福岡県宗像の沖にある、沖ノ島遺跡の調査と研究を行い、昭和四十年には福岡県平原遺跡から直径が四十六・五センチメートルもある特大な内行花文鏡を発見し、復元まで行ったのです。この特大な内行花文鏡は八咫鏡《やたのかがみ》だとする原田大六は、卑弥呼を次のように考えています。

倭国大乱は銅鏡信奉者の天照大御神の軍団と銅鐸信奉者の大国主命の軍団の戦いで、大国主命の軍団に勝利した天照大御神の軍団が筑紫の国から大和へ移ってヤマト王朝を作った。ヒミコは「日の御子」のことで、一人ではなく数人いた。

その一人は伊都国の平原古墳に埋葬された玉依姫で、またの名を天照大御神と言う。筑紫から大和へ移って葬られたのが倭迹迹日百襲姫命で、墓は箸墓である。

伊都国は倭人伝に「世有王皆統屬女王國郡使往來常所駐」と書かれています。「世々王有り、皆女王国に統属す。郡使の往来常に駐《とどま》る所」。女王国のその余の旁国に王がいたかは明確ではありませんが、伊都国には代々王がいて、皆邪馬台国の国王に統属していました。

伊都国の王墓と思われる遺跡は糸島市に三カ所あり、弥生時代中期の三雲南小路遺跡、弥生時代後期の井原鑓溝《いはらやりみぞ》遺跡、弥生時代末期の平原《ひらばる》遺跡です。三つの王墓から出土した銅鏡の合計だけで百十面もあり、これらの銅鏡の多くは倭国製で、鏡の銘文や文様などから製作年代が特定されています。

弥生時代末期の平原遺跡が女王国時代に当たり、原田大六はその平原遺跡の調査と研究を進めたわけです。

ミカン園の造成中に発見された墓は木棺で、木棺内には頭の方に玉類と素環頭大刀《すかんとうたち》、胸付近と見られる所にガラス製の勾玉や丸玉類と鏡片があり、墓壙内の四隅には合計四十面もの破砕した銅鏡がありました。多くは国内で模倣された同型の仿製でしたが、その中に復元すると直径が四十六・五センチの特大鏡が五面もあったのです。しかも、首飾りの玉の辺りに大量の朱が使われていました。遺骸の上半身が朱で塗られていたのです。

原田大六はこの特大鏡を八咫《やたの》鏡と見て、被葬者は副葬品から女性と判断されることから天照大御神は伊都国にいたと考えました。卑弥呼の墓を箸墓としたのは、倭人伝に書かれている一歩は魏尺の一・四四メートルとし、被葬者が倭迹迹日百襲姫命で女性であることによるものです。

村山健治は卑弥呼の墓を日本式の歩数で測ったならば山門の権現塚としますが、自分の足で実際に測ったであろうことは想像するまでもありません。原田大六は大和の箸墓古墳としています。

同じ九州人ながら、山門で生まれ育った村山健治は卑弥呼の墓は山門にあり、狗奴国に敗れた邪馬台国は鉄を求めて大和へ移ったとし、伊都国（旧前原市）で生まれ育った原田大六は、邪馬台国は筑紫から大和へ移り、箸墓が卑弥呼の墓だとします。

二人の町民学者に共通しているのは、邪馬台国は筑紫にあったが、その後に大和へ移り、ヤマト王朝を築いたとしている点です。九州説、大和説のいずれを採ろうとも、大和にヤマト王朝があったことは紛れもない事実ですが、なぜ九州から大和へ移ったのか、その理由を説明することが最も至難の業であることに違いはありません。

考古学者の森 浩一は考古学的な観点から、次のように述べています。

古くから（弥生前期か中期から）ヤマトにあったとする説は、考古学資料から成立はむずかしいと今でもぼくはみている。纏向遺跡を例にとっても、弥生時代末に突如として出現する大きな遺跡で、それ以前は集落のあった形跡はない。

（『倭人伝を読みなおす』　森 浩一）

その理由として具体的には、弥生時代の銅鏡は奈良県の遺跡ではまだ一面も出土していないこと、弥生時代後期の九州での鉄製武器の豊富さには目を見張るのに、弥生時代では丹後のほかの近畿での鉄製武器は貧弱というほかないこと、銅鏡を墓へ納めることは近畿地方の弥生時代には皆無といってよく、北部九州からの風習の伝播に百年ほどの隔たりがあり、支配者層の墓への銅鏡埋納、それも一基の墓に大量の銅鏡を埋納する風習に連関性があること、墓に朱を用いることも北部九州で弥生時代に始まり、古墳時代になると前方後円墳で使われていることなどを挙げています。

森浩一はさらに次のように述べています。

奈良盆地の南東に狭義のヤマト（倭）という地域があり、重複するようにして磐余《いわれ》がある。伝説上のヤマト朝廷の始祖王の名が磐余彦である。磐余彦にたいして奈良時代につけられた漢風諡号《かんぷうしごう》が神武《じんむ》天皇である。

記紀神話では日向にいた神武天皇が船団を率い北部九州の岡（遠賀）をへて、瀬戸内海を東進しヤマトに都をおいた。このときの東進は東征ともよばれるが、戦士だけの移動ではなく、家族ぐるみの集団移住だったのである、この話は、記紀に語られた歴史上の大きな節目になっている。

奈良盆地の磐余のはずれに茶臼山古墳がある。この巨大な前方後円墳は墳丘の長さが二〇七メートルあって、古墳時代前期の巨大古墳の代表例である。奈良県の他の前方後円墳が墳丘に円筒埴輪を並べているのに茶臼山古墳は使っていない。

墳丘に円筒埴輪を並べることは、日本列島の古墳文化の大きな特徴である。戦後に分かったことだが円筒埴輪の起源は吉備（岡山県）で弥生時代の墓の墳丘に大型の器台という土器を立てることにあった。つまりヤマトの古墳時代前期の古墳文化は、各地で発生した墓作りの流行を総合して創りだしたのである。

（『倭人伝を読みなおす』森浩一）


森浩一は大和ではなくヤマトとしていますが、このことについては次のように述べています。

〝大和の古墳〟や〝大和政権〟などで大和の二字が多用されている。このことも大和中心主義を助長している疑いがある。そこで大和を止め、ぼくはヤマトと表記している。

発音上でのヤマトは、倭人伝の邪馬臺国に由来するとみられる。臺の字を普通は減筆して台の字で書く。発音はヤマタイではなくヤマトでよいとおもう。

第三一回（筆者注・『倭人伝を読みなおす』で「第三一回　邪馬台国はどこにあったか」の項のこと）で書いたが、東遷を果たした女王台与は奈良盆地南東部の山門に邪馬台の字をあてたと推定される。その地が新しく倭国の都となったこともからんで、倭の一字でもヤマトをあらわすようになり、やがて倭国全域をいうのに日本と書くようになっても、日本《やまと》の発音がのこされることがあった。

奈良県の範囲を古代に大和二字であらわしだすのは、奈良時代の聖武《しょうむ》天皇の子の孝謙《こうけん》女帝のとき（厳密にいうと上皇のとき）からである。聖武天皇はヤマトを大養徳と理想をこめて表記した。この養徳の二字を一字の和であらわし大和国の表記ができたとぼくは考えている。ヤマトという地域名、ひいては国名も北部九州からの伝播の可能性が高い。

このように古墳時代、まして弥生時代のことをいうのに、大和とすることは木に棒を接ぐようである。〝大和の弥生文化〟とか、〝大和の古墳〟は、暗黙のうちに歴史の改竄《かいざん》に手を貸しているのである。

（『倭人伝を読みなおす』　森 浩一）

森浩一はあくまでも考古学上の観点から、邪馬台国が弥生時代からヤマト（大和）にあったことはあり得ず、弥生時代の末期に九州北部から移ったもので、その風習や地名なども九州北部のものを継いでいると断じています。私もまったくその通りと思います。

究極の疑問は、なぜヤマト（大和）にヤマト王権が作られたのか、ということに尽きるのではないでしょうか。

九州に邪馬台国《やまと》があり、ヤマト（大和）に大和朝廷《やまと》という二つのヤマトがあるからです。しかも、森浩一が指摘をするように奈良県を大和と呼んでいます。

この疑問については、そこに住み着いた集団が邪馬台の地名を好んだからだ、という解釈ができます。「第一章　高霊加耶から来た神」〝朝鮮半島を南下する建国神話〟の中に、檀君神話を載せていますが、その神話に次のことが書かれています。

「天帝の桓因《ファンウォン》の庶子に桓雄《ファンウン》という神がいて、人間を救うために三千の供を連れて太《テ》伯山《ペクサン》の頂の神壇樹に天降り、そこを神市《カムト》といった。」

カムトはカラ語で、神の地という意味です。カムは「神」、トは「地、土地」のことで、聖地ということになります。高霊加耶《コリョンカヤ》（または上加耶《ウカヤ》）から集団が渡来して建国した地をカムトと呼んだのです。カムトがヤムトとなり、ヤマトに転訛しました。

ですから、加耶人が九州北部に建国した地をヤマトと呼び、狗奴国に敗れて移った地も加耶人はやはりヤマトと呼んだわけです。こうして二つのヤマトの地名があるということになります。

加耶王参戦

綿密な考察を重ねて邪馬台国は九州北部から大和へ移ったとする森 浩一ですが、どういう理由で大和へ移ったのか、そのことについては述べていません。

弥生時代に邪馬台国が九州北部にあったことは確実で、弥生時代の終末に大集団が九州北部から東へ移動し、大和に定着してそこでヤマト王権が作られています。古墳時代の始まりです。

問題は、敗れたはずの邪馬台国がなぜそのような行動と力を発揮できたのか、ということです。そのことが分からないので、どうして二つのヤマトがあるのかという疑問が解けないのです。

結局堂々巡りをすることになってしまいます。これは国内だけからの視点に立っているためで、その視点を変えなければ二つのヤマトがあるという謎を解くことはできません。

　ここで、再び高天原を采配したタカミムスヒを考えてみましょう。タカミムスヒは高皇産霊尊と書いてタカミムスヒノミコトと読みました。タカミムスヒは日本の天上で二番目に成った神で、『古事記』の上巻の冒頭に書かれています。

　天地《あめつち》初めて発《ひら》くる時に、高天原《たかまのはら》に成りませる神の名は、天之御中主神《あめのみなかぬしのかみ》、次に高御産巣日神《たかみむすひのかみ》、次に神産巣日神《かむむすひのかみ》。此の三柱《みはしら》の神は、みな独神《ひとりがみ》と成り坐《ま》して、身を隠したまふ。

　高御産巣日神の別名を高皇産霊神といい、高霊の二字の間には「皇を産む」の文字が入っていますが、高霊は韓国にある地名の一つで、そこには古代、上加耶という国がありました。

　上加耶をウカヤと読み、ウカヤは日本神話のウカヤフキアエズノミコトとして登場し、海彦・山彦の山彦と海の彼方からやってきた豊玉姫の間に生まれた神がウカヤフキアエズノミコトです。

　ウカヤフキアエズノミコトと、豊玉姫の妹の玉依姫の間に生まれたのがカムヤマトイワレヒコで、イワレヒコが東征して神武天皇となりました。

これが日本神話の粗筋です。

上加耶《ウカヤ》は大加耶《オオカヤ》が母音変化をしたもので、大加耶の始祖にイチアキという王がいました。その子孫が九州へ渡来しましたが、イチアキから生まれた名がイザナキで、イザナキとイザナミは国を生み、神を生みました。

このようにして神話はつながっていくのです。ですから、日本国内からだけの視点に立っていると、その先は見えてはきません。

そこで弥生時代の終末期に戻り、邪馬台国のその後を考えてみることにします。

邪馬台国は狗奴国に敗れました。敗れた邪馬台国が、なぜか王を立てて国中が定まっています。邪馬台国は再び狗奴国とは戦争をせずに、国中を支配しています。

邪馬台国は加耶から集団が九州へ渡来して国が作られた、言わば加耶の分国です。その分国が、百済の分国の狗奴国に戦争で敗北しました。敗れた分国が復活するのには、二つの道筋が考えられます。一つは体制を立て直し、国力を回復させて再び戦争を行い勝利することです。しかし、これには長い時間が必要となりますし、何よりも再び戦争をして狗奴国に勝たなければなりません。これまでの経過から見れば、至難の業とも言えます。

もう一つ考えられることは、互いに分国同士の戦いでしたから、本国の加勢を受けて体制を立て直すことです。

『古事記』上巻に書かれている天孫降臨の場面です。

迩々芸命《ににぎのみこと》は高天原の玉座を離れ、天の八重にたなびく雲を押し分け、荘厳な御幸《みゆき》の道を開き進んで、天の浮橋に浮島があったので、そこに高々とお立ちになって、そこから筑紫の日向《ひむか》の高千穂の聖なる峰（筆者注．原文は「久士布流多氣」）にお降りになった。

この天降りにあたって、天忍日命《あめのおしひのみこと》と天津久米命《あまつくめのみこと》の二人が、天上界の堅固な靫《ゆき》を背負い、柄頭《つかがしら》が槌《つち》状の大刀《たち》を身に帯び、天のはじ弓を手に持ち、天の真鹿児矢《まかごや》を脇挟んで、御幸の先頭に立って、お仕え申し上げたのである。ところで、この天忍日命、これは大伴連《おおとものむらじ》の祖先である。天津久米命、これは久米直《くめのあたい》らの祖先である。

天との境界の地の山頂に天降った迩々芸命は、「ここは韓《から》の国に向き合い、探し求めて笠紗《かささ》の岬に通り来て、朝日のまっすぐに射す国、夕日の照り輝く国である。この場所こそもっとも吉《よ》い土地である」と仰せになって、大地の岩盤に宮殿の柱を太く立て、天空高く宮殿の千木《ちぎ》を上げてお住まいになった。

（『古事記』　中村啓信）

次に、『日本書紀』上巻・神代からの引用です。

一書（第四）にいう。高皇産霊尊《たかみむすひのみこと》が、真床覆衾《まとこおうふすま》をもって、天津彦国光彦火瓊瓊杵尊《あまつひこくにてるひこほのににぎのみこと》にお着せになって、天磐戸《あまのいわと》を引きあけ、天八重雲《あめのやえぐも》を押し分けてお降ろしになった。そのとき大伴連の遠祖、天忍日命、来目部《くめべ》の遠祖、天槵津大来目《あめくしつおおくめ》をひきいて、背には天磐靫《あまのいわゆき》を負い、臂には高鞆《たかとも》をつけ、手には天梔弓《あまのはじゆみ》・天羽羽矢《あまのははや》をとり、八目の鏑矢《かぶらや》をとりそえ、また柄頭が槌のような形の剣を帯びて、天孫の前に立って降って行き日向《ひむか》の襲《そ》の高千穂の、梔日《くしひ》の二上峯《ふたかみのたけ》の天の浮橋に至り、うきじまのたいらにお立ちになって、膂宍《そしし》の空国《むなくに》を、丘続きに求め歩いて、吾田の長屋の笠狭の崎につかれた。ときにそこに一人の神があり、名を事勝国勝長狭《ことかつくにかつながさ》といった。そこで天孫がその神に問われるのに、「国があるだろうか」と。答えていう「あります」と。そして「勅のままに奉りましょう」と。それで天孫はそこにとどまられた。その事勝国勝長狭は、伊奘諾尊《いざなぎのみこと》の子で、またの名を塩土老翁《しおつつのおじ》という。

（『日本書紀』全現代語訳　宇治谷 孟）

この天孫降臨神話が、狗奴国に負けた邪馬台国に加勢する加耶国の参戦場面を神話で語っているのだと思われます。

記紀の天孫降臨神話を照らし合わせてみると、だいたい次のようになります。

高天原から降臨したニニギは、大勢の供を引き連れて筑紫の日向《ひむか》の高千穂の峰に天降《あまくだ》った。高千穂の峰に降り立ったニニギはこう言った。「ここは韓の国に向かい、良い地だ」。

この日向の地ですが、九州には日向《ひゅうが》の国、すなわち宮崎県があります。日向の国には高千穂の名が付く所は二つあり、一つは日向の国の最北にある高千穂で、ここには天岩戸《あまのいわと》神社があれば高千穂神社もあります。さらには高千穂神楽《かぐら》と呼ばれる夜《よ》神楽があり、天照大御神を象徴する鏡が置かれた前で〝手力雄《たぢからお》の舞〟や〝細女《うずめ》の舞〟など、天岩戸神話を題材にした舞いが舞われます。

もう一つの高千穂は日向の国の南にそびえる高千穂峰で、標高は千五百メートルを少し超えた山ですが山頂は鋭く天を突き、峰続きには韓国岳《からくにだけ》という最高峰があってこちらも神話の候補地としては甲乙つけがたい所ですが、惜しむらくはどちらもニニギの第一声とは相反する地なのです。

ニニギは、「ここは韓の国に向かい」と言っています。筑紫で韓の国に向かう、「日向」にある聖なる峰「くしふるたけ（岳）」がニニギの降臨した場所です。高千穂とは、「くしふるたけ」を尊んだ呼び名なのです。

その場所が伊都国のすぐ近くにあります。現在の糸島市と福岡市を結ぶ道の峠の名は日《ひ》向《なた》峠と言いますが、日向峠の地名は糸島市高祖《たかす》で、日向峠は標高四百十六メートルの高祖《たかす》山《やま》の鞍部にあります。高祖山の南に続く山を古くは「くしふる山」と呼んでいました。

ここで、加耶の金首露王神話の要点を挙げてみましょう。

「金首露王が降臨した山は亀旨（クジ）という山で、天から降りてきた包みの中に六個の黄金の卵があり、翌日卵は男の子になってすぐに成長し、顔は漢の高祖に似ていた」。

この降臨神話に出てくる亀旨（クジ）は「奇し（くし）」に通じます。「くし」は珍しい、不思議であるという意味があります。クジ引きという言葉がそうです。

糸島市と福岡市を結ぶ道の日向峠を現在では「ひなた峠」と呼んでいますが、古くは「ひむか峠」だったはずです。山の名は高祖山と言い、「高祖」は金首露王神話にも出てきます。高祖山の南に続く山を古くは久士布流岳と呼び、「くし」は金首露王神話の「クジ」と同じです。

そして何よりも、日向峠付近からは眼下に玄界灘を望むことができます。その遥か彼方にあるのは韓《から》の国です。

ニニギは、韓の国からやって来た王なのです。大勢の家来を引き連れ、敗れた邪馬台国に加勢するために参戦をしたのです。それならば、なぜ加耶王は伊都国にやって来たのか。

伊都国には魏の出先所があります。張政もそこにいます。いかに狗奴国が強くても、魏を相手にすることはできません。つまり、魏の出先所が伊都国にある限り、狗奴国は伊都国に攻め込むことができないのです。

敗れた邪馬台国に加勢すると言うよりも、新生邪馬台国の誕生と言った方が正しいでしょう。

加耶王東遷

邪馬台国は再び狗奴国と戦いを始めることなく、それまでにも増した強力な勢力となりました。しかし、九州では新邪馬台国が狗奴国と再度戦争をした形跡はありません。加耶本国が参戦したのに、なぜ狗奴国と戦わなかったのでしょうか。

それは半島の力関係からです。南韓には三国があります。西側を領土とする百済と東側を領土とする新羅、南側のその間に割り込むような形であるのが加耶です。当時、最強の国は百済で、加耶は三国の中では小国でした。

加耶本国が参戦して強大な勢力となった邪馬台国ですが、狗奴国に百済本国が同様に参戦すればまた女王国の二の舞となる恐れは十分にあります。恐れと言うよりは、これまでの経過からしてもそうなるでしょう。

そこでとった策が、九州を離れること。九州を離れてもっと遠い所へ行き、そこに新しく国を作れば百済勢力の影響は低減されます。それを神話で語らせたのが神武東征です。

『古事記』の神武東征を要約すると、次のような話になります。

神倭伊波礼毗古命《かんやまといわれびこのみこと》と異母兄弟の兄、五瀬命《いつせのみこと》の二人が高千穂の宮にいた時、イワレヒコは兄にこう相談しました。「どこの土地を拠りどころとなさるならば、天下の政治を無事に執り得ましょうぞ。もっと東の方に行きたいと思います」。

そして日向から出発して筑紫の国に行きました。途中、豊国《とよのくに》（大分県）の宇佐に着いた時に、宇沙都比古と宇沙都比売の夫婦が二人のために宮を作り、接待を受けます。

宇佐から筑紫の岡田宮《おかだのみや》に移り、そこで一年。筑紫の国から安芸国《あき》（広島県）へ上《のぼ》り、多祁理宮《たけりのみや》で七年。安芸の国から吉備国《きび》（岡山県）へ上り、高島宮《たかしまのみや》で八年を過ごしました。

吉備国から上る時に亀の甲羅に乗って釣りをする人に速吸《はやすい》の瀬戸で出会い、尋ねると「自分は国津神です」と答えたので航路案内をしてもらい、白肩《しらかた》の入り江に停泊しました。

停泊していた時に、待ちかまえていた大和のトミビコに襲撃され、深傷を負った五瀬命は死んでしまいます。イワレヒコは南へ回り、紀伊国（和歌山県）の熊野に着いた一行は疲労困憊しましたが、高倉下《たかくらじ》という熊野の人から大刀《たち》を献上されて蘇《よみがえ》り、八咫烏《やたのからす》の道案内で吉野河の河口に着きました。

そこで国津神に会い、吉野の山に入ると国津神の迎えを受けます。山を越えて宇陀に入ると抵抗を受けたので殺し、進軍中に迩芸速日命《にぎはやひのみこと》が参上して「天津神の御子が天降られたと聞きました。そこで自分も後を追って降って来ました」と告げ、天上界の印の玉を献上して仕えました。

こうして荒々しい神どもを平定し、服従しない人どもを追い払って畝傍《うねび》の橿原宮《かしはらのみや》で天下を統治した、というのが『古事記』の神武東征です。

この神武東征神話、言わば日本の建国神話には、いくつかの意味合いが込められています。

まず、イワレヒコは異母兄弟の弟になっています。これは百済の建国神話と共通します。百済の建国神話では、朱蒙が王の高句麗王家に異母兄弟の兄が太子になると、身の危険を感じた二人の兄弟は王家を脱出して兄の沸流は仁川に近いミチュホルに国を建て、弟の温祚はソウルに近い漢江の河南に建国しました。ところが、兄の沸流が建国した地は湿潤で悪く、兄は自殺してしまったというものです。

もっとも、この建国神話は新羅の人、金 富軾が書いた『三国史記』「百済本紀」のものなので、沸流が自殺をしてしまったのかは疑問が残るところです。もし建国した地が湿潤で悪い土地だったら、他の土地に移ればいいだけの話です。神武東征神話はこの兄弟の話を題材にして書かれています。

神武東征神話ではイワレヒコ一行は日向を発ち、宇佐を経由して筑紫の国へ向かったとしています。日向は筑紫の国ではないことを強調しています。神話の通りに読めば、日向の国を発って九州の東岸沿いに北上し、関門海峡を通って玄界灘に出て筑紫の国へ行ったことになります。神武東征の出発地は筑紫ではなく日向の国を強調した、言わばたぶらかしでしょう。

『日本書紀』にもたぶらかしがあります。山門県《やまとのあがた》にいる土蜘蛛の田油津媛《たぶらつひめ》が神功皇后によって殺される、といったたぶらかしです。

次に、神武東征神話に亀に乗った人が現れ、水先案内をしてイワレヒコ一行を大和の近くまで連れていっていますが、高句麗神話にも亀が現れ、高句麗始祖王の朱蒙を助ける場面があります。

また、進軍する先々で国津神に会い、イワレヒコ一行は各地で国津神の助けを受けています。国津神とは、天津神に先着して稲作を行っている渡来人の有力者のことです。縄文人の有力者ではありません。

これは、イワレヒコ一行が軍とその家族の大混成であり、大量の食糧が必要なことや、寝泊りする所も確保しなければならないため、国津神の協力なしでは進軍もままならないことを語っているわけです。国津神の協力と言うよりは、半ば脅しながらの進軍だったでしょう。

『古事記』では若そうな兄弟が日向の国を発ったとしていますが、『日本書紀』にはイワレヒコは十五歳で皇太子となり、神日本磐余彦天皇《かむやまといわれびこのすめらみこと》が四十五歳の時に兄弟や子どもたちにこう語ったと書かれています。

「昔、高皇産霊尊《たかみむすひのみこと》と天照大神が、この豊葦原瑞穂国《とよあしはらみずほのくに》を、祖先の瓊瓊杵尊《ににぎのみこと》に授けられた。そこで瓊瓊杵尊は天の戸をおし開き、路をおし分け先払いを走らせておいでになった。このとき世は太古の時代で、まだ明るさも充分ではなかった。その暗い中にありながら正しい道を開き、この西のほとりを治められた。代々父祖の神々は善政をしき、恩沢がゆき渡った。天孫が降臨されてから、百七十九万二千四百七十余年になる。しかし遠い所の国では、まだ王の恵みが及ばず、村々はそれぞれの長があって、境を設け相争っている。さてまた塩土《しおつつ》の翁《おじ》に聞くと『東の方に良い土地があり、青い山が取り巻いている。その中へ天《あま》の磐船《いわふね》に乗って、とび降ってきた者がある』と。思うにその土地は、大業をひろめ天下を治めるによいであろう。きっとこの国の中心地だろう。そのとび降ってきた者は、饒速日《にぎはやひ》というものであろう。そこに行って都をつくるにかぎる」と。諸皇子たちも「その通りです。私たちもそう思うところです。速やかに実行しましょう」と申された。この年は太歳《たいさい》の甲寅《きのえとら》である。

(『日本書紀』全現代語訳　宇治谷 孟)

太古の暗い世に、天の戸を押し開いてニニギが天孫降臨し、先払いを走らせて暗い世に現れたというのです。暗い世に正しい道を開いて西のほとりを治め、代々父祖の神々は善政をしいたということは、それまで列島全体を支配する神がいなかったところにニニギが現れて支配し、それから列島全体が支配されるようになったということを語っているわけです。ニニギはいわゆる土着の神ではなく、列島の外からやって来た神だということを神話では天孫降臨としているのです。

『日本書紀』には神武東征の経過が次のように書かれています。

その年の十月五日、天皇は自ら諸皇子や舟軍を率いて東征に向かいました。速吸之門《はやすいのと》で小舟にいた一人の海人《あま》を船に乗せ、水先案内をさせます。宇佐で宇佐津彦と宇佐津姫のもてなしを受け、十一月九日筑紫国の岡水門《おかのみなと》に着き、十二月二十七日安芸国に着いて埃宮《えのみや》で過ごし、翌年の三月六日に吉備国へ移って高島宮《たかしまのみや》と呼ぶ行館《かりのみや》を造り、三年を過ごしました。

三年後の二月十一日に天皇の軍は東へ向かい、三月十日に河内国《かわちのくに》草香村の白肩津に着きます。四月に生駒山を越えて内つ国（大和）に入ろうとしますが長髄彦《ながすねひこ》と戦いとなり、五瀬命に矢が当たり傷を負います。南へ回る途中で五瀬命は落命し、皇軍は熊野の荒坂の津に着きました。

そこで女賊を誅すると毒気で人々は萎《な》えましたが、熊野の高倉下《たかくらじ》という人の夢の中に武甕雷神《たけみかずちのかみ》が現れ、「私の剣は名をふつのみたまという。今あなたの倉の中に置こう。それを取って天孫に献上しなさい」と告げ、翌朝倉の中にあった剣を天皇に差し上げると皆目覚めて起き上がりました。

皇軍が熊野の山中を行くが険しくて道に迷うと、天照大神が天皇の夢に現れ、「吾は今、八咫烏を遣わすから、これを案内にせよ」と告げました。八咫烏に導かれて八月に宇陀に出て宇陀のかしらの兄猾《えうかし》を討ち、十月に八十梟帥《やそたける》を、十一月には梟雄兄磯城《たけるえしき》を、十二月には長髄彦を討ちました。翌年の二月には付近にいる三カ所にいる土賊が帰順しないので皆殺しにし、高尾張邑《たかおわりのむら》の土蜘蛛も殺しました。

そうして己未《つちのとひつじ》の年の三月に天皇は令《のりごと》を下したのです。

東征についてから六年になった。天神の勢威のお蔭で凶徒は殺された。しかし周辺の地はまだ治まらない。残りのわざわいはなお根強いが、内州《うちつくに》の地は騒ぐものもない。皇都《みやこ》をひらきひろめて御殿を造ろう。しかしいま世の中はまだ開けていないが、民の心は素直である。人々は巣に棲んだり穴に住んだりして、未開のならわしが変わらずにある。そもそも大人《ひじり》が制《のり》を立てて、道理が正しく行われる。人民の利益となるならば、どんなことでも聖《ひじり》の行うわざとして間違いはない。まさに山林を開き払い、宮室を造って謹んで尊い位につき、人民を安ずべきである。上は天神の国をお授け下さった御徳に答え、下は皇孫の正義を育てられた心を弘めよう。その後国中を一つにして都を開き、天の下を掩《おお》いて一つの家にすることは、また良いことではないか。見れば、かの畝傍山《うねびやま》の東南の橿原《かしはら》の地は、思うに国の真中である。ここに都を造るべきである。

（『日本書紀』全現代語訳　宇治谷 孟）

神武東征があったということについては『古事記』と『日本書紀』に違いはありませんが、その内容には少なからず違いがあります。

まず、東征の発起者が違います。『古事記』ではイワレヒコが兄の五瀬命に、「どこでなら天下の政治を無事に行うことができましょうか。もっと東の方へ行きたい」と言っています。しかし『日本書紀』では、四十五歳の天皇が家族に「代々善政をしいてきたので恩沢がゆき渡ったが、遠い所では境を設けて争っている」と相談すると、塩土の翁という人が「東の方に良い土地があり、青い山が取り巻いている」と進言しています。

日向の国を発ってから宇佐で接待を受け、筑紫の岡田に寄り、安芸の国、吉備の国を経て白肩の津に着く経路は変わりませんが、違うのは日向の国を発ってから大和に着くまでの日数です。『古事記』では宇佐で接待された後、筑紫の岡田宮で一年、安芸の多祁理宮で七年、吉備の高島宮で八年と、滞在期間だけで延べ十六年に及んでいます。

一方の『日本書紀』では、大和に着いたのは「東征についてから六年になった」と神武天皇が言っています。

日向の国を発ってから河内の国に着くと、待ち構えていた長髄彦を始めとして各地で強い抵抗を受けます。近畿地方には加耶勢力とは違う勢力が先着していたのです。『古事記』、『日本書紀』共にニギハヤヒが書かれています。

ニギハヤヒは『古事記』では迩芸速日命と書かれ、『日本書紀』には饒速日命と書かれていますが、山陰地方から能登半島にかけては対馬海流に乗って新羅勢力が着きやすいとすでに述べました。隠岐はその重要な中継点となり、新羅勢力は出雲の国を作りました。隠岐を通過してしまうと、若狭湾が次の主な到着地点となります。

若狭湾で上陸して低い山を越えれば琵琶湖があり、琵琶湖から宇治川を下ればそこは京都盆地です。京都盆地へ注ぐ木津川を遡って奈良盆地に至ります。それまで険しい地形はなく、出雲勢力は奈良盆地からさらに南へと拡大をしていったのです。

そうして新羅勢力が先着しているところに乗り込んで来た大集団が、加耶王が率いる軍団というわけです。これは女王国と狗奴国が戦った構図と同じです。半島で加耶と新羅は対立していますので、当然のことながら先着している新羅勢力は加耶王が率いる軍団の侵入を阻止しようとします。

これが長髄彦を始めとする頑強な抵抗です。ニギハヤヒは古い新羅勢力でしたが、九州から東へ向かって進軍する加耶勢力の大軍団と戦って屈服し、服従してしまったのです。石見の国は出雲の国と同じ新羅勢力だったのですが、加耶勢力の下でその軍事力を発揮することとなりました。

鋭く抵抗した長髄彦も加耶勢力の大軍団に敗れ、神武天皇にこう問いています。

「昔、天神の御子《みこ》が、天磐船《あめのいわふね》に乗って天降《あまくだ》られました。櫛玉饒速日命《くしたまにぎはやひのみこと》といいます。この人が我が妹の三炊屋媛《みかしきやひめ》を娶とって子ができました。名を可美真手命《うましまでのみこと》といいます。それで、手前は、饒速日命を君として仕えています。一体天神の子は二人おられるのですか。どうしてまた天神の子と名乗って、人の土地を奪おうとするのですか。手前が思うにそれは偽物でしょう」と。

ニギハヤヒは天降った神だと長髄彦が答えています。イワレヒコが同じ天神の子ならば、天神の子は二人いるのか、どうして天神が土地を奪おうとするのか、と長髄彦はイワレヒコに尋ねています。

問いに対してイワレヒコはこう返答しています。

「天神の子は多くいる。お前が君とする人が、本当に天神の子ならば、必ず表《しるし》があるだろう。それを示しなさい」。

長髄彦がニギハヤヒの物をイワレヒコに示し、イワレヒコはニギハヤヒが天神の子であることを認めましたが、長髄彦はニギハヤヒと違って従順でないために殺害されてしまいました。

イワレヒコはニギハヤヒが天から降ったことを知り、ニギハヤヒは忠誠の心を尽くしたので、これをほめて寵愛された、と『日本書紀』に書かれています。ニギハヤヒは物部氏《もののべうじ》の先祖である、とあります。

ニギハヤヒを祖神として祀っているのが石見一宮《いわみいちのみや》神社です。物部氏の出自はオオクニヌシと同じ新羅で、新羅勢力が加耶勢力の侵入を阻止しようとしたのが長髄彦の戦いというわけです。皇軍が各地で強い抵抗を受けたというのは、新羅勢力が先着している地に、九州から敵国の勢力が入ってくることを防ごうとした戦いということになります。

記紀ではイワレヒコが最初から大和を目指して進軍しているように書かれていますが、果たしてその通りなのでしょうか。

ここで神話の初めに戻ってみることにします。

『古事記』には国生みが次のように書かれています。

（イザナキとイザナミが）結婚なさって生んだ子が淡道之穂狭別島《あわじのほのさわけのしま》、次に伊予之二《ふた》名《な》島をお生みになった。この島は体は一つで顔が四つあり、顔ごとに名がある。伊予《いよの》国《くに》を愛媛《えひめ》といい、讃岐国《さぬきのくに》を飯依比古《いいよりひこ》といい、粟国《あわのくに》を大宜都比売《おおげつひめ》といい、土佐国《とさのくに》を建依《たけより》別《わけ》という。次に隠岐《おき》の三子《みつご》の島をお生みになった。別名は天忍許呂別《あめのおしころわけ》。次に筑紫島《つくしのしま》をお生みになった。この島も体は一つに顔四つがある。顔ごとに名がある。筑紫国《つくしのくに》を白《しら》日別《ひわけ》といい、豊国《とよのくに》を豊日別《とよひわけ》といい、肥国《ひのくに》を建日向日豊久士比泥別《たけひむかひとよくじひねわけ》といい、熊襲国《くまそのくに》を建《たけ》日別《ひわけ》という。次に壱岐島《いきのしま》をお生みになった。別名を天比登都柱《あめひとつばしら》という。次に津島《つしま》をお生みになった。別名を天之狭手依比売《あめのさでよりひめ》という。次に佐度島《さどのしま》をお生みになった。次に本州にあたる大倭豊秋津島《おおやまととよあきつしま》をお生みになった。別名を天御虚空豊秋津根別《あめのみそらとよあきつねわけ》という。そしてこの八つの島を先ずお生みになったことに因んで大八島国《おおやしまくに》という。

（『古事記』　中村啓信）

次いで『日本書紀』の国生みです。

子が生まれるときに、まず淡路洲《あわじのしま》が第一番に生まれたが、不満足な出来であった。そこで名づけて淡路洲という。それから大日本豊秋津洲《おおやまととよあきつしま》を生んだ。次に伊予の二名洲《ふたなのしま》を生んだ。次に筑紫洲《つくしのしま》を生んだ。次に億岐洲《おきのしま》と佐度洲《さどのしま》とを双児に生んだ。世の中の人が、二児を生むのはこれにならったものである。次に越洲《こしのしま》を生んだ。次に大洲《おおしま》を生んだ。次に吉備子洲《きびのこしま》を生んだ。これによって始めて大八洲国《おおやしまのくに》の名ができた。対馬島《つしま》、壱岐島《いきのしま》および、ところどころの小島は、皆、潮の泡が固まってできたものである。あるいは水の泡が固まってできたともいう。

（『日本書紀』全現代語訳　宇治谷孟）

いずれも最初に国生みがされたのは、淡路島です。しかし出来が悪かった。三年経っても脚が立たなかったので海に流された、とあります。

そこで生まれたのが大日本豊秋津洲と呼ばれる大和です。『日本書紀』にはそう書いています。淡路島には強敵が少なかったので、そこに国を作ろうとしたのかも知れません。ところが期待通りの所ではなかった。三年経っても脚が立たなかったので海に流されたとあるのは、淡路島で建国しようと三年間が経過したものの、期待通りのものではなかった。そのために淡路島を離れ、大和へ向かったのでしょう。

淡路島の北部で二カ所の大規模な鉄器工房跡が発掘されました。弥生時代後期の鍛冶遺跡と見られます。九州から運んできた鉄艇を熔解し、鉄器を作った遺跡です。

淡路島を離れた加耶王が率いる大集団の向かった先が大和ということになりますが、そこには新羅勢力が先着しているために各地で戦闘が繰り広げられます。抵抗する新羅勢力を武力で圧倒した加耶王が大和の橿原に定着したのは、東征に発ってから六年と『日本書紀』に書かれています。

辛酉《かのととり》の元日に天皇は即位し、この年を皇紀元年としますから、神武天皇即位は紀元前六六〇年となります。天皇即位から七十六年後に崩御され、年は百二十七歳と記します。称号は「始馭天下之天皇」と書き、「はつくにしらしすめらみこと」と読みます。

『日本書紀』神武天皇紀の書き出しです。

神日本磐余彦天皇《かむやまといわれびこのすめらみこと》の諱《ただのみな》（実名）は、彦火火出見《ひこほほでみ》という。鸕鷀草葺不合尊《うがやふきあえずのみこと》の第四子である。母は玉依姫といい、海神《わたつみ》豊玉彦の二番目の娘である。

この出だしから疑問があります。神日本磐余彦天皇の諱は彦火火出見という、とありますが、ホホデミは降臨したニニギが鹿葦津姫を娶って生まれた子で、ホホデミが豊玉姫を娶って生まれた子はウカヤフキアエズでした。

ウカヤフキアエズが玉依姫を娶って生まれた第四子が神日本磐余彦です。それがなぜか、神日本磐余彦の諱はホホデミとなってしまうのか解せません。

それに、イワレヒコは神武天皇の個人名となっていますが、『日本書紀』神武天皇紀には正直なことが書かれています。

磐余《いわれ》の地の元の名は、片居または片立《かたたち》という。皇軍が敵を破り、大軍が集まってその地に溢れたので磐余とした。またある人が言うのに、「天皇がむかし厳瓮《いつへ》の供物を召し上げられ、出陣して西片を討たれた。このとき磯城《しき》の八十梟帥《やそたける》がそこに屯聚《いわ》み（兵を集めて）した。天皇軍と大いに戦ったが、ついに滅ぼされた。それで名づけて磐余邑《いわれむら》という」と。

神武天皇紀 戊午《つちのえうま》九月五日の条には、「兄磯城《えしき》の軍は磐余邑にあふれていた。敵の拠点はみな要害の地である」と書かれていますので、磐余とは軍隊が集結した地を表わしていることが分かります。

つまり、イワレヒコが行った神武東征とは、王に率いられた軍の大集団が九州から大和へ進軍したことを指しているのであり、王に率いられた軍の大集団を記紀では神武天皇と擬人化しているのです。

次の二代天皇・綏靖《すいせい》天皇から九代天皇・開化天皇までは簡単な系譜と事績が書かれているだけなので、欠史八代とも呼ばれています。

十代天皇が崇神《すじん》天皇です。

御間城入彦五十瓊殖天皇と書き、「みまきいりびこいにえのすめらみこと」と読みます。崇神天皇は天照大神と倭大国魂《やまとのおおくにたま》の二神を御殿に祀ったが、その神の勢いを畏れ、天照大神を子の豊鍬入姫命《とよすきいりびめのみこと》に託して大和の笠縫邑《かさぬいむら》に祀り、日本大国魂神《やまとおおくにたまのかみ》はやはり子の渟名城入姫命《ぬなきいりびめのみこと》に預けて祀った、とあります。二神とは相性が悪いのでしょう。

自らの名に「入《いり》」があり、その子や次の垂仁天皇にも「入」の字が入ることからイリ王朝とも呼ばれる崇神大王は、次の四人に印綬を授けて将軍に任命し、こう指示をしています。「もし教えに従わない者があれば兵を以って討て」。大彦命を北陸に、武渟川別《たけぬなかわわけ》を東海に、吉備津彦を西海に、丹波道主命《たにわのみちぬしのみこと》を丹波に遣わしました。これは『日本書紀』崇神天皇紀九月の条に書かれていることですが、同じく十月の条には次のことが書かれています。

冬十月一日、群臣に詔して「今は、反いていた者たちはことごとく服した。畿内には何もない。ただ畿外の暴れ者たちだけが騒ぎを止めない。四道の将軍たちは今すぐに出発せよ」と。二十二日、将軍たちは共に出発した。

『日本書紀』崇神天皇紀十一年四月の条にはおもしろいことが書かれています。

十一年夏四月二十八日、四道将軍は地方の敵を平らげた様子を報告した。この年異俗の人達が多勢やってきて、国内は安らかになった。

国外から大勢の人がやってきて、それで国内は安らかになったと言うのです。畿内はおさまり、畿外には従わない者がいると言いながら、異俗の人たちが大勢やってきて国内が安らかになったということはおかしな話です。異俗の人たちとは倭国とは違う国の人たちのこと。海外から大勢の人たちがやって来て国が安らかになったのは、異俗の人たちの出身国が大王と同じ出身国ということであれば話が通じます。

異俗の人たちとは崇神大王と同じ、加耶からやって来た人たちのことです。

崇神大王が行った、各地に将軍と兵を派遣して支配地域を広めていくという仕方は騎馬遊牧民族の手法です。子は大きくなると親から離れて別の放牧地へ行き、その子はまた別の放牧地へ行くという遊牧生活で暮らしをするのが騎馬民族です。

崇神天皇は百二十歳で崩御されといい、称号は「御肇国天皇」と書いて「はつくにしらすすめらみこと」と読みます。神武天皇の称号「はつくにしらししすめらみこと」とそっくりです。

王はカラ語でカンキ（干岐）。『日本書紀』にも干岐はしばしば出てきます。例えば、垂仁天皇紀には――。

ある説によると、崇神天皇の御世に、額に角の生えた人が、ひとつの船に乗って越の国の笥飯《けひ》に浦についた。それでそこを角鹿《つぬが》という。「何処の国の人か」と尋ねると、「大加羅国の王の子、名は都怒我阿羅斯等《つぬがあらしと》、またの名は于斯岐阿利叱智干岐《うしきありしちかんき》という。日本の国に聖王がおいでになると聞いてやってきました。穴門《あなと》（長門国の古称）についたとき、その国の伊都都比古《いっつひこ》が私に、『自分はこの国の王である。自分の他に二人の王はない。他の所に勝手に行ってはならぬ』といいました。しかし私はその人となりを見て、これは王ではあるまいと思いました。そこでそこから退出しました。しかし道が分からず島浦を伝い歩き、北海から回って出雲国を経てここに来ました」といった。このとき天皇の崩御があった。そこで留まって垂仁天皇に仕え三年たった。天皇は都怒我阿羅斯等に尋ねられ、「自分の国に帰りたいか」といわれ「大変帰りたいです」と答えた。天皇は彼に「お前が道に迷わず速くやってきていたら、先皇にも会えたことだろう。そこでお前の本国の名を改めて、御間城天皇の御名をとって、お前の国の名にせよ」といわれた。そして赤織の絹を阿羅斯等に賜り、元の国に返された。だからその国を名づけてみまなの国というのは、この縁によるものである。

（『日本書紀』全現代語訳　宇治谷 孟）

ここに出てくる都怒我阿羅斯等とは「角がある人」のことで、于斯岐阿利叱智干岐とは「牛の木がある干岐」のこと。牛の木とは牛の角を言い、どちらも角がある王ということを表わしています。角は頭に生えている角を指し、角とは王冠のこと、干岐は王のことで、すなわち冠を戴く王が加羅国から崇神大王を訪ねて敦賀に船で来たのです。角鹿とは敦賀の古来の地名です。

初めに着いた穴門は加羅の王子を歓迎せず、それどころか崇神大王の所へ行ってはならぬとさえ告げています。日本海沿いにたどり着いた時には崇神大王はすでに亡くなっていて、帰りたいと話す加羅の王子に垂仁天皇が告げるのは、「御間城天皇の御名をとって、お前の国の名にせよ」。

垂仁天皇が加羅の王子に告げたとされる、「御間城天皇の御名をとって、お前の国の名にせよ」という言葉によれば、御間城入彦五十瓊殖天皇《みまきいりひこいにえのすめらみこと》の諱から「ミマキ」の名を取って加羅に与えるので、今後は加羅でもミマキの名を使ってよろしいということになります。そのミマキのミマにナを付けてミマナと呼ぶことにしたのでしょうか。もしそうだとすれば、ナはどこからきたのか。

ミマナ（任那）はこの後『日本書紀』に頻発するようになります。特に欽明大王の代になると「任那」の名は非常に多く登場し、そして五六二年には新羅によって滅ぼされてしまいます。

ところがその「任那」ですが、『日本書紀』欽明天皇紀には次のように書かれています。

二十三年一月、新羅は任那の官家を打ち滅ぼした。――ある本には、二十一年に任那は滅んだとある。総括して任那というが、分けると加羅国・安羅国・斯二岐国・多羅国・率麻国・古嵯国・子他国・散半下国・乞飡国・稔礼国、合わせて十国である。

『日本書紀』ではそれまでさんざん任那、任那と言ってきたが、任那が新羅に滅ぼされた時には任那だけの一国ではなく十の小国がある国のことだった、と述べています。垂仁大王が、ミマキの名を与えるから今後はお前の国でもミマキの名を使ってよろしい、と高慢とも思える態度で加羅の国に接しているのとではまるで違います。

任那加羅とはカラ語読みの国名で、中国ではこれを金官加耶と呼び、日本で初めて騎馬民族征服王朝説を唱えた江上波夫は、こう指摘をしています。崇神天皇の和風諡号「御間城入彦五十瓊殖天皇」の「御間城」は、任那のミマと王のキでミマキ、つまり、ミマナの王が「御間城入彦五十瓊殖天皇」である、と。

江上波夫説によれば、任那加羅の王が神武東征をした王ということになります。王の出身地の任那のミマに城のキを付けてミマキにしたという江上説に対して、『日本書紀』では倭国生まれのミマキ王の名のミマキを加羅に与えると立場がまるで逆転しています。

狗奴国に敗れた邪馬台国を立て直そうと、任那から軍を率いて九州へ渡って来て邪馬台国の敗残兵と合流し、九州から東征して大和で再び建国した王が任那加羅王です。

ミマキの名は任那のミマと王のキとする江上説に対して、『日本書紀』ではミマキ王はもともとが倭国の生まれで、両親も倭国の生まれ、さらに神代の時代まで未来永劫遡っても祖先は倭国の生まれ、ということになります。神が作った国、神国日本だからです。それは、『日本書紀』自体がこの思想のもとに編纂されているからです。

記紀は歴史の粉飾をしました。任那加羅王という同一人物を神武天皇と崇神天皇に分け、神武天皇の即位は紀元前六六〇年、中国や朝鮮半島よりも古くから独自に国を統治したと粉飾をしたのです。

出雲の怨念

任那加羅（金官加耶）王が率いる大集団は奈良平野の南東部に定着しました。東征に成功し、奈良平野の南東部に定着したからと言っても、それで列島を制することにはなりません。出雲を中心に、強力な敵がいます。出雲勢力です。

大和に移った大集団と、出雲勢力の戦いが始まります。ところが記紀はこの出雲勢力との戦いについては触れずに、神代のところで大国主命と諸々の神が登場して争いが繰り広げられます。この争いが、加耶勢力と出雲勢力の戦いを神話化したものになります。出雲勢力は加耶勢力に敗れ、ことに『日本書紀』からは出雲についてはほとんどが排除されてしまいました。

記紀には出雲勢力の抵抗を、次のように書いています。

豊葦原の瑞穂の国は大変騒がしい。そこで高皇産霊尊と天照大御神が相談し、「この葦原中国は我が御子の統《す》べ治める国である。ところがこの国は荒ぶる神どもが多い。どの神を遣わして平定したものか」。

荒ぶる神どもとは出雲勢力のことです。ところが高天原から神を遣わしたものの八年経っても音沙汰がなく、さらに神を派遣しました。これは出雲勢力の抵抗を物語ります。そうしてとうとう出雲勢力は敗れました。

鳥取市青谷にある青谷上寺地《あおやかみじち》遺跡から発見された、多くの殺戮された人骨はこれを裏付けるものです。青谷上寺地遺跡があった所では弥生時代中期の後半に著しく発展しましたが、古墳時代初期に突然消滅しています。遺跡の溝からは百体を超える大量の人骨が見つかり、その内の十体以上の人骨には致命傷の痕があります。また、三十三体の人骨のDNAを調べると、三十二体は渡来人で残りの一体だけが縄文人であることが分かりました。

これらのことは、古墳時代初期に渡来人同士の戦いがあり、敗れて死体が溝に捨てられたことを示しています。

鳥取県の大山山麓にある、弥生時代の大規模な集落跡が発見された妻木晩田《むきばんだ》遺跡も、古墳時代の初期に突然として消滅しています。青谷上寺地遺跡や妻木晩田遺跡という大規模な集落が古墳時代初期に突然として消滅したという事実は、出雲勢力とは別の勢力の侵攻、つまりは加耶勢力の攻撃を受けて出雲勢力が滅んでしまったことを示します。

こうしてヤマト王権は確立したわけですが、ヤマト朝廷を待ち受けていたのは凄い災難です。『日本書紀』崇神天皇紀の条にこうあります。

五年、国内に疫病多く、民の死亡するもの、半ば以上に及ぶほどであった。

六年、百姓の流離するもの、或いは反逆するもの、その勢いは徳を以って治めようとしても難しかった。

七年春二月十五日、詔して「昔、わが皇祖が大業を開き、その後歴代の御徳は高く王風は盛んであった。ところが思いがけず、今わが世になってしばしば災害にあった。朝廷に善政なく、神が咎を与えておられるのではないかと恐れる。占によって災いの起こるわけを究めよう」といわれた。

同八月七日、倭迹速神浅茅原目妙姫《やまととはやかむあさじはらまくわしひめ》・穂積臣《ほづみのおみ》の先祖大水口宿禰《おおみくちのすくね》・伊勢麻績君《いせのおみのきみ》の三人が、共に同じ夢を見て申し上げていわれるのに、「昨夜夢をみましたが、一人の貴人があって、教えていわれるのに、『大田田根子命《おおたたねこのみこと》を、大物主神を祀る祭主とし、また市磯長尾市《いちしのながおち》を倭大国魂神《やまとおおくにたまのかみ》を祀る祭主とすれば、必ず天下は平らぐだろう』といわれました」という。天皇は夢の言葉を得て、ますます心に歓ばれた。同十一月十三日、伊香色雄《いかがしこお》に命じて、沢山の平瓮《ひらか》を祭神の供物とさせた。大田田根子を、大物主大神を祀る祭主とした。また長尾市を倭の大国魂神を祀る祭主とした。それから他神《あたしかみ》を祀ろうと占うと吉《よし》と出た。そこで別に八十万《やそよろず》の群神を祀った。よって天社《あまつのやしろ》・国つ社・神地《かむところ》・神戸《かんべ》をきめた。ここで疫病ははじめて収まり、国内はようやく鎮まった。五穀はよく稔って百姓は賑わった。

崇神大王（金官加耶王）が王の位について間もなく、疫病の流行によって大変な状況になったようです。古代に防疫態勢があるわけでもなく、疫病の流行は神の祟り、無念の死を遂げた怨霊が死の病を巷に流行《はや》らせていると古代人は思ったのです。

この怨霊が疫病を流行らせるという民の恐れは古代に限らず、現代でも広まります。アマビエとか言う得体の知れない妖怪が突如として登場すると、奇天烈な格好をした妖怪に疫病退散の願掛けをするという新たな風習が二千年近くを経っても行われています。

オオクニヌシを祀る出雲大社が建てられるきっかけについては、『古事記』の垂仁天皇の所で書かれています。

垂仁天皇の子に本牟智和気御子《ほむちわけのみこ》という、話すことができない子がいました。鬚が鳩尾《みぞおち》に届くまで伸びてもものを言うことができなかったのですが、ある時、空を飛ぶ白鳥の声を聞いて初めて片言を発しました。それを聞いた天皇は、その白鳥を捕えさせようと人を遣わし、紀伊国から播磨国、因幡国、丹波国、但馬国、近江国へと白鳥を追ってさらに美濃国を越え、尾張国を通って信濃国を越えて越国に入り、そこでついに白鳥を捕えることができました。

鳥には国境がないので自由に飛び回ることができますが、すごい執念と脚力の人がいたものです。それよりも、どうして追っている白鳥を見分けることができたのかが不思議です。

ようやく捕えた白鳥を御子に見せても声を発しませんでしたが、天皇の夢に神のお告げがありました。「私の宮を、天皇の宮殿のように整備してくださるならば、御子は必ずものを言うでしょう」。

太占《ふとまに》で占い、「どの神によるものなのか」と問うと、その崇りは出雲大神に御心であることが分かりました。そこで御子に供をつけ、出雲へ向かわせました。

出雲大神の参拝を終えて都へ戻る時に、供は斐伊川に丸太橋を架けて仮宮を建て、御子がそこで休んでいると、出雲国造《いずものこくぞう》の祖の岐比佐都美《きひさつみ》が作った青葉の山の飾り物を見た御子が「この河下に青葉の山のようなものは、山のようであるが山ではない。もしかしたら出雲の石硐《いわくま》の曾宮《そのみや》に鎮座なさる、葦原色許男大神《あしはらしこおのおおかみ》を祭り申し上げる神職の祭場なのか」と声を出したのです。葦原色許男とはオオクニヌシの別名です。

都に戻った使いは、「出雲大神を拝んだことによって、御子は物をおっしゃられました。それで、戻って参りました」と天皇に報告しました。天皇は喜び、出雲大神の宮を造らせたというのですが、この話には疑問が残ります。

「雲太　和二　京三」という戯言《ざれごと》が『口遊《くちずさみ》』にあります。九七〇年に書かれた本ですが、最も大きな建物は出雲の大社《おおやしろ》で、次は大和の東大寺大仏殿、三番目に大きな建物が平安京の大極殿を「雲太　和二　京三」と謳《うた》ったのです。

現在の本殿の高さは十六丈、二十四メートルですが、創建当時は倍の三十二丈、四十八メートルもあったという言い伝えがあります。代々宮司家に伝わる「金輪造営図《かなわぞうえいず》」によれば、本殿を支える柱は九本で、中央の岩根御柱の直径は一丈二尺、三・六メートルで長さは十二丈、三十六メートル、二本の棟持ち柱は直径一丈、三メートルで長さは十四丈、四十二メートル、六本の側柱は直径一丈で長さは十二丈というものです。一本の木でそれほど太く、長いものはないので三本の木を束ねて金輪で巻いて締め付け、一本の柱としています。

宇豆柱《うずばしら》と呼ぶ直径が三メートルもある「金輪造営図」通りの柱が二千年に発掘調査で発見され、史実と確認されました。

それほどに巨大な本殿を持つ神社を、大王の子とは言え、初めて言葉を出したからといって築くことがあるのだろうか、と思います。

それよりも、国民の過半が疫病で死に、世情が大混乱に陥っている方がよほど恐怖にかられているのではないでしょうか。殺害した大国主神《おおくにぬしのかみ》の口を借りて、こう語らせています。

（大国主神の子の建御名方神《たけみなかたのかみ》は、天津神の建御雷神《たけみかづちのかみ》の力に恐れをなして逃げたが信濃の国の諏訪湖に追い詰められ、殺されようとした時）「恐ろしいお方、どうかわたしを殺さないでください。私はこの土地以外の他の場所には行きません。また我が父大国主神のお言葉に背くことはしません。八重事代主神《やえことしろぬしのかみ》の言葉に背きません。この葦原中国は、天つ神の御子孫の仰せの通りに献上いたします」と申した。

建御雷神は、再度また出雲国に戻って来て、その大国主神に、「そなたの子どもの事代主神と建御名方神の二神は、天つ神の御子の仰せに従って違背しないと申し終わった。そこでそなたの心はどうか」と問い聞いた。大国主神はそれに答えて、「私の子ども二神の申したとおりに、私は違背いたしません。この葦原中国は、仰せのとおりに献上いたします。ただ、私の住処については、天つ神の御子孫が天つ日継ぎを受け、統治なさる立派な宮殿そのままに、大地の岩盤に柱を太く立て、天空に千木《ちぎ》を高々とあげてお作りくださるならば、私は道の曲がりの数多くの果てに、隠れておりましょう。また私の眷属《けんぞく》である多くの神どもは、八重事代主神が後尾を守り、背く神はございますまい」。

（中略）

こうして大国主神は、この宮殿に鎮座し祭を受け容れたので、建御雷神は天に返り、天つ神のもとに参上して、葦原中国を平定するに至るありさまをご報告申し上げた。

（『古事記』　中村啓信）

大国主神の要望を聞き入れて建てられたのが出雲大社のはずです。ところが、出雲大社の本殿には大きな謎があります。それは、本殿は南向きに建てられていながら、神座に鎮まっている御神体は拝殿を隔てる板壁で遮られ、なおかつ真西を向いているのです。

本殿には御神体の他に、客座五神と呼ばれる五体の神が祀られていて、北側の壁の前に横並びに鎮まっています。あたかも御神体を監視しているかのように。

客座五神とは天之御中主神《あめのみなかぬしのかみ》、高御産巣日神《たかみむすひのかみ》、神産巣日神《かむむすひのかみ》、宇摩志阿斯訶備比古遅神《うましあしかびひこじのかみ》、天之常立神《あめのとこたちのかみ》の五神です。これらの五神は天地《あめつち》がこの世に初めて開けたときに、天上世界に出現した神で、始めに天之御中主神、次に高御産巣日神、次に神産巣日神の三柱の神が単独神で天上世界に現れたが姿を見せることなくその身を隠しました。高御産巣日神は高神産霊尊とも呼ばれます。

次に、地上世界は幼くて、国土は水に漂う水母《くらげ》のようにぷかぷかと浮き漂い、水辺の葦が芽ぐむように萌え上がる物があり、そこから出現された神が宇摩志阿斯訶備比古遅神。次に天が定まったという天之常立神。この二柱《ふたはしら》の神も単独神で、その身を隠された。以上の五神は特別な天つ神で、この後にイザナキとイザナミが成ります。

天照大御神は、イザナミの腐乱した死体を黄泉の国で見てしまったイザナキが筑紫の日向で禊をした時に成った神で、神話の始めの方に現れるものの神話の前半はタカミムスヒが高天原を采配し、後半はタカミムスヒと入れ替わってアマテラスが高天原を采配するようになります。ですから、天地の開闢《かいびゃく》にはアマテラスは登場しません。

出雲大社本殿の謎については、私は次のように考えます。

出雲の国は加耶勢力によって滅ぼされ、国王のオオクニヌシも殺害されてしまいました。出雲勢力を滅ぼし、列島を制圧した崇神大王は奈良平野の南東部に王朝を築きました。ところがその数年後に、国民の過半が疫病で死亡するという非常事態に陥ってしまったのです。

オオクニヌシの祟りだと恐れた垂仁大王は、祟りから逃れるために建てたのが出雲大社です。オオクニヌシの御神体が真西を向いているのは、彼の故郷である新羅の国に御神体を向けて鎮魂をはかるため、天空に千木を高々と上げるとは遥か遠くの新羅を御神体に望ませるため。出雲大社の真西には新羅の国があります。

そうかと言って、再び祟りが降りかかってこられてはかないません。そこでオオクニヌシの霊を監視するために鎮座させたのが加耶王の祖先神の五神、というのが考え方の筋書きです。

オオクニヌシの怨念が祟りとなって国中に疫病が流行り、民の過半が死んで大変な状況となった災難から垂仁大王は逃れたい一心で、出雲大社が建てられました。オオクニヌシ一族は滅ぼされてしまいましたが、若狭湾一帯を中心にした地方はヤマト朝廷の支配が及ばないようで、新羅から王子が但馬《たじま》にやって来たことが『日本書紀』に書かれています。

『日本書紀』垂仁天皇紀三年の条
三年春三月、新羅の王の子、天日槍《あめのひほこ》がきた。持ってきたのは、羽太《はふと》の玉一つ、足高《あしたか》の玉一つ、鵜鹿鹿《うかか》の赤石の玉一つ、出石《いずし》の桙《ほこ》一つ、日鏡一つ、熊の神籬《ひもろぎ》一具《ひとそなえ》、合わせて七点あった。それを但馬国におさめて神宝とした。

――一説には、初め天日槍は、船に乗って播磨国《はりまのくに》にきて宍粟邑《しさむらむら》にいた。天皇が三輪君《みわのきみ》の祖の大友主と、倭直《やまとのあたい》の祖の長尾市《ながおち》とを遣わして、天日槍に「お前は誰か。また何れの国の人か」と尋ねられた。天日槍は「手前は新羅の国の王の子です。日本の国に聖王がおられると聞いて、自分の国を弟知古《ちこ》に授けてやってきました」という。そして奉ったのは、葉細《はほそ》の珠《たま》、足高の珠、鵜鹿鹿の赤石の珠、出石の刀子、出石の槍、日の鏡、熊の神籬、胆狭浅《いささ》の太刀合わせて八種類である。天皇は天日槍に詔して、「播磨国の宍粟邑と、淡路島の出浅邑《いでさのむら》の二つに、汝の心のままに住みなさい」といわれた。天日槍は申し上げるのに、「私の住む所は、もし私の望みを許して頂けるなら、自ら諸国を巡り歩いて、私の心に適った所を選ばせて頂きたい」と言った。お許しがあった。そこで天日槍は宇治河を遡って、近江国の吾名邑《あなむら》に入ってしばらく住んだ。近江からまた若狭国を経て、但馬国に至り居処を定めた。それで近江国の鏡邑の谷の陶人《すえびと》は、天日槍に従っていた者である。天日槍は但馬国の出石の人、太耳《ふとみみ》の娘麻多烏《またお》をめとって、但馬諸助《もろすけ》を生んだ。諸助は但馬日楢杵《ひならき》を生んだ。日楢杵は清彦を生んだ。清彦は田道間守《たじまもり》を生んだという。

（『日本書紀』全現代語訳　宇治谷 孟）

加耶勢力によって滅ぼされてしまった新羅の分国、出雲。本国からやって来た王子の「諸国を巡り歩いて気に入った所があれば、そこに住みたい」との願いをヤマト朝廷が聞き入れたという話は奇妙ですが、丹後半島の北部には弥生時代末期に盛んに鉄器を作っていた形跡が見られます。

出雲はそれまで青銅器を中心にして作られていたらしく、オオクニヌシは八千矛の神とも呼ばれていましたが、出雲の加茂岩倉遺跡からは一カ所に三十九口の銅鐸が地中に埋納され、そこから四キロ足らずの所にある荒神谷遺跡からは三百五十八本もの銅剣がびっしりと刃を立てた状態で並べられ、地中に埋納されているのが発見されました。

加耶勢力に追い詰められ、降伏して国を明け渡すしかなかった出雲の嘆きが地中に埋められていたように思えます。

磐余《いわれ》の名は、大軍団が集結した状態を表わしていると『日本書紀』にありました。イワレヒコとは、大軍団を擬人化した名なのです。それからすれば、列島を股にかけて長征し、各地で軒並み賊を退治して回った日本武尊《やまとたけるのみこと》が個人のことではなく、軍団を表わしていることは容易に想像がつきます。タケルとは猛々しい男を意味します。

日本武尊は景行天皇紀に出てきます。崇神大王は初めて列島を支配しましたが、景行大王の代になると熊襲が頻繁に背くようになります。

熊襲を討つように命じられた日本武尊は、川上梟帥《かわかみのたける》が催している酒宴に女装して刺し殺すと、帰り道では吉備や難波の悪い神も殺しています。

熊襲を討った十三年後には、東国の蝦夷が暴れて人民を苦しめているとのことで東国へ向かいます。この時、景行天皇は日本武尊を征夷将軍に任じてこう伝えています。

「かの東夷は性狂暴で、凌辱も恥じず、村に長《おさ》なく、各境界を犯し争い、山には邪神、野には姦鬼《かんき》がいて、往来もふさがれ、多くの人が苦しめられている。その東夷の中でも、蝦夷は特に手強い。男女親子の中の区別もなく、冬は穴に寝、夏は木に棲む。毛皮を着て、血を飲み、兄弟でも疑い合う。山に登るには飛ぶ鳥のようで、草原を走ることは獣のようであるという。恩は忘れるが怨《うら》みは必ず報いるという。矢を、髪を束ねた中に隠し、刀を衣の中に帯びている。あるいは仲間を集めて辺境を犯し、稔りの時をねらって作物をかすめ取る。攻めれば草にかくれ、追えば山に入る。それで昔から一度も王化に従ったことがない。いまお前の人となりを見ると、身丈《みたけ》は高く、顔は整い、大力である。猛きことは雷電のようで、向かうところ敵なく、攻めれば必ず勝つ。形はわが子だが、本当は神人《かみ》である。これはまことに自分が至らず、国が乱れるのを天があわれんで、天業を整え、祖先のお祭りを絶えさせないようにして下さっているのだろう。天下も位もお前のもの同然である。どうか深謀遠慮《しんぼうえんりょ》をもって、良くない者はこらしめ、徳をもってなつかせ、兵を使わずおのずから従うようにさせよ。ことばを考えて暴ぶる神を静まらせ、あるいは武を振って姦鬼を打払え」。

（『日本書紀』全現代語訳　宇治谷 孟）

東国の蝦夷は穴に寝て木に棲み、親兄弟の分別もなく、恩は忘れても怨みは忘れない、と口を極めてののしっています。それに比べてお前は現人神のようだ、とまるで対照的に褒め上げていますが、怨みを買うようなことをしているからでしょう。天下はお前のもの同然だ、という口ぶりに列島を隈なく支配してやろうという魂胆が見えます。

大和を発ったタケルノミコトは駿河でだまされて野に火を放たれますが、草薙《くさなぎ》の剣《つるぎ》で野の草を薙ぎ払って窮地を脱し、賊を滅ぼします。相模を通って上総《かみつふさ》に行き、上総から陸奥《みちのく》へ船で向かいます。

王船の威容に蝦夷は畏まって服従し、蝦夷を平らげて日高見国《ひたかみのくに》から帰ったといいますので、岩手県まで北上しています。常陸《ひたち》を経て甲斐国《かいのくに》を通り、武蔵《むさし》・上野《かみつけの》を巡って碓日坂《うすひのさか》に着きます。ここで道を分けて、同行した吉備武彦をなかなか王化しない越の国へ向かわせています。ヤマトタケルは越の国とならんで王化が少ない信濃を通って美濃へ出たところで、越から来た吉備武彦と会います。

ヤマトタケルは尾張氏の娘、宮簀媛《みやすひめ》を娶って尾張に逗留し、そこで伊吹山に荒ぶる神がいることを聞きます。ヤマトタケルはなぜか剣を外して宮簀媛の家に置き、荒ぶる神を退治に山へ行きますが神の祟りにあって病気にかかってしまいます。そうして鈴鹿の能褒野という所で亡くなったというのがヤマトタケルの遠征です。

崇神大王が大軍団を率いて大和へ至り、ヤマト王権が打ち立てられます。そうして四方に将軍が派遣されて支配を広げました。大彦命を北陸に、武渟川別《たけぬなかわわけ》を東海に、吉備津彦《きびつひこ》を西海に、丹波道主命《たにわのみちぬしのみこと》を丹波へと向かわせたのです。

西国の支配が強まると、やがて東へ北へと勢力を広げていきます。関東地方にも加耶勢力の支配は及んでいきますが、遠い東北地方まではなかなか支配が浸透していかないようです。そこで大王が、「かの東夷は性狂暴で、凌辱も恥じず、村に長なく、各境界を犯し争い、山には邪神、野には姦鬼がいて、往来もふさがれ、多くの人が苦しめられている。その東夷の中でも、蝦夷は特に手強い。男女親子の中の区別もなく、冬は穴に寝、夏は木に棲む。毛皮を着て、血を飲み……」と口にしたのでしょう。

しかし、この景行大王は口が過ぎます。

陸奥から北は、縄文人が多く弥生人は少ない地域です。縄文人は大陸の進んだ文化とは縁が薄く、農耕と狩猟採集を並行して行い、暮らしていたはずです。金属器の使用も西日本と比べれば遅く、文化程度を比較すれば遅れていたでしょう。

しかし、縄文人は戦争をしなかったのです。村に長なく、としますが、支配者のもとで境界を犯し、争ったのは弥生人です。鋭利な鉄製武器が使われて、首のない遺骨が出土するのは弥生遺跡からで、縄文遺跡からは自然を崇拝したものが出土しています。

景行大王自身が言っているではありませんか。「天下も位もお前のもの同然である。ことばを考えて暴ぶる神を静まらせ、あるいは武を振って姦鬼を打払え」と。

張政の怪

倭人伝は張政が帰国をするところで終わります。掖邪狗を始めとして使者は二十人、男女の生口三十人と白珠五千孔以下多くの貢ぎ物が添えられ、女王となった台与に見送られての帰国です。

なぜかこの張政の帰国がいつ行われたのか倭人伝には記されていませんが、『日本書紀』神功皇后紀には三カ所に倭が遣使を行ったことや、皇帝から託された返礼品を持って帯方郡の役人が倭に来たことが書かれています。

神功皇后紀三十九年の条

魏志倭人伝によると、明帝の景初三年六月に、倭の王は大夫難斗米らを遣わして帯方郡に至り、洛陽の天子にお目にかかりたいといって貢をもってきた。太守の鄧夏は役人をつき添わせて、洛陽に行かせた。

神功皇后紀四十年の条

魏志にいう。正始元年、建忠校尉梯携らを遣わして詔書や印綬をもたせ、倭国に行かせた。

神功皇后紀六十六年の条

この年は晋の武帝の泰初二年である。晋の国の天子の言行などを記した起居注に、武帝の泰初二年十月、倭の女王が何度も通訳を重ねて、貢献したと記している。

神功皇后紀六十六年の条の泰初は泰始の誤記で、張政の帰国は泰始二年（二六六）ということが分かります。張政が倭に来たのは、邪馬台国と狗奴国と戦争が始まったという報で派遣された正始六年（二四七）ですから、張政が列島にいたのは十九年にもなります。

派遣されてきた張政が行ったのは、邪馬台国の女王、卑弥呼への檄と告諭です。その十九年後に倭で行ったのも、女王台与への檄と告諭です。しかし決定的に違うのは、檄と告諭で卑弥呼は死に、台与への檄と告諭は国中が定まった女王への激励です。

張政が列島にいた十九年間は、倭が戦乱の世から国が定まるという、激動の中であったことが分かります。また、敗北した邪馬台国が国を定めるまでに復活し、その中核には張政が深く関わっていたのではないかとも思えます。確実に言えることは、張政は国中が定まるまで邪馬台国と行動を共にしていたということです。

ところが不可解なことに、倭人伝は張政が来てから十九年後に帰るまでそのことに一切触れず、しかも邪馬台国と狗奴国の戦争の結果も書かれずに「再び卑弥呼の宗女である台与が年十三で王に立ち、国中遂に定まる」とあります。

戦争が始まって張政が来るまで詳しい記述がされながら、張政が帰国するまでの間は空白としていますがその空白の間に弥生時代最大の激変があり、その激変は何もなかったかのようにする陳寿の記述は、千七百年近くも経った日本で見事に陳寿の意図通りになっています。邪馬台国は勝ち、再び卑弥呼の宗女である台与を女王に立てた、そうして国中が定まったのだ、と通り一遍に解釈してしまうからです。

なぜ陳寿はそうしたのか。恐らく陳寿は張政が果たした役割を良く知っていて、そのことを隠すために熟慮の上に一切を空白にしたのではないかと思います。それほど張政が果たした役割は大きかったとも言えましょう。

これからは私の推測になりますが、張政は東征を考えた中心者としての黒幕ではなかったのではないか、と思います。

張政はまず戦況を把握し、邪馬台国の置かれた厳しい状況を認識したことでしょう。強い狗奴国と本国の百済に対して、弱い加耶本国との力関係。近い分国と本国の地理的な環境。列島を構成する九州島と、東へ海を越えた所にある陸地。列島に先住している倭人の分布状態……。

狗奴国とさらに戦って戦況を打開するのには戦力を増強させなければなりませんが、総力を挙げて戦って疲弊しているし、多数の兵が殺されているので九州内だけでは戦力の増強は困難でしょう。

多数の兵の増強——。張政ならずとも、邪馬台国の敗残兵は加耶本国からの増兵を望んだはずです。問題は、いかに加耶本国が敗北した邪馬台国のために参戦してくれるかです。もし本国からの参戦がなければ、邪馬台国は滅びざるを得ません。加耶本国にとっては国を捨てて海を渡ることになるので、重大な決断が必要となります。

　その決断を促したのが、張政でしょう。魏の皇帝から派遣された張政は、一国の進路を左右するほどの力があったと思われます。しかし、加耶本国の加勢によって戦力を増強させて狗奴国を打倒したとしても、狗奴国の本国の百済は近く、百済本国の兵が大挙して乗り込んでくれば、本国の力関係からして邪馬台国に勝ち目はありません。

　そうした状況を考えた上での結論が、加耶本国から軍隊を呼び寄せ、九州を離れて東へ行くといったものではないでしょうか。九州の北部から離れて遠くへ行けば、百済の影響は小さくなります。

　軍隊の加勢と並んで重要な問題が鉄材の入手です。加耶で鉄を産出する二大産地は任那加羅と大加耶、すなわち金官加耶と高霊加耶です。高霊加耶は内陸にあるため移動に時間を要し、金官加耶は出港すればそこは対馬海峡。九州には最短の位置にあります。

　緊急事態で白羽の矢が立ったのが金官加耶なのでしょう。そうしてやって来たのが、金官加耶王が率いる軍団ではないか、と私は思うのです。

　そうして張政がいる伊都国に到着した金官加耶王の第一声が、ニニギの「ここは韓の国に向き合い、探し求めて笠紗の岬に通り来て、朝日のまっすぐに射す国、夕日の照り輝く国である。この場所こそもっとも吉い土地である」というものでしょう。ニニギの天孫降臨とは、金官加耶王が列島にやって来たことを指すものです。

『古事記』では福岡県岡田の宮で一年の滞在、広島県多祁理の宮で七年の滞在、岡山県高島の宮で八年の滞在と滞在期間だけの合計で十六年。それに大和までの進軍の年数が加算されたのが神武東征に要した年数となります。

『日本書紀』では神日本磐余彦天皇自らが、「東征についてから六年になった」と橿原で令《のりごと》を下しています。

『古事記』に書かれたイワレヒコ十六年の滞在期間に、卑弥呼が死んでから邪馬台国が敗れるまでの年数と国中が定まってから張政が帰国するまでの年数を加算すれば、張政が列島にいた十九年とほぼ見合う年数のように思えます。

『日本書紀』では天皇が「東征についてから六年になった」と言っています。それからすれば、東征に要した年数は六年ということになります。

これらのことを加味すれば、東征に要した年数は六年で、大和に着いてからの制圧のための戦いで十年、延べ十六年が倭国の定まるまでにかかった年数ではないかと思います。それに前後の一、二年を邪馬台国敗北までの年数と、国中が定まってから張政が帰国するまでの滞在年数とすれば、張政が列島にいた十九年間と等しくなります。

張政は、使者一行と共に台与に見送られて魏に代わった晋へ帰りました。この際に、同行した使者は張政がいかに十九年間も邪馬台国のために尽力したかを、帯方郡の役人や晋の役人などに説明したものと思われます。

日本は明治四十三年に韓国を占領して併合しましたが、大正四年に『朝鮮古蹟図譜』という本を出版しています。その本には楽浪郡と帯方郡の遺跡が紹介され、平壌の南にある智塔里の古墳から出土した塼《せん》に、「使君帯方太守張撫夷塼」と刻印されている写真が載っています。

泰始二年（二六六）に帰国した張政は帯方太守、梯儁《ていしゅん》の推薦を受けて後任に任命され、撫夷将軍の称号を授けられています。張政、この時六十二歳。倭人伝には記されていませんが、邪馬台国からの朝貢は定期的に続いていたらしく、台与が女王を務める安定した世のようです。

太康九年（二八八）、張政は七十四歳の時に病で死亡し、彼の故郷に葬られています。帯方郡治がどこにあったのかは特定されていませんが、南北説があり、史跡の多い平壌近郊に張政の墓が智塔里で発見されたことから、帯方郡治は平壌の南の智塔里にあったとするのが帯方郡治北説です。

しかし張政の死後に彼の生まれ故郷に埋葬されたとする見方があり、帯方郡そのものが韓と倭の支配を強める目的で設けられたことを考えれば、帯方郡治はソウル近郊にあった方が理にかないます。

陳寿は二九七年に六十五歳で死亡し、張政が死亡してからわずか九年後のことです。同じ晋国に生き、帯方郡治の太守に抜擢された張政のことを陳寿は良く知っていたことでしょう。撫夷将軍の称号の意味も理解していたはずです。

「夷」の文字を「えびす」か「い」と読んでいます。「えびす」は訓読み、すなわち日本式の読み方なので日本では七福神の一人、「えびす様」として親しまれていますが、「夷」の音読みが「い」で、中国からすれば「夷」は東の「野蛮人」のことです。

「撫」は愛撫や撫育などと使われるように、かわいがること、安んじることを意味します。すなわち、撫夷とは辺境の地、倭国を落ち着かせたことを晋は認めています。張政の実績を認めた晋国で暮らす陳寿は、張政が倭国にいた十九年間の行動を把握していたことは間違いありません。

張政が倭国にいた十九年間の行動とは、魏の皇帝の事実上の勅使という背景のもとに加耶本国の参戦を決め、新生邪馬台国の復活のために九州を離れて東へ向かう進軍に同行し、各地で戦う参謀の役目をしていたと思われます。張政は倭国成立の中心的な役割を果たした、黒幕だったのです。

そのことを知った陳寿は倭人伝から張政を消し、倭人伝の最後に再び張政を登場させて倭人伝を終えた、これが私の考える邪馬台国論です。

もっとも、中国の史書の決まりは中国の時代ごとに次の時代へ移ってからまとめるように、例えば魏の時代のことは晋の時代の人がまとめるようになっていますが、倭人伝は変則的に魏の時代から晋へ移ったところまでが書かれています。これは、倭が激動の中にあってまだ定まらないために、魏から晋に代わったが張政の帰国までを書いた方が良いと陳寿が考えたためだと思われます。

国は定まって弥生時代は終わり、古墳時代へと移っていきます。

第五章　百済大王へ

加耶系の大王殺害

大和にヤマト王権が作られ、権力を象徴する大古墳が築造されて古墳時代となります。記紀には神武天皇が即位した所は橿原で、そこに都を定めたと書かれています。神話が語る橿原には樹木が茂る橿原神宮の広い境内がありますが、奈良平野のただ中にある、特にこれといって変わりがない平地に、地元有志の請願を聞いた明治天皇の命で橿原神宮が建てられました。

奈良平野の南東部、桜井駅の南に磐余《いわれ》という地名があり、磐余は神武東征を行った磐余《いわれ》彦《ひこ》に通じるところから、そこへ九州から来た集団が定着したのではないかとする説があります。

考古学者、森浩一は次のように述べています。

もう一つ重視してよいのは、古墳の造営されている土地の歴史的環境である。茶臼山古墳は桜井市にあるが、所在する大字は外山《とび》である。外山は鳥見とも書く。記紀によると神武東征の最後の大決戦は奈良盆地の南東部でヤマト土着の豪族、長髄彦《ながすねひこ》とのあいだでおこなわれた。神武軍は合戦において形勢が悪かった。そのとき金色の鵄《とび》が飛んで来て磐余彦の弓にとまった。この奇端によってこの土地を鵄邑《とびむら》というようになり、鳥見と訛《なま》るようになったという。

茶臼山古墳が造営された土地は昔の鵄邑で、それが鳥見となり外山となった。このような地名説話のある土地だから、近年ぼくは外山茶臼山古墳とよんでいる。説話から歴史の一端がさぐれるかも知れないからである。

（『倭人伝を読みなおす』　森浩一）

磐余を南西に緩い登り坂を行けば飛鳥時代に都が作られた飛鳥で、茶臼山古墳の北には三輪山があり、三輪山の山麓から北へ大小の古墳が連なります。

磐余の地名があり、茶臼山古墳がある外山は神武東征伝説の金色の鵄とも名が重なることから、磐余一帯にヤマトの王宮を作ったのではないかとしています。もしかしたら、磐余彦の弓にとまった金色の鵄とは、魏の皇帝から授けられた黄幢を指しているのかも知れません。

奈良平野の南東に都を定めた加耶勢力は、その地もヤマトと呼びました。〝二つのヤマト〟で述べていますが、加耶人にとって建国した地は聖なる地、ヤマトなのです。ヤマトは後に「倭」の一字でヤマトと呼ぶようになりました。

加耶王は四方に軍を派遣して制圧を加え、平定しました。ところが年数の経過と共に、九州ではヤマト朝廷に対して反抗するようになっていきます。そのことが『日本書紀』に記されています。

『日本書紀』では東征した加耶王が神武天皇となっていますが、垂仁天皇から次の景行天皇紀には——。

景行天皇紀三年二月の条に、「紀伊国に行幸されて、諸々の神祇をお祭りしようとされたが、占ってみると吉と出なかった。そこで行幸を中止された」。

同十二年八月の条に、「熊襲がそむいて貢物を奉らなかった」。

同九月の条に、宇佐の要害の地にいる連中が「皇軍には従わない」と言うので殺し、碩《おおき》田国《たのくに》（大分県）にいる五人の土蜘蛛が皆「皇命には従わない」と言うので殺した。

同月に熊襲梟帥《くまそたける》を殺し、同十三年五月の条に、ことごとく襲の国を平らげたとあります。

このように、九州の各地でヤマト朝廷に対する反抗が頻発しているのです。大和にヤマト王権を打ち立て、国中を平定したと言っても遠い地では反抗勢力が力を増し、なかなかヤマト朝廷の支配が浸透しません。

加えて、ヤマト朝廷は貴重な鉄材を半島から入手しなければなりません。それには瀬戸内海を船で行き、玄界灘に出る必要があります。畿内も、その周辺からも鉄鉱石を産出する所はないので、どうしても百済勢力がいる所を通って行かざるを得ないのです。

そうしてとうとう加耶系の王が狗奴国の兵に殺されてしまいました。記紀には似たり寄ったりのことが書かれています。ここでは、『古事記』の方が直截的に書かれていますので、それを取り上げてみます。

帯中日子天皇《たらしなかつひこのすめらみこと》（筆者注：仲哀天皇）は、穴門の豊浦宮と筑紫の香椎宮においでになって、天下を統治なさった。この天皇が大江王《おおえのみこ》の娘の、大中津比売命《おおなかつひめのみこと》と結婚して、お生みになった御子は、香坂王《かごさかのみこ》と忍熊王《おしくまのみこ》。また息長帯日売命《おきながたらしひめのみこと》と結婚してお生まれになった御子は、品夜和気命《ほんやわけのみこと》、次に大鞆和気命《おおともわけのみこと》、和名は品陀和気命《ほんだわけのみこと》。

（中略）

その皇后、息長帯日売命は、当時神懸《かみがか》りをなさった。おりから、天皇は筑紫の香椎宮においでになり、熊曾国を討とうとなさった時に、天皇はお琴をお弾きになって、建内宿祢大臣《たけうちすくねのおおおみ》は祭場におり、神託をお求めになった。このとき、皇后に依《よ》り憑《つ》いた神が、「西の彼方に国がある。金・銀を始めとし、目が光り輝くばかりの珍しい宝物がたくさんその国にはある。我は今、その国を天皇に帰属させ授けよう」とおっしゃった。ところが、天皇は、答えて、「高い場所に登って西の方を見ても、国土は見えず、ただ大海があるばかりです」と申した。天皇は偽りを言う神だとお思いになって、御琴を押しやり、お弾きにならず、黙っておしまいになった。すると、その神はひどく怒って、「もはやこの天下は、あなたの統治なさるべき国ではない。あなたは一筋の道にお行きなさい」とおっしゃった。そこで建内宿祢大臣が、「恐れ多いことです。我が天皇。そのままその御琴をお弾きくださいますよう」と申した。それで、ゆっくりとその御琴を引き寄せて、生半可《なまはんか》に弾いていらっしゃる。それから間もなく、御琴の音が聞こえなくなった。そこで火をさし挙げて見ると、天皇はもう崩御なさっておいでになった。

（『古事記』　中村啓信）

天皇を殯宮《もがりのみや》に安置し、建内宿祢大臣が神に神託を求めると、神は「おしなべてこの国は、皇后の胎内にいらっしゃる御子の統治なさる国である」と告げ、建内宿祢が「胎内においでの御子はどちらの子でしょうか」と尋ねると、「男子である」と答え、「大神はどなたでいらっしゃるのか、そのお名前を知りとうございます」と尋ねると、「この託宣は天照大御神の御心意である。また我は、住吉の底箇男《そこつつのお》・中箇男《なかつつのお》・上箇男《うわつつのお》の三大神である」と答えたのです。

ここで天照大御神《あまてらすおおみかみ》の名が出てきました。それまでは高皇産霊尊が高天原を采配していましたが、ここからは天照大御神が前面に出てきます。

『日本書紀』神功皇后紀は次のように書かれています。

> 天皇はどうして熊襲の従わないことを憂えられるのか。そこは荒れて痩せた地である。戦いをして討つのに足りない。この国よりも勝《まさ》って宝のある国。譬《たと》えば処女の眉のように海上に見える国がある。目に眩い金・銀・彩色などが沢山ある。これを栲衾《たくぶすま》新羅国という。もしよく自分を祀ったら、刀に血ぬらないで、その国はきっと服従するであろう。また熊襲も従うであろう。その祭りをするには、天皇の御船と穴門直踐立《あなとのあたいほむたち》が献上した水田——名づけて大田という。これらのものをお供えとしなさい。
>
> （『日本書紀』全現代語訳　宇治谷 孟）

熊襲を討つのではなく、新羅を討てと神は告げています。ところが海を見ても新羅の国は見えなかった。神託を聞かなかった仲哀天皇は急に亡くなってしまいます。

息長帯日売命（神功皇后）が神託に従って新羅を攻めて降伏させ、筑紫の国に戻ってそこで子を産み、大和の国へ戻ろうとしますが、天皇は亡くなり皇后に子が生まれたと聞いた異母兄弟の香坂王と忍熊王の二人は、「いま皇后は子があり、群臣は皆従っている。きっと議《はか》って幼い王を立てるだろう。吾らは兄であるのに、どうして弟に従うことができようか」と帰還の途中の皇后を待ちます。

なぜ話が急転回してそのような状況になるのか理解に苦しみますが、筋書きはそうなっています。

仲哀天皇が殺された翌年、香坂王が櫟《くぬぎ》の木に登って座って見ていると大きな猪が激しい勢いで走り出て、その櫟の木を掘り倒し、香坂王に噛みついて喰い殺しました。

弟の忍熊王は軍を起こし、忍熊王は喪船に向かい攻めようとすると皇后は喪船から軍勢を下して上陸し、合戦となります。太子（筆者注：後に応神天皇となる子）軍と忍熊軍は一進一退の攻防となりますが、攻め込まれた忍熊軍は逢坂山まで逃げてそこで反撃に出ます。太子軍はさらに攻め込み、琵琶湖畔の沙沙那美でことごとく忍熊軍は斬られてしまいました。

この筋書きは、加耶勢力が神功皇后の勢力に攻め込まれ、敗北してしまったことを表現しているわけです。つまり、神功皇后勢力とは、朝鮮半島から九州に上陸し、大和へ攻め込んで加耶勢力を滅ぼした別の軍団ということになります。

歴史をつなぐ神功皇后

殺害される仲哀天皇と結婚した神功皇后。『日本書紀』が『古事記』と違うところは、『古事記』では神功皇后は仲哀天皇と一緒に香椎宮にいたところで神託を聞いたことになっていますが、『日本書紀』では香椎宮へ行くまでの経過を事細かに書いています。

仲哀天皇紀の二年一月に二人が結婚すると、二月六日になぜか敦賀に行宮《かりみや》を建ててそこに住みます。

三月に天皇が南海道を巡行中に熊襲が背いた知らせがあり、熊襲を討とうとして山口県にある穴門へ向かい、使いを出して神功皇后を呼び寄せます。神功皇后は敦賀から船で日本海を行き、山口県にある豊浦津《とゆらのつ》で二人は合流します。そこで神功皇后は願いがすべて叶うという如意の珠を海で拾い、穴門に宮を建てて住みます。

仲哀天皇紀の八年、一月に儺県《なのあがた》へ着き、橿日宮《かしひのみや》（香椎宮）で暮らします。九月、天皇は群臣に熊襲を討つことを相談しましたが皇后に神託があり、「熊襲を討つよりも新羅の国へ向かえ」とのことでしたが天皇は神託を疑ったので、再び皇后へ神託がありました。「汝はこのようにいって遂に実行しないのであれば、汝は国を保てないであろう。ただし皇后は今はじめて孕《みごも》っておられる。その御子が国を得られるであろう」。

天皇はなおも信じず、熊襲を討とうとしたものの勝てずに香椎宮に帰ったのです。翌年の二月五日に天皇は発病し、翌日に亡くなりました。仲哀天皇紀九年二月六日のことです。

神功皇后が神託を解く審神者《さにわ》に「先の日に天皇に教えられたのはどこの神でしょう」と問うと、「伊勢の国の度会《わたらい》の県《あがた》の、五十鈴の宮においでになる、名は撞賢木《つきさかき》厳之《いつの》御魂《みたま》天疎《あまさかる》向津《むかつ》媛命《ひめのみこと》」と答えましたが、ここで突然として伊勢神宮が出てきます。

同年の三月に山門県にいる田油津媛を殺した神功皇后は、十月に神託に従い男装をして新羅を討伐すべく、軍団の先頭に立って出兵します。この時、皇后はたまたま臨月で、戦の途中で子が産まれぬように腰に温石《おんじゃく》と呼ばれる石を挟んで祈りました。「事が終わって還る日に、ここで産まれて欲しい」。

軍団を乗せた船が出港すると神風が吹き、帆船は何もせずとも風に送られて新羅に着きます。波は風に乗って新羅の国の中まで届き、軍船が海に満ちているのを眺めた王は「東に神の国があり、日本というそうだ。聖王があり天皇という。きっとその国の神兵であろう。とても兵を挙げて戦うことはできない」と白旗をあげて降伏し、自ら捕らわれたと『日本書紀』は書きます。

まるでアニメを見ているような展開ですが、「日本」という国名や「天皇」という尊称が使われるのは、白村江の戦いが終わってから後のことです。「東に神の国がある」などど、見え透いた作り話の一端が垣間見えます。

この作り話は、百済が新羅へ攻め入ったこととだぶらせているという説があります。

さて、こうして新羅を討伐して九州へ戻った神功皇后は、十二月十四日に後の応神天皇を産みます。

仲哀天皇の急死は同じ年の二月六日でした。神功皇后が後の応神天皇となる子を産んだのは十二月十四日です。妊娠期間は二百八十日間が普通です。神功皇后の妊娠期間は三百十一日間で、いわゆる十月十日を越えます。つまり、神功皇后の妊娠も作り話だと『日本書紀』は伝えているのです。

『日本書紀』神功皇后紀三年一月の条には、誉田《ほむた》別《わけの》皇子《みこ》を立てて皇太子とし、大和国の磐余に都を造り、これを若桜宮というとありますが、『古事記』には次のように書かれています。

建内宿祢命《たけのうちすくねのみこと》はその太子をお連れし、禊をしようとして、近江と若狭の国を次々と巡った時に、越前の敦賀に仮宮を造って、そこに太子をお迎えした。するとその地に鎮座する伊奢沙和気大神命《いざさわけおおかみのみこと》が、太子の夢に現れて、「私の名を御子の御名前と取り替えていただきたい」と言った。そこで、太子は祝いの言葉を述べ、「畏まりました。お言葉のとおりに換え申しましょう」と申した。また、その神が、「明日の朝、浜においでください。名換えの贈り物を献上いたします」とおっしゃった。そこで翌朝浜にお出になった時に、鼻が傷ついた海豚《いるか》の大群が浜いっぱいになるほど浦に寄せていた。そこで御子が使者をやって、神に申させて、「お召し上がりになる魚を我に賜ったのですね」とおっしゃった。そして、また神の名を称えて御食大神《みけのおおかみ》と申し上げた。それで、今もって気比大神《けひのおおかみ》という。また、その海豚の鼻の血が臭かった。それで、その浦に名付けて血浦《ちうら》という。今は都奴賀《つぬが》という。

(『古事記』　中村啓信)

ここでまた敦賀が出てきました。神功皇后が仲哀天皇と結婚してすぐに行宮を建てましたが、その場所は敦賀でした。若狭湾一帯は加耶勢力の力が及ばない地域だとすでに述べましたが、敦賀には中でも有力な支配者のいたことがこの記述から伺えます。

神が自分と名を変えようというのは太子が大王になることを示唆し、浜に寄せた大量の鼻の傷ついたイルカとは、崇神大王から続くイリ王朝に代わることを暗示しているようです。神功皇后が半島へ渡って新羅を討ち、臨月の状態で九州へ戻ってくるということは、半島から王の血筋を持った人が列島へ来て新たな大王になるという筋書きを作るために神功皇后を設けた、と言えます。

神功皇后は、加耶勢力に代わって別の勢力が倭を支配させるために考え出された、架空の人物なのです。

時系列に沿って書かれているはずの『日本書紀』ではどうなっているのでしょうか。抜き出してみると――。

神功皇后紀二年冬十月二日、群臣は皇后を尊んで皇太后とよんだ。この年、太歳辛巳。これを摂政元年とした。

三年春一月三日、誉田別皇子を立てて皇太子として、大和国の磐余に都を造った。これを若桜宮という。

十三年春二月八日、武内宿禰に命じて皇太子に従わせ、敦賀の笥飯大神にお参りさせられた。十七日、太子は敦賀から還られた。この日、皇太后は太子のため、大殿で大宴会を催さられた。皇太后は盃をささげて、お祝いのことばをのべられた。

元服式が執り行われたようです。この日に応神大王の位についたと思われます。『古事記』には建内宿祢が太子を連れて都奴賀の気比（けひ）に行ったと書かれていますが、気比を古くは笥飯（けひ）と呼んでいました。金 容雲はこの「笥（け）」について、次のように述べています。

家にあれば笥《け》に盛る飯を草枕　旅にしおらば椎《しい》の葉に盛る（万葉集）

謀反の罪で中大兄皇子（天智天皇）に殺された悲劇の有間皇子の歌です。

ここに出てくる「笥」はカラ語では「キ」で、「めし（飯）」はカラ語では「バブ」になります。

「キ」は「キニ」ともいい、「食事」のことで、「ハンキ」は一宿一飯というときの「一飯」に相当します。

『岩波古語辞典』では「笥から食事をあらわす意味になった」とあります。しかしカラ語の「キ」が「け」になったことを考えるとその逆で、食事を意味する「キ」から「笥（け）」が出たようです。

日本語では飯を盛る食器が笥「ケ」または「キ」で、カラ語では飯そのものが「キ」

なのです。ある時期には「ケ」と「キ」の両方が食事を意味するものと見なされていたのです。「盛る」という表現は言葉も意味も日韓共通です。

元来「モル」は、牧童が牛などを「集める」の意味でしたが、農耕民になって「飯を集める」、つまり「盛る」のことに使われます。これが「丸める」になったのでしょう。遊牧民族的な意味がうすれ、農耕民のものに変わってしまうのです。

このように、日本語と韓国語の対応は単語の意味が少しずつずれる場合があります。

（『日本語の正体』　金 容雲）

神功皇后紀三十九年、この年太歳己未《つちのとひつじ》。――魏志倭人伝《ぎしわじんでん》によると、明帝の景初三年六月に、倭の女王は大夫難斗米らを遣わして帯方郡に至り、洛陽の天子にお目にかかりたいといって貢をもってきた。太守の鄧夏は役人をつき添わせて、洛陽に行かせた。

四十年、――魏志にいう。正始元年、建中校尉梯携《けんちゅうこういていけい》らを遣わして詔書や印綬をもたせ、倭国に行かせた。

四十三年、――魏志にいう。正始四年、倭王はまた使者の大夫伊声者掖耶ら、八人を遣わして献上品を届けた。

神功皇后紀は続きますが、年代が錯綜して倭人伝を注記として書き込まれています。弥生時代は終わり、すでに古墳時代へと移っているのに神功皇后を創作して歴史の中に強引に入れ込んでいるためか、卑弥呼の時代が紛れ込んでいます。次の文章もそうです。

四十六年春三月一日、斯摩宿禰を卓淳《とくじゅん》国に遣わした。卓淳の王、末錦旱岐《まきむかんき》が、斯摩宿禰にいうのに、「甲子の年の七月中旬、百済人の久氐《くてい》、弥州流《みつる》、莫古《まくこ》の三人がわが国にやってきて、『百済王は、東の方に日本という貴い国があることを聞いて、われらを遣わしてその国に行かせた。もしよく吾々に道を教えて、通わせて頂けば、わが王は深く君を徳とするでしょう』と。そのとき久氐らに語って、『以前から東方に貴い国のあることは聞いていた。けれどもまだ交通が開けていないので、その道が分からない。海路は遠く道は険しい。大船に乗れば何とか通うことができるだろう。途中に中継所があったとしても、かなわぬことである』と。久氐らが『もう一度帰って船舶を用意して出直ししましょう』という。また重ねて『もし貴い国の使いが来るがあれば、わが国にも知らせて欲しい』と。このように話し合って帰った」と。そこで斯摩宿禰は、従者の爾波移《にはや》と卓淳の人過去《わこ》の二人を、百済国に遣わしてその王をねぎらわせた。百済の肖古王《しょうこおう》は大変喜んで厚遇された。

（『日本書紀』全現代語訳　宇治谷 孟）

ここで突然と百済の国が出てきました。やはり加耶にある卓淳という国も登場し、卓淳国を訪ねた百済の使者が「東方に貴い国日本、美しい国日本があると聞きますが、どこにあるのでしょうか」などと、見え透いた、それも歯の浮くような敬語を使っています。

卑弥呼が出した遣使の三年後はまだ邪馬台国と狗奴国の戦争の最中ですし、百済の肖古王が亡くなったのは二一四年で、百済は新羅と戦争を行い、倭国は大いに乱れている最中です。時代が錯綜しています。

百済には肖古王と名が似た近肖古王《クンチョゴワン》（三四七―三七五）という王がいます。恐らく、『日本書紀』を執筆した人は近肖古王を間違えて肖古王（生年不明―二一四）としてしまったと思われます。

この百済の使者が卓淳国に尋ねた「百済王は、東の方に日本という貴い国があることを聞いて、われらを遣わしてその国に行かせた。もしよく吾々に道を教えて、通わせて頂けば、わが王は深く君を徳とするでしょう」という件は、百済本国が列島のヤマト朝廷に攻め込もうとして、そのあり場所を問い詰めている場面のように私には思えます。

狗奴国の兵が香椎宮で加耶王を射抜いて殺し、その翌年には王子も殺しています。三輪王朝は王が殺されて動揺し、非常に不安定な状況となっているはずです。狗奴国はもちろんのこと、本国の百済も加勢して隙あらば攻め込み、三輪王朝を打倒しようと企んでいるでしょう。

そのような情勢の中で、敵国を訪れた使者が「百済王は、東の方に日本という貴い国があることを聞いて……」などといった誉め言葉を使うでしょうか。「白状しないと殺すぞ」と、脅し言葉を吐いていたのが関の山だと思います。

誉め言葉が実際とは違うことを言っているのは、次のことからも分かります。神功皇后紀四十五年三月の条に、荒田別《あらたわけ》と鹿我別《かがわけ》を将軍として百済の久氐《くてい》らと共に新羅を討ち、次に加耶諸国の内、比自㶱《ひしほ》、南加羅、喙国《とくのくに》、安羅《あら》、多羅《たら》、卓淳、加羅の七カ国を平定したとあります。

さらに、百済王の肖古王（筆者注：近肖古王）と皇子の貴須《くいす》は兵を率いてやってくると、比利《ひり》、辟中《へちゅう》、布弥支《ほむき》、半古《はんこ》の四つの邑が降伏し、百済王父子と百済将軍の木羅斤資《もくらこんし》、神功皇后から派遣された荒田別将軍らは共に意流村《おるすき》で一緒になり、相見て喜んだというのですから、百済と神功皇后軍、すなわち応神軍は一体であることが分かります。

百済は加耶を敵視しているのです。

すぐにでも子が産まれそうな女性が『日本書紀』に出てこざるを得ない状況が百済にあ

り、そのことを神功皇后にだぶらせて話を結び付けたとも考えられます。つまり、百済はのっぴきならない状況に追い込まれ、王子を身ごもって臨月間近の女性が百済を脱出したのではないか、と思えるのです。

緊迫する百済

百済は、高句麗から逃れた沸流と温祚の兄弟が作った国です。その高句麗の祖地は扶余に遡り、百済も高句麗も同じ扶余が祖国の地でありながら、中国が植民地としていた楽浪郡や玄菟郡などの植民地を、高句麗が北から、百済が南から領土を広げていくので高句麗と百済の間で対立が生じます。

百済の近肖古王が帯方地域を領土とすると、高句麗の故国壌王が三六九年に百済を攻めますが敗れ、その二年後の三七一年に再び百済に攻め込むものの百済の兵が放った矢で射抜かれて故国壌王は死にます。逆に、三七五年には高句麗が百済の北部を占領したために百済は攻撃に出ましたが、百済は敗退しています。

四世紀の後半になると、百済は北の高句麗からたびたび攻撃されるようになります。『三国史記』「百済本紀」から高句麗の侵攻を書き出してみると——。

近肖古王紀二十四年（三六九）九月、高句麗王の斯由が歩兵・騎馬兵二万を率いて雉壌へ来た。兵は民戸を侵奪した。（近肖古）王は太子に兵を遣わして雉壌へ至り、急襲してこれを破った。五千余の首を獲り、捕虜は将士に与えた。

同二十六年（三七一）、高句麗が兵を挙げて来た。王はそれを聞いて伏兵を浿河に配備し、着くのを待ってこれを急撃したので高句麗軍は敗北した。冬、王は太子と共に精兵三万を率いて高句麗に入り、平壌城を攻撃した。高句麗王の斯由は力戦してこれを防いだが、流れ矢で死んだ。王は軍を引いて退き、都を漢山に移した。

同三十年（三七五）秋七月、高句麗が来攻し、北の鄙地の水谷城を陥落した。王は将を遣わしたが勝てず、王は再び大軍でこれに報いようとしたが、不作で果たせなかった。

冬十一月、（近肖古）王薨去《こうきょ》。

近仇首王紀二年（三七六）冬十一月、高句麗が北の鄙地を侵略してきた。

同三年（三七七）冬十月、（近仇首）王は兵三万を率いて高句麗の平壌城を侵攻した。十一月に高句麗が侵略してきた。

このような状況の中で、高句麗が領土を拡張したのが好太王（三七四―四一二）です。北朝鮮との国境を流れる鴨緑江《アムノクガン》の北岸、中国の集安に、好太王の威徳を謳った広開土大王碑が立てられています。碑文には百済や倭、新羅の文字が刻まれています。

百残新羅旧是属民由来朝貢而倭以辛卯年来渡海破百残□□□羅以為臣民

百残とは、百済の蔑称でしょう。「百残、新羅は旧是《もとこれ》属民にして朝貢《ちょうけん》す」ここまでは読めます。問題は次です。

日本の学界では、「而倭以辛卯年来渡海」を次のように読み下します。

「而《しか》るに倭が辛卯年を以って海を渡って来た」

辛卯年は三九一年となります。「百済と新羅は（高句麗の）元属民で朝貢した。辛卯年に倭が海を渡ってやって来て、百済□□□羅を破って臣民と為した」と読んでいます。「百済と新羅は高句麗の元属民だったが、三九一年に倭が海を渡ってやって来て、百済と□□□羅を破って倭の臣民と為した」と読む、とするのですが疑問が残ります。

第一の疑問は、広開土大王碑は好太王が国土を広めた記念に立てられたもので、なぜ倭の活躍を高句麗の土地に立てられた碑文に刻んでいるのか、というものです。

第二の疑問は、当時（三九一年）の倭はまだ加耶と百済の分国が争っている状態なのに、百済や新羅を討ち破って臣民とするほどの国力があったのか、というものです。

第三の疑問は、倭がなぜ百済を討ち破らなければならないのか、というものです。

碑文を次のように読めば、碑文の意味が逆転します。

「百残と新羅は元属民で朝貢した。而るに辛卯年に倭が来た。（好太王は）海を渡り、百残□□□羅を破って臣民と為した」

辛卯年に倭が来たので好太王は海を渡り、百残□□□羅を破って臣民と為したと読めば、好太王の記念碑にふさわしい文となります。碑文に書かれている倭とは狗奴国のことでしょう。当時の倭は加耶勢力の王が狗奴国の反抗で討たれ、それまで支配していた加耶勢力は百済勢力に押され気味となっています。

狗奴国の軍は海を渡り、百済軍に加勢したとみられます。従って、第一の疑問については倭が活躍の主役ではなく、倭が来たので好太王は海を渡り、百残□□□羅を破って臣民と為したと読むべきでしょう。

第二の疑問については、倭自体が主導権を巡って争っている状態なので、倭が百済と新羅を破って臣民に為したとは無理と言うしかありません。

第三の疑問の、倭が百済を討ち破るなどとは、倭と百済両国間の関係からしてそもそもありません。

このような考え方を持つのは、倭が半島の国から独立した単独国家という観念を持っているからに他なりません。大和民族意識とでもいうのでしょうか。

では、「□□□羅を破って臣民と為した」の□の所にはどの文字が入れば良いのか。□の中を（任）（那）（新）として、百残、任那、新羅と読むのが一般的です。ところが先の一文の後に、次の文が続きます。

以六年丙申王躬率水軍討利残国

永楽六年（三九六）、（好太）王は自ら水軍を率い、利残国を討つ

この利残国とあるのを「残国」と読み、百残の討伐で残った国を五年後に討った「残国」と解釈するのが一般的です。

利残とは、百済を建国した兄の沸流の国のことで、弟の温祚の国が百残だと主張するのが金 容雲です。新羅人の金 富軾が編纂した『三国史記』「百済本紀」には「沸流が作った国は湿気が多く、沸流は自身の不明を恥じて自殺した」と書いてありますが、異説として、

中国の正史『北史』と『隋書』の「百済伝」を引用し、金富軾はその文章を紹介していると指摘をします。

高句麗の始祖東明大王の子に仇台《キュウテ》がいた。慈悲心と正義感があり、はじめに帯方郡の故地に国を建てた。漢の遼東太守の公孫度は、仇台を婿とした。仇台勢力は強大になり、東夷の強国となった。

仇台とは沸流のことで、初め平壌に近いミチュホルに建国したが公孫度の婿になって建国した地がカラ語でクマナリ、『日本書紀』に久麻那利と書かれる地に移って新たに建国したというのです。久麻那利は熊津《ウンジン》とも呼びます。

広開土大王碑に書かれた「利残」とは久麻那利の蔑称で、久麻那利に倭が加勢に来たのでこれを討ち、北上して次に討ったのが弟の国の百残すなわち漢城百済だというのです。高句麗が百済や新羅の討伐をした目的は強大国の魏から自国を守るためで、背後から侵略されることのないように百済と新羅を討つと、占領することなく高句麗に戻っています。

倭とは狗奴勢力。狗奴国の母国は利残すなわち久麻那利百済だったのです。

高句麗に討たれた久麻那利百済は国を捨て、加耶へ移動して占領した後に王は国民を率いて列島へ移りました。これが神功皇后紀にある、「百済王は、東の方に日本という貴い国があることを聞いて、われらを遣わしてその国に行かせた。もしよく吾々に道を教えて、通わせて頂けば、わが王は深く君を徳とするでしょう」というのが、百済の使者が加耶の王に尋問した件《くだり》でしょう。

仲哀天皇は戦死し、加耶勢力は浮足立った状態で大和に強い敵はいません。利残勢力は加耶勢力を打倒して列島の覇権を狙い、半島から移ってきました。その中に王の子を孕《はら》んだ臨月の女性がいて、それを題材にして神功皇后の話が組まれたと言えます。

殺された仲哀天皇の二人の王子が、産んだばかりの子を抱えて帰ってくる神功皇后を途中で待ち伏せていたという話は、東進する利残勢力を待ち構える加耶勢力と読み替えることができます。東進する利残勢力に狗奴国の軍が加担していることは言うまでもありません。

そうして加耶勢力を打倒した利残勢力と狗奴国で築いたのが、三輪王朝に代わる河内《かわち》王朝です。

『日本書紀』雄略天皇紀に次の記述があります。

二十年冬、高麗王が大軍をもって攻め、百済を滅ぼした。そのとき少しばかりの生き残りが、倉下《へすおと》に集まっていた。食料も尽き憂え泣くのみであった。高麗の諸将は王に申し上げて、「百済の人の心ばえはよく分からない。私たちは見るたびに思わず迷ってしまう。恐らくまた、はびこるのではないでしょうか。どうか追い払わせて下さい」といった。

王は「よろしくない。百済国は日本の官家《みやけ》として長らく存している。またその王は天皇に仕えている。周りの国々も知っていることである」といい、それで取りやめられた。

二十一年春三月、天皇は百済が高麗のために敗れたと聞かれて、久麻那利《こむなり》を百済の汶州王《もんすおう》に賜って、その国を救い興《お》こされた。時の人はみな、「百済国は一族すでに亡んで、倉下にわずかに残っていたのを、天皇の御威光により、またその国を興こした」といった。

(『日本書紀』全現代語訳　宇治谷 孟)

漢江《ハンガン》流域にある漢城《ハンソン》百済が高句麗によって四七五年に攻め落とされると、雄略天皇は久麻那利を百済の分周《ムンジュ》(汶州)王に与えたと書いてあります。久麻那利は利残、すなわち熊津《ウンジン》百済があった地で、やはり高句麗に敗れた利残勢力の王が三九六年にその土地を放棄して列島へ渡り、応神大王が加耶勢力を滅ぼして河内王朝を作っています。

百済は北と南の二カ所に国がありましたがそれぞれ高句麗に敗れてしまい、南の利残勢力が列島へ渡って狗奴国軍と合流し、大和の三輪王朝を打倒して新たな王権を打ち立てたというわけです。

この経過は崇神大王、すなわち任那加羅王が三輪王朝を打ち立てた過程とよく似ています。

稲作を始めた農耕社会の九州へ渡って来た半島の王子が支配して国を作ると、その後に続く加耶諸国の王子も九州北部の各地に国を作り、支配地域を広めていきます。

加耶諸国に遅れて百済から九州へやって来た王子は九州の中部以南に国を作り、加耶分国と百済分国は九州の中西部で接する形となります。

半島にある本国では領土を巡って争いの日々なので、九州の両国も領土を巡って争いを始め、武力に勝る百済の分国は加耶の分国に侵略し、やがては女王国と狗奴国の全面戦争となります。

女王国は狗奴国に敗れます。絶体絶命の窮地に陥った邪馬台国に加勢したのが、母国の王です。

金官加耶の王が九州に渡って邪馬台国の残存部隊に合流し、強い敵のいる九州を離れて東へ移り、それまで近畿地方に先着していた新羅勢力を破って三輪王朝を打ち立てます。第一次ヤマト王権はこうして作られました。

王に率いられて主力部隊が去った金官加耶は、衰退していきます。『魏志』「韓伝」に、「国、鉄を出す。韓・濊《わい》・倭みな従ってこれを取る。諸の市売《しばい》にはみな鉄を用う。中国で銭を用いるようである。また以って二郡に供給す」とあります。金官加耶は高霊加耶と並ぶ鉄の二大産出地なので、他国は鉄を争って取りに行っていることが分かります。加耶諸国の中心は金官加耶から高霊加耶へと移っていきました。

百年近く続いた三輪王朝（第一次ヤマト王権）に暗雲が立ち込めます。高句麗に攻め込まれて熊津百済は敗れ、国を逃れた集団が向かう先は仲間がいる九州です。その中に王子を身ごもった女性がいました。

熊津百済の軍団と狗奴国軍が合流すると東進し、加耶勢力を打倒して打ち立てられたのが河内王朝（第二次ヤマト王権）です。

百済から倭への大移動

仲哀天皇は加耶勢力最後の大王で、代わって百済勢力が王朝を作ります。

百済勢力初めての大王が、応神天皇です。『日本書紀』応神天皇紀は次のように書かれています。

誉田天皇《ほむたのすめらみこと》は仲哀天皇の第四子である。母を気長足姫尊《おきながたらしひめのみこと》という。天皇は神功皇后が新羅を討たれた年、仲哀九年十二月、筑紫の蚊田でお生まれになった。

誉田天皇は仲哀天皇の第四子である、となっていますが、『日本書紀』仲哀天皇紀の記述ではそうなってはいません。

仲哀天皇紀二年春一月十一日、気長足姫尊《おきながたらしひめのみこと》を皇后とされた。これより先に叔父彦《ひこ》人大兄《ひとのおおえ》の女《むすめ》、大中媛《おおなかつひめ》を妃とされた。麛坂皇子《かごさかのみこ》・忍熊皇子《おしくまのみこ》を生んだ。次に来熊田造《くくまたのみやつこ》の祖である大酒主《おおさかぬし》の女、弟媛《おとひめ》を娶って、誉屋別皇子《ほむやわけのみこ》を生んだ。

『日本書紀』仲哀天皇紀では、仲哀天皇の子は三人です。これを敢えて第四子としたのは、執筆者は応神天皇が仲哀天皇の子ではないことを言外に伝えているように思えます。『古事記』では仲哀天皇の子は四人となっていますが、子が何人であろうと応神天皇は仲哀天皇の子ではないので関係がありません。

ところで、応神天皇が太子の時に、敦賀の気比神宮で禊をしたことが『古事記』に書かれていました。

建内宿祢命が太子を連れて敦賀に行き、禊をしようとすると土地の神、伊奢沙和気大神《いざさわけのおおかみのみこと》命が太子の夢に現れて、「神の名と太子の名を変えたい」と告げたのです。翌朝太子が浜へ行くと、鼻が傷ついた海豚《いるか》の大群が浜いっぱいになるほど浦に寄せていたという話です。

応神大王が太子の時に、気比大神と名を換えたいわれが書かれていますが、『日本書紀』応神天皇紀に、そのことについて指摘をした面白い注記があります。

時に年三歳、天皇が孕まれておられるとき、天神地祇は三韓を授けられた。生まれられた時に、腕の上に盛り上がった肉があった。その形がちょうど鞆《ほんだ》（弓を射た時、反動で弦が左臂に当たるので、それを防ぐためはめる革の防具）のようであった。これは皇太后（神功皇后）が男装して、鞆をつけなさったのに似られたのであろう。それでその名を称えて誉田《ほむた》天皇というのである。

——上古の人は、弓の鞆《とも》のことを、「ほむた」といった。ある説によると、天皇がはじめ皇太子となられたとき、越国《こしのくに》においでになり、敦賀の笥飯大神《けひのおおかみ》にお参りになった。そのとき大神と太子は名を入れ替えられた。それで大神を名づけて去来紗別神《いざさわけのかみ》といい、太子を誉田別尊《ほむたわけのみこと》と名づけたという。それだと大神のもとの名を誉田別尊、太子のもとの名を去来紗別神ということになる。けれどもそういった記録はなくまだつまびらかでない。

（『日本書紀』全現代語訳　宇治田 孟）

注記で、誉田天皇の名の由来が分からない、と書いています。皇位は連綿と続いてきた（はず）ですから、どうして「誉田《ほむた》」の名があるのか、あちこち調べ上げても説明がつかないのです。

執筆者は、誉田天皇すなわち応神大王がそれまでの系譜とは違う出自であることに気が付き、重要な注記を書き加えたということになります。

応神大王が列島を支配すると、百済から多くの人々が渡ってくるようになります。『日本書紀』には百済人が続々と来たことが書かれています。以下に抜き出して書き連ねてみました。

応神天皇紀十四年（四〇三）春二月、百済王は縫衣工女《きぬぬいおみな》を奉った。

この年、弓月君《ゆつきのきみ》が百済からやってきた。奏上して、「私は私の国の、百二十県の人民を率いてやってきました。しかし新羅人が邪魔をしているので、みな加羅国に留まっています」といった。

十五年（四〇四）秋八月六日、百済王は阿直岐《あちき》を遣わして、良馬二匹を奉った。阿直岐はまたよく経書を読んだ。それで太子菟道稚郎子《うじのわきいらつこ》の学問の師とされた。天皇は阿直岐に、「お前よりもすぐれた学者がいるかどうか」といわれた。「王仁《わに》というすぐれた人がいます」と答えた。

十六年（四〇五）春二月、王仁がきた。

二十年（四〇九）秋九月、倭漢直《やまとのあやのあたい》の先祖、阿知使主《あちのおみ》がその子の都加使主《つかのおみ》、並びに十七県の自分のともがらを率いてやってきた。


弓月君については、『新撰姓氏録』によれば秦の始皇帝の後裔で新羅系とされますが、百済系の応神大王を頼って渡来しているのであり、また、弓月君が引き連れている人民の渡航を新羅は阻止していることから、新羅系ではなく百済系です。

応神天皇紀十六年八月の条には、新羅によって加羅国に留め置かれている弓月君の人民を連れてくるように精兵と指揮者を新羅へ向かわせ、襲津彦と共に還ったと書かれていますが、この出来事は応神大王と百済が一体でなければ成し得るものではありません。

『古事記』には次のように書かれています。

建内宿祢命が渡来人たちを引き連れ、渡来の堤防技術の池として、百済池《くだらのいけ》を作った。また、百済の照古王（筆者注・近肖古王の誤り）が、牡馬一頭・牝馬一頭を阿知吉師《あちきし》に添えて献上した。この阿知吉師は、阿直史《あちのふびと》らの祖先である。また、大刀と大鏡とを献上した。また、天皇は百済国に、「もし賢人かいるならば献上せよ」と仰せられた。そして百済国王がこの仰せを受けて献上した人は、名は和迩吉師《わにきし》である。論語十巻と千《せん》字文《じもん》一巻、併せて十一巻を、この人に副《そ》えて献上した。この和迩吉師は文首《ふみのおびと》らの祖先である。また技術者としての朝鮮鍛冶の名は卓素《たくそ》、また呉の機織り女の西素《さいそ》の二人を献上した。また、秦造《はたのみやつこ》の祖先に当たる人・漢直《あやのあたい》の祖先に当たる人と、酒の醸造法を知る人、名は仁番《にほ》、別名須須許理《すすこり》らが渡来した。

（『古事記』　中村啓信）

このようにして、時代の最先端技術と知識を持った人々が百済から多数渡来しています。

機織りと書いて「はたおり」と読むように、百済から渡来した人々の多くは秦姓《はた》を名乗っています。辰韓の「辰《しん》」と「秦《しん》」の字面《じづら》が通じるため秦氏《はたうじ》の祖先は新羅人とする説がありますが、秦姓は百済から列島に渡って来た人々が姓名を付けるようになった時に選んだのが、「ハタ」を秦の始皇帝にあやかって「秦」としたのだとする説もあります。

ハタの語源はカラ語のパダと主張するのが金 容雲で、弓月君が率いる百二十県もの大集団と阿知使主が率いる十七県の集団もすべてが百済人であり、熊津百済から海を渡って来たので、海から来たという意味のカラ語のパダからハタになったと説いています。

百済からの大集団が列島で初めに定着した地は豊前国です。大宝二年（七〇二）の戸籍台帳によれば、人口の九割以上が秦姓とありますので渡来した農民の多くは九州で留まり、技能集団はさらに東進して大和へ向かったのでしょう。

百済池らしきものが、応神天皇紀七年九月の条に書かれています。「高麗人・百済人・任那人・新羅人等が来朝した。武内宿禰に命ぜられ、諸々の韓人らを率いて池を造らせた。そこでその池を韓人池《からひとのいけ》という」。『古事記』にも記述があり、「建内宿祢命が渡来人たちを引き連れ、渡来の堤防技術の池として、百済池を作った」。

それまでにはなかった土木技術に目を見張ったことが伺えます。

秦氏の土木技術が最大限に生かされたのが、都を平城京から平安京へ遷都するのにあたって行われた、京都盆地の非常に大規模で全面的な土木改修工事です。

京都盆地には桂川に鴨川という二つの大きな川が流れていますが、いずれも山から流れてきた川が急に開けた盆地へ出るために氾濫が頻発し、治水対策なくしては平安京の造営もかないません。

秦氏は二つの大規模な治水工事を行いました。

その一つが、桂川の上流、嵐山の近くに設けた大堰《おおぜき》です。葛野《かどの》の大堰と呼ばれる堰を設けて大水の時の水の勢いを緩め、付近には桂川の水を取り込んで田畑に給水しました。

もう一つが鴨川の付け替えです。京都盆地の北端にある上賀茂神社の所に流れ出てきた自然の鴨川は、下鴨神社の方に南東へ流れ、そこで大きく屈曲して盆地の中心部の方へ南西の方向に流れていたと思われます。

二条城の南に隣接してある五十メートル四方ほどの、現在では小さな神泉苑という池は、二条城自体が神泉苑に湧く水を取り込む目的で築かれたように、かつては広大な池が盆地の中央部にありました。また、鴨川を越えた東山の麓にある八坂神社の地下水は、神泉苑とつながっているという言い伝えが表すように、東山から流れてきた水は現在の鴨川を突き抜けて、盆地の中央にある神泉苑へ注いでいたとみられます。

これらの話は、盆地の中央にある神泉苑は周囲の地下水を集めていた所で、自然の川は地下水の流れの上にあることから鴨川は神泉苑に注ぎ、さらに南の方へ流れ出ていたということになります。

現在の鴨川の河床は盆地の中央部よりも高く、平安京を造るために下鴨神社から大きく屈曲して盆地を流れていた鴨川の流路を変え、下鴨神社から真南へ鴨川の流れを付け替えたのではないか、と私は考えます。

鴨川は、下鴨神社から真南に流れて平安京の東側を通り抜けると、定規で引いたように南西の方向へ向きを変えます。この不自然な流路は秦氏の土木工事でなされ、そうして平安京となる広大な土地の造成工事が進められて現在の京都がある、と思います。

こうした難工事は、秦氏の協力なしでは成し得なかったことでしょう。

加耶勢力を打倒した百済勢力の応神大王は、王権が加耶勢力から百済勢力に代わったことが呼び名の違いからも知ることができます。

応神大王の和風諡《し》号は誉田天皇で、「ほむたのすめらみこと」と読みます。天皇の諡号を「すめらみこと」と読むのは神武天皇から変わりません。神武天皇の和風諡号は、神日本磐余彦天皇と書いて「かむやまといわれびこのすめらみこと」と読みます。

天皇の「天」をスメラと読むのはカラ語のソモリから来ているという説を〝カラ語が訓

読み〟の所で述べましたが、『古事記』には応神天皇の記述の中に天皇を「おおきみ」と仮名がふっています。

また、応神天皇の陵《みささぎ》は誉田山古墳とされ、誉田を「こんだ」と読みます。この違いについて金 容雲の説を参考にして考えれば、次のようになります。

「こんだ」を遡れば「コンタ」となり、「コン」はカラ語の「クン」から来たもので、クンは大きいことを意味します。狗奴（クナ）がクンナラ（大国）から転訛したことと同じです。

「タ」は「チ」が転訛したもので、「チ」はシト（人）を意味します。〝加耶王東征〟の所で、シトは「大加羅国の王の子、名は都怒我阿羅斯等《つぬがあらしと》、またの名は于斯岐阿利叱智干岐《うしきありしちかんき》という」と使われています。このシトが唯一残っているのが日本語の「ひと」（人）だとします。

つまり、クンチが「こんだ」になったというわけです。クンチは「おおと」となって「大きい人」を意味し、「大きい人」とは「大君（おおきみ）」のことで、「おおきみ」は百済語だというのです。

『古事記』では品陀和気命と書いて「ほんだわけのみこと」と読みます。「こんだ」が「ほんだ」となり、この「ほんだ」が転じて「ほむた」になったと考えられます。

応神天皇陵（誉田山古墳《こんだ》）は大阪府羽曳野市《はびきの》誉田《こんだ》にある、墳長四百二十五メートル、後円部の高さは三十五メートルに及ぶ、百舌鳥《もず》古墳群の大仙古墳（伝・仁徳天皇陵）に次ぐ規模がある大古墳です。箸墓古墳の墳長が二百七十八メートル、後円部の高さが三十メートルですから、その規模が知れようというものです。

誉田山古墳がある大阪府東部の羽曳野市から藤井寺市にかけての、東西約二・五キロ、南北約四キロの台地上には百基以上（現存するものは八十七基）の大小の前方後円墳や円墳が集中していて、古市《ふるいち》古墳群と呼ばれます。

古市古墳群からさらに海寄りの堺市にはかつて百基以上の古墳がありましたが、戦後の宅地開発で半数以上が破壊され、現在では四十四基の前方後円墳があるのが百舌鳥古墳群です。

大和の古墳が山の辺の道沿いに特に多く集中しているのに対し、河内の国に古墳がまとまっているのも支配者の墓が大和から河内《かわち》へ移っていることを示します。古墳群が大和から河内へ移ったということは、列島を支配している加耶勢力が違う勢力にとって代わったということを示すものです。

第二期百済大王へ

応神大王が築いた百済系の王権は、武烈大王で途切れてしまいます。武烈大王が後継ぎのないまま、十八歳で早逝したためです。

『日本書紀』武烈天皇紀の冒頭に、こう書かれています。「一つも良いことを修められず、およそさまざまの極刑を親しくご覧にならないということはなかった。国中の人民たちはみな震えおそれた」。

父の仁賢大王が亡くなると、大臣《おおおみ》の平群真鳥《へぐりのまとり》は国政を独占して世情が乱れました。こうした状態の中で、武烈大王にとって彼の一生を左右する出来事が起こったのです。

若い武烈大王は物部麁鹿火大連《もののべのあらかいのおおむらじ》の娘、影媛《かげひめ》に好意を抱いて娶《めと》ろうと思いました。ところが影媛にはすでに連れ合いがいて、二人の間に割って入りました。そのことを知った武烈大王は怒り、大伴金村に命じて連れ合いの鮪臣《しびおみ》を殺させたのです。

武烈大王の奇行、蛮行はこうして始まり、妊婦の腹を割いて胎児を見、女たちを裸にして板の上に座らせて馬の交尾を見せ、感じた女は殺し、そうでない女は官婢にしてこれが楽しみであった、とあります。酒色に溺れた乱交の毎日が続き、後継ぎのないままに十八歳で死去したわけですが、武烈大王の死去は彼のみに留まらず、その後の列島への動向に大きな影響を及ぼしました。

武烈大王の代に、百済でも王の乱行があったことが『日本書紀』に書かれています。

武烈天皇紀四年春四月、（武烈大王は）人の頭の髪を抜いて樹の頂きに登らせ、樹の本を切り倒して、登った者を落とし殺して面白がった。

この年、百済の末多王が無道を行い、民を苦しめた。国人はついに王を捨てて、嶋王《せまきし》を立てた。これが武寧王《むねいおう》である。──百済新撰にいう。末多王は無道で、民に暴虐を加えた。国人はこれを捨てた。武寧王が立った。いみ名は嶋王という。これは琨岐《こんき》王子の子である。則ち末多王の異母兄である。琨岐は倭に向かった。そのとき筑紫の島について島王を生んだ。島から返し送ったが京に至らないで、島で生まれたのでそのように名づけた。いま各羅《かから》の海中に主島《にりむ》がある。王の生まれた島である。だから百済人が名づけて主島《にりむ》とした。

（『日本書紀』全現代語訳　宇治谷 孟）

この文章の中に、武烈大王以降の王統を継ぐ人物が散りばめられています。ところが、この後に卑弥呼も驚くような複雑怪奇な展開が待ち受けていて、これから歴史の痕跡を探りながら複雑怪奇な展開を追っていきたいと思います。

武烈天皇紀四年春四月の条には「百済新撰」を引用していますが、その中に四人の王の名があります。末多王、嶋王こと武寧王、琨岐王と蓋鹵王の四人です。

蓋鹵王《ケロワン》は百済第二十一代の王で、「こうろ王」、「がいろ王」などとも呼ばれています。漢城百済蓋鹵王の在位期間は四五五―四七五年ですが、高句麗軍の攻撃で落城し、王は数十騎を従えて城から逃れたものの高句麗兵が追跡して捕え、殺害したと「百済本紀」にあります。

蓋鹵王は高句麗の攻撃を受ける前に、もはや耐えきれないと悟って太子の文周《ムンジュ》と高官の木刕満致《モクリマンチ》に南行させ、百済復興を命じています。

漢城百済は百済を建国した弟の温祚が築いた都です。兄の沸流が初めに建国したミチュホルから南へ移って築き直した都が熊津百済（久麻那利）で、高句麗に敗北して難民となった漢城百済の人々は、やはり高句麗に敗北して倭へ向かって空いた熊津百済があった地を倭の雄略大王に与えられて、北の漢城百済から移っています。熊津百済があった地は、カラ語でクマナリ。高句麗は漢城百済を百残、久麻那利を利残と呼んで蔑《さげす》んでいました。

「百済本紀」に書かれている人物が、『日本書紀』雄略天皇紀にまとまって出てきます。

五年（四六一）夏四月、百済の加須利君《かすりのきみ》が、池津媛が焼き殺されたことを人伝てに聞き、議って、「昔、女を貢《たてまつ》って采女とした。しかるに礼に背《そむ》きわが国の名をおとしめた。今後女を貢ってはならぬ」といった。弟の軍君《こにきし》に告げて、「お前は日本に行って天皇に仕えよ」と。軍君は答えて、「君の命に背くことはできません。願わくば君の婦《みめ》を賜わって、それから私を遣わして下さい」といった。加須利君は孕んだ女を軍君に与え、「わが孕める婦は臨月になっている。もし途中で出産したら、どうか母子同じ船に乗せて、どこからででも速やかに国に送るように」といった。共に朝《みかど》に遣わされた。六月一日、身ごもった女は果たして筑紫の加羅島で出産した。そこでこの子を嶋王《せまきし》という。軍君は一つの船にのせて国に送った。これが武寧王《むねいおう》である。百済人はこの島を主島《にりむせま》という。

秋七月、軍君は京にはいった。すでに五人の子があった。――「百済新撰」によると、辛丑年《かのとうし》に蓋鹵王が弟の昆岐君を遣わし、大倭に参向させ、天王にお仕えさせた。そして兄王の好《よし》みを修めた、とある。

（『日本書紀』全現代語訳　宇治谷 孟）

『日本書紀』では加須利君と軍君は兄弟となっています。「百済新撰」でも蓋鹵王と昆岐は兄弟の間柄で、いずれの話をとっても昆岐は蓋鹵王の弟、つまり百済人になります。

初めに、昆岐の名について考えてみると、「昆」の音読みは「こん」、訓読みは「兄（あに）」です。「こん」はカラ語の「クン」が語源であったと思われます。次に、「岐」の語源はカラ語の「チ」だと思われます。昆岐はカラ語でクンチと呼ばれていたものが、昆岐になったと思われます。昆岐の「岐」は「支」とも書かれています。

中国の西部に、タクラマカン砂漠の南に崑崙山脈という、東西に伸びる長い山脈があります。崑崙山脈と書いて、クンルン山脈と読みます。音読みならばコンロン山脈となるはずですが、コンロンよりもクンルンと発音しやすいためにクンルン山脈となるのでしょう。「昆」はクンとも読めるのです。

なぜそう言えるのか。『日本書紀』には、昆岐の名に併せて軍君の名があることも紹介しています。「軍」の音読みは「ぐん」ですが、もう一つの音読みに「くん」があります。「くん」はカラ語の「クン」と一緒です。クンは「大きい」ことを意味し、韓国では現在でも使われています。

昆岐のもう一つの文字、「岐」の音読みは「き」、「ぎ」ですが、訓読みは「ちまた」です。道が分かれることからその名がついたと思われますが、「きまた」が「ちまた」になっていったと考えられます。

崑崙がクンルンと呼ばれているように、昆岐はクンチと呼ばれていたのでしょう。コンキはとても発音がしにくく、「コンキ」よりも「クンチ」の方が言いやすいためです。

軍君《くんきみ》とは「大きい君」のことで、「おおきみ」となります。「おおきみ」は百済語だとすでに述べていますが、「おおきみ」は日本では天皇のことで、「すめらみこと」とも読みます。

再び昆岐という言葉に戻って考えれば、昆岐はカラ語の「クンチ」ではないかと述べましたが、チはカラ語のシチからきていて、シチはシトのこと。私たち日本人が毎日使っているヒト（人）はこのシトが転訛したものです。

崇神大王の時に、加羅の国の王子が敦賀に着いて自分の名をこう告げていました。「大加羅国の王の子、名は都怒我阿羅斯等《つぬがあらしと》、またの名は于斯岐阿利叱智干岐《うしきありしちかんき》という」。

都怒我阿羅斯等は「角《つの》があるシト」のことで、于斯岐阿利叱智は「牛木ありシチ」と、「人」のことをシトあるいはシチと呼んでいます。

クンチもやはり「大きい人」のことで、「大きい人」は「おおしと」、「おおと」となります。「おおと」とは「おおきみ」のことです。

「おおと」の名がついた王がいます。男大迹天皇（おおどのすめらみこと）です。男大迹天皇とは継体大王のことで、「百済新撰」によれば蓋鹵王が息子の昆岐を倭へ遣わして天皇に仕えさせた、とあります。『日本書紀』の執筆者は、雄略天皇紀に軍君《こにきし》の名を使いながら、軍君は「おおと」だと暗示しているわけです。継体大王以降、大王のことを「おおきみ」と呼ぶようになっています。

『日本書紀』と「百済新撰」では共に昆岐は蓋鹵王の弟としますが、「百済本紀」には次のように書いてあります。

文周王紀三年（四七七）夏四月、王弟の昆岐が内臣佐平を拝し、長子の三斤を太子に封じた。五月、黒龍が熊津に現れた。七月、内臣佐平の昆岐が死んだ。

文周王の父、蓋鹵王は高句麗の攻撃を受けて城外へ逃走しましたが、高句麗兵の追っ手に殺害され、その年（四七五年）の内に即位したのが子の文周王です。文周王の弟が昆岐で、昆岐は佐平に任命されてわずか三カ月後に死んだ、となっています。

もし昆岐が蓋鹵王の弟であったならば、蓋鹵王が殺害されて王を継ぐのは昆岐となるのが普通です。王を継いだのは子の文周で、文周王を補佐したのは昆岐ですから、「百済本紀」に記されているように、昆岐は蓋鹵王の弟ではなく文周王の弟とする方が自然です。

当時の百済は非常事態宣言を発するほどに大変な状態でした。高句麗の攻撃で漢城百済は陥落し、王は殺されています。国民は難民となって南へ逃れたでしょう。漢城百済が滅んだという知らせを受けて倭の雄略大王がとったものが、雄略天皇紀に書かれている久麻那利を百済の汶州（文周）王に与えて窮地を救う、というものです。

久麻那利は応神大王家代々の土地でした。昆岐は故郷へ行き、兄の文周王と共に苦境の百済を打開するために奔走したことでしょう。なんとか窮地を脱したのを見届けて昆岐は倭へ戻ったはずです。百済で昆岐の姿を見せたのはわずか三カ月間。忽然と姿を消してしまったので、昆岐が佐平（大臣職に相当）に任命された三カ月後に死んでしまったとしたのではないでしょうか。

蓋鹵王に百済再興を命じられた文周王は、熊津百済があった久麻那利へ移って都を築き直し、王位を継ぎました。ところが、百済の流転は続きます。

優柔不断で国民に愛された文周王でしたが、兵官佐平に任命した解仇が実権を握ると権力を乱用して、文周王を無視するほどになったのです。王が狩りに出た際に解仇は刺客を使って襲わせ、殺してしまいました。文周王は在位がわずか三年で終わりました。

文周王を継いで王に就いたのが、子の三斤王《サムクンワン》です。年齢わずか十三歳。軍事と政権を握る解仇に頼らざるを得ないという状況での王位継承です。

三斤王紀二年（四七八）春、若い三斤王が解仇のあまりの狼藉ぶりに反発を示したのか、解仇は仲間と民衆を城に集め、反乱を起こしました。王は二度の討伐軍を出してようやく解仇を討つことができました。

ところが三斤王はその翌年（四七九）に死去し、王位を継いだのが昆岐の子、東城王《トムソンワン》ということになります。

継体天皇の謎

男大迹天皇《おおどのすめらみこと》は昆岐だと私は述べましたが、記紀にはもちろんそのようなことはまったく触れてはいません。

『古事記』は簡単で、「品太王《ほんだのみこ》（応神天皇）の五世の子孫、袁本杼命《おほどのみこと》は磐余《いわれ》の玉穂宮《たまほのみや》においでになって天下を統治された」とだけで、後は長い系譜が続き、終わりに「この天皇の御代に、筑紫君の石井《いわい》が天皇の命令に服従せず、無礼なことが多かった。そこで、物部荒甲《もののべのあらかいのおおむらじ》大連と大伴金村連《おおとものかなむらのむらじ》の二人を派遣して石井をお殺しになった。天皇の御寿命は四十三歳。丁未の年の四月九日に崩御なさった。御陵は、三島の藍陵《あいのみささぎ》である」とあります。

『日本書紀』は詳しく書かれていますが出自についてはごく簡単で、「男大迹天皇――ま

た の名は彦太尊《ひこふとのみこと》――は、応神天皇の五世の孫で、彦主人王《ひこうしのおおきみ》の子である。母を振媛《ふるひめ》という。振媛は垂仁天皇の七世の孫である」と書いているだけです。ここで言えることは、継体天皇は正当な血筋を継いだ大王である、ということを主張しているだけで、何世も代を継いでいるのにその系譜が書かれていないのは不自然です。そう主張しながら、振媛というどこか怪しげな名にいぶかしさも感じられます。

ただ、記紀に共通するのは、王の名は「おほと」または「おおと」と、「おおと」の名で呼ばれていることです。

継体大王の出自は記紀の記述ではあまり頼りになりそうもないと思いますが、『日本書紀』はその後の経過を詳しく書いています。

武烈大王の乱れに乱れた人生は十八年で閉じてしまい、子がいないので王統が万世一系を続くためには世継ぎの王がいなければなりません。そこで大王家の血筋がある人探しがすぐに始まります。

丹波国に仲哀大王の五世の孫がいると大伴金村は迎えの一団を派遣しましたが、遠くから望見していた倭彦王《やまとひこのおおきみ》はその一団を軍隊の攻撃と見て山中に遁走し、行方不明となりました。

次に大伴金村が向かわせたのは越前国の三国にいる男大迹王です。継体天皇紀元年（五〇七)、大王は一月十二日河内国交野郡葛葉《かたのごおりくずは》の宮に入り、二月四日に璽符《みしるし》の鏡と剣を大伴金村から受けています。

さらに五年後(五一二)には宮を山城の綴喜《つつき》に移し、その六年後(五一八)には綴喜から山城国乙訓《おとくに》に宮を移しています。そうして大和の磐余《いわれ》の玉穂宮《たまほのみや》に宮を移したのは、大王に即位してから二十年後で、武烈大王の死去から通算すれば二十年間は大和に大王が不在だったことになります。

継体大王が大和へ入るまでに二十年を要したことについては、その原因が武烈大王に起因するのではないかと考えます。

国を支配する大王がいなかったわけですから、有力者が代行して行ったか、もしくは有力者が協議をして国の管理や運営を行っていたはずです。しかし、運営を行っていると、各有力者とそれに絡む配下の間で必ずと言ってよいほどに利害対立が生じてきます。さらに勢力争いも加わり、複雑な様相を呈してきたものと思われます。

そのような状態が五年、十年と続けば、大王不在の権力闘争が激しさを増し、いくら大王家の血筋を継いでいるからとは言え、国の中央へ至るには有力者間の権力闘争の余波をまともに浴びてしまうことになったでしょう。

継体大王、すなわち昆岐は葛葉宮で五年、綴喜で六年、乙訓で八年滞在し大和に至る、とまるで神武東征を再現したような経過を経ています。
しかも、葛葉宮では大伴金村から璽符の鏡と剣を緊急事態で受け取ったような気配が感じられます。権力闘争の間隙を突いて、大伴金村が大王位継承の印を継体大王へ渡したと思われます。

また、継体大王が大和へ至るまでの足跡を追ってみると、北陸から淀川水系を経ていることが伺えます。

継体大王の生まれが越前の三国と遠いのは出自を曖昧にして関心を逸らすためですが、大伴金村は初めに大王を継ぐ候補として丹波の国へ使いを向かわせています。敦賀付近は、応神大王の代に加耶勢力の力が及ばない百済勢力が支配していました。恐らく、継体大王も敦賀の辺りから琵琶湖を通って宇治川を下って淀川に入り、百済人が多く住む葛葉を最初の都としたはずです。

葛葉は現在では楠葉となりましたが、『古事記』には初め屎褌《くそはかま》、それが久須婆《くすば》になったと書かれています。「久須婆で戦いがあった時、攻め込まれて苦しくなった兵は脱糞してしまい、褌《はかま》にかかりそれからその地に名付けて屎褌という」とあります。

楠葉は京都盆地を流れてきた桂川と鴨川に、琵琶湖から流れ出た宇治川と笠置の方から流れてきた木津川が合流して淀川となり、大山崎の隘路を抜けた所の要衝の地で、百済人が大勢住んでいました。そのために、一帯は古く百済郡が設けられていたほどです。次に遷宮したのが近くの綴喜（筒城とも）で、その次が乙訓（弟国とも）。このような足踏み状態の遷宮を繰り返したのも、大和は大伴一族とは別の勢力の力が強く、大王位を継いだとは言えども大和へ入るのは容易ではなかったのではないか、と推測をします。

継体大王が大和へ入るまでに淀川沿いで遷宮を繰り返していますが、継体大王即位の四年前に作られた「男弟王《おおと》」の銘がある鏡、「隅田八幡宮人物画像鏡」の銘文はそのことを物語っているように思います。

和歌山県橋本市にある隅田《すだ》八幡神社が所蔵する、国宝「隅田八幡宮人物画像鏡」の銘文は次の通りです。

癸未年八月日十大王年男弟王在意柴沙加宮時斯麻念長寿遣開中費直穢人今州利二人等取白上同二百旱作此竟

癸未《みずのとひつじ》の年八月、日十大王の年、男弟王《おおとおう》が意柴沙加宮《おしさかのみや》に在《いま》す時、斯麻《しま》は長寿を念じて開中費直《べちゅうこおりちか》と穢人《わいじん》の今州利《こんつり》の二人らに上質の白銅を取らせ、この鏡を作った。

この読み下しには各説がありますが、癸未は五〇三年、男弟王はオオト王で昆岐すなわち継体大王のこと、斯麻は百済の島王のことで、「五〇三年日十大王の年、島王がオオト王の長寿を念じて上質の白銅を使い、この鏡を作った」と読めます。

問題は「日十大王」をどう読むのかということですが、「日十」は「十日」の誤記ではないかとする説が少なからずあり、もしそうだとすれば「八月十日大王」となって何を言っているのか分かりませんし、第一、大王への贈り物に明らかな誤りをするとは思えません。どう解釈したら良いのかお手上げ状態、といったところが現状のようです。

この「日十大王」について、要約すると金 容雲は次のような解釈をしています。

「日十」の万葉（吏読《りとう》）式読み方は、「日」は「カ」と読み、「十」は「ソ」でカソと読む。ソは最高位を意味し、日十大王は扶余（百済）の最も位の高い王のことだ。日十大王年の「年」に意味はなく、男弟すなわち昆岐が百済と強い絆を持っていることを示すために男弟王の名が入った鏡を多く作り、有力な豪族に配ったのだろう。扶余とは百済建国の祖、沸流と温祚の祖地のことです。

継体大王が葛葉の宮で即位したのが五〇七年ですから、その四年前には昆岐はすでに実質的な大王として動いていたことが伺えます。裏返して言えば、それだけ中央の高官が力を持っていたということになります。

男弟王に鏡を贈ったとする斯麻は、〝第二期百済王へ〟の所で『日本書紀』雄略天皇紀に登場する嶋王のことですが、同じく〝第二期百済大王へ〟の武烈天皇紀の所でも島王として出てきます。

島王の名の由来が『日本書紀』に書かれています。

雄略天皇紀には、百済の加須利君が弟の軍君（昆岐のこと）に「日本の天皇に仕えよ」と命じた際、軍君は加須利君に「君の婦《みめ》を賜ってから遣わして下さい」と願って臨月の婦人が与えられ、九州の島で出産したので島王の名が付いたと書かれています。

昆岐は兄の婦人を望み、しかも兄は臨月の婦人を昆岐へ与え、九州に渡ってから出産していますがなんとも不可解な話です。

この図式は応神大王の時にもありました。臨月の神功皇后が新羅へ行って征伐し、九州に戻ってから応神大王を産んだというものですが、島王はそのようなややこしい経路を経て生まれたのではなく、朝鮮半島で生まれた子が日本列島で育ち、半島へ渡って武寧王として王統を継いだのではないかと思います。そのことについては、次の〝黄昏の百済〟で書くことにします。

なぜこのように複雑な筋書きになるのか理解に苦しみますが、『日本書紀』の編纂者は明らかな意図の上にこの二つの筋書きを組み立てています。それは、天皇になる人物は日本で生まれなければならない、という大原則のためです。

しかも、雄略天皇紀には「軍君が京に入った時にはすでに五人の子があった」と書かれています。この複雑な話は、継体大王の最期が壮絶なものではなかったのか、ということと結びついていくのです。継体天皇紀の末尾に『百済本記』が引用されていて、そこにはこう記されています。

二十五年春二月、天皇は病が急に重くなった。七日、天皇は磐余の玉穂宮で崩御された。時に八十五歳であった。

冬十二月五日、藍野陵（摂津国三島郡藍野）に葬った。

――ある本によると、天皇は二十八年に崩御としている。それをここに二十五年崩御としたのは、百済本記によって記事を書いたのである。その文に言うのに、「二十五年三月、進軍して安羅に至り、乞屯城《こっとくのきし》を造った。この月高麗はその王、安を弑した。また聞くところによると、日本の天皇および皇太子・皇子皆死んでしまった」と。これによって言うと辛亥の年は二十五年に当る。後世、調べ考える人が明らかにするだろう。

（『日本書紀』全現代語訳　宇治谷 孟）

『日本書紀』は『百済本記』を引用しながら、聞くところによると継体天皇は皇太子や皇子と共に皆死んでしまった、と風説を紹介するような調子で書いています。つまり、継体大王は自然死で死んだのではなく、皇太子や皇子も皆死んだとあるので大王位継承を巡っての殺人事件ではないか、と思えます。

もし武烈大王のように王統を継ぐ人がいない状態で死去してしまえば、王統はそこで途切れてしまいますが、継体大王の場合には王統を継ぐ人がいたとすれば王統は途切れずに継がれていきます。ただ、王統を継ぐ人間がもしも継体大王の実子だとしたら……。

国の史書である『日本書紀』にはとても残すことのできない、忌まわしい出来事であり、何よりもそのような忌まわしい出来事自体が存在してはならないのです。しかし、その忌まわしい出来事があった——。

そこで必要となるのが『日本書紀』という史書の中で、皇位継承をさせる人物。それが加須利君の孕んだ婦人が九州の島で産む子ではないか、とこう私は推測をします。

継体大王が八十二歳で崩御され、『日本書紀』にはその後を継体天皇の長子である安閑天皇が継いで三年足らずで崩御し、継体大王の第二子の宣化大王が継いで五年足らずで崩御とあります。もしこれが、継体天皇紀の末尾に付記されている『百済本記』を引用した「聞くところによると、日本の天皇および皇太子・皇子皆死んでしまった」ということが事実であれば、安閑大王と宣化大王は存在せず殺害されたことになります。

『日本書紀』と『百済本記』の食い違いは、どちらかが事実を隠して偽っていることになります。

昆岐は倭へ渡る時にはすでに五人の子があった、と『日本書紀』に書かれています。五人の子とは、第一子は安閑天皇で、「勾大兄広国押武金日天皇《まがりのおおえひろくにおしたけかなひのすめらみこと》（安閑天皇）は継体天皇の長子である」と安閑天皇紀に書かれています。

第二子は宣化天皇で、「武小広国押盾天皇《たけひろくにおしたてのすめらみこと》は継体天皇の第二子で、安閑天皇の同母弟である」と宣化天皇紀に書かれています。

第三子は雄略天皇紀に書かれている末多《また》王で、「二十三年夏四月、百済の文斤王がなくなった。天皇は昆岐王の五人の子の中で、二番目の末多王が、若いのに聡明なのを見て、詔して内裏へ呼ばれた。親しく頭を撫で、ねんごろに戒めて、その国の王とされた。兵器を与えられ、筑紫国の兵士五百人を遣わして、国へ送り届けられた。これが東城王《とうせいおう》である」とあります。その国とは百済のことで、百済の文斤王がなくなったので百済へ渡って東城王になったと書いています。

雄略天皇紀には昆岐王の第二子とありますが、若いのにと書かれているので第三子である可能性が高いと思われます。

ところが若くて聡明なはずの東城王は暴虐をして百済の国民から見放されてしまい、弟の武寧王が百済へ渡って後を継いだと書かれています。

以上で登場した昆岐の子は四人になります。昆岐の子は倭へ渡る時にはすでに五人の子があった、とありますので残るのはもう一人。その一人が昆岐、すなわち継体大王を継いだことになるわけです。

注目すべきは、宣化天皇紀に「大伴金村大連を大連とし、物部麁鹿火大連を大連とすることは変わらず、また蘇我稲目宿禰《そがのいなめのすくね》を以って大臣《おおおみ》とした」と、蘇我稲目が重臣として『日本書紀』に出ていることです。まるで継体大王の死去と入れ替わるようにした蘇我氏の表舞台への登場は、その後の歴史に大きな影響を及ぼしていくことになるのです。

黄昏の百済

高句麗の攻撃で城から逃走した蓋鹵王でしたが、城外で高句麗兵に捕捉されて殺害されたのが四七五年のことです。その年に子の文周王が王位を継ぎ、倭の援助を受けて都を陥落した漢城から熊津（久麻那利）へ移しました。ところがそのわずか二年後（四七七）に、実権を握っている解仇が放った刺客に文周王は殺害されてしまいました。

急遽文周王の子、三斤王が十三歳で王位を継ぎましたが、父の殺害者の解仇に頼らざるを得ず、即位した翌年（四七八）に乱をおこした解仇をようやく誅殺することができました。それも束の間、その翌年（四七九）に三斤王は死去。王位を継いだのが昆岐（継体大王）の子、東城王です。

ところが、若くて聡明な王であるはずの東城王が、実は大変な王であったことが後に分かります。それが〝第二期百済王へ〟の所で登場した末多王です。

武烈天皇紀四年の条に、末多王は無道を行い、民に暴虐を加えたので国民は末多王を捨て、嶋王を立てた。これが武寧王である、と書かれています。

話の筋道が入り組み、複雑になりましたので一度整理をしてみることにします。

百済の蓋鹵王が高句麗に殺されたので、長子の文周王が王位を継いだ。文周王は百済の都を、落城した漢城百済から熊津（久麻那利）へ移した。昆岐は遷都にあたって文周王を補佐した。このことから、『日本書紀』では昆岐は蓋鹵王の弟となっているがそうではなく、文周王の弟、つまり蓋鹵王の子である。

昆岐は百済から倭へ行き、継体大王となった。この時、継体大王にはすでに五人の子があった。百済では二、三年間で目まぐるしく王が代わった。百済では三斤王がなくなったので王位を継ぐために継体大王の子、末多王が百済へ渡って東城王となった。東城王は民に暴虐を加えたので国民はこれを捨て、末多王の弟が百済へ渡って武寧王となった。

『日本書紀』では武寧王（島王）は蓋鹵王の子になっているが、蓋鹵王の長男の文周王が王位を継ぎ、その後を文周王の長男の三斤王が継いだが三斤王が若くして亡くなったので、継体大王の子の東城王が継ぎ、それを武寧王が継いでいるので武寧王は蓋鹵王の子ではない。継体大王の子の可能性が高い。すなわち、『日本書紀』の島王の話は作り話である。

『日本書紀』には、継体天皇は病が重くなって磐余の玉穂宮で崩御され、その後を長子の安閑天皇が継ぎ、さらに第二子の宣化天皇が継いだことになっているが、それは偽りで、『百済本記』が記すように「日本の天皇および皇太子・皇子皆死んでしまった」ことが真相となる。

それにしても、『日本書紀』はなぜこのように複雑な筋書きで書かれているのでしょうか。それはひとえに、日本の天皇は国外から渡来した人間ではなく日本生まれの万世一系である、とするためにその出自を曖昧にしているからです。

日本の国が生まれる場面からしてもそうでした。日本の天と地が初めて開ける時に突如として日本の天上に高天原が出現し、独り神が成りました。独り神の中に高皇産霊尊がいます。もっとも、高天原は天上にあるので誰も見ることはできないので出現したとは言えませんが、とにかく地上とは別世界が日本の天上にできました。

高天原にイザナキとイザナミという二柱の神が成り、国生みと神生みをしました。そうしてニニギという神が天降り、高天原は天上から消え去ります。と言うことは、高天原が日本の天上にできたのではなく、神話の都合の良いように高天原を作り出したということになります。

ニニギの子孫のイワレヒコが九州から大和へ東征して橿原に都を定め、イワレヒコは神武天皇になったとするのですが、神の生まれ故郷とも言うべき高天原が日本の天上でないならば、列島以外の所で神が生まれたというか、成ったということになります。

応神大王もそうです。臨月の神功皇后が海を渡って新羅を討ち、九州に戻ってから生まれています。何も臨月の女性が男装して大活躍することもないと思いますが、そのような筋書きです。ですから、どこで応神大王が生まれたのか九州の生まれた場所を追及しても意味はありません。

継体大王もやはり出生地がはっきりしません。越前国の三国から来たとありますが、出生地は三国のどこかを追及しても応神大王同様に意味がありません。作られた話だからです。

それよりも、武烈天皇紀の執筆者は重要な指摘をしています。

「今考えるに、島王は蓋鹵王の子である。末多王は琨岐王の子である。これを異母兄というのはまだ詳しく判らない」（〝第二期百済大王へ〟を参照）。

『日本書紀』には次のように書かれています。蓋鹵王が弟の昆岐に「日本へ行って天皇に仕えよ」と命じ、昆岐が「天皇の婦人を賜りたい」と願って与えられた臨月の女性が九州の島で子を産み、その子が島王でした。この話では島王は蓋鹵王の子ということになります。

一方の「百済新撰」に書かれているのは、「武寧王のいみ名は嶋王という。これは琨岐王子の子である」となっています。嶋王は琨岐の子になります。

武烈王紀の執筆者は執筆中に「百済新撰」との違いに気づき、『日本書紀』には誤りがあるのではないか、と注記を加えているわけです。

ただ言えることは、百済と倭はまるで一つの国のように王や高官が相互間を行き来していることです。

継体大王がようやくにして磐余の玉穂宮に入った翌年（五二七）、任那と倭の行き来を阻止される事件が起こりました。磐井《いわい》の乱と呼ばれる戦いです。

『日本書紀』には、新羅に占領された南加羅《ありひしのから》と喙己呑《とくことん》を回復するために近江の毛野臣《けなのおみ》が兵六万を率いて任那へ向かったが、新羅と通じた筑紫国造の磐井が交戦して遮った、とあります。そこで物部麁鹿火大連《もののべのあらかいのおおむらじ》に命じ、一年三カ月に及ぶ死闘の結果磐井は斬られて戦いが終わったというものです。

南加羅と喙己呑は加耶諸国の内の二国ですが、二国の奪還のために大軍を投じて一年余に及ぶ戦いをしたのか、という疑問が拭えません。もっと他に大きな理由があったのではないか、と思えます。『日本書紀』には新羅に占領された二国の奪還が目的とありますが、この戦いの本質は、新羅が任那への倭の渡航を阻止したということです。

倭は新羅に阻止されましたが、それでも倭は任那へ向かわなければならなかった。なんとしても任那へ行かなければならない、倭が総力を挙げて新羅の支援を受けた磐井と戦う理由が、倭にあったと思われます。

加耶二国の奪還は名目上のもので、倭が任那へ行きたいとするのは任那で産する鉄だったはずです。任那は高霊とならぶ鉄鉱石の産出地で、任那へ行きたい倭を阻止しようとする磐井は新羅と通じていると書かれています。

新羅の支援を受けた磐井は頑強な抵抗を続け、一年余に及んだ「磐井の乱」で倭は磐井に勝ちはしましたが、国力はかなり疲弊したことでしょう。

押し開いた大王「欽明天皇」

『日本書紀』には、継体天皇は磐余の玉穂宮で崩御され時に八十二歳、その日に長子の安閑天皇が即位して二年で崩御、その日に第二子の宣化天皇が継いで四年で崩御され、次に皇位を継いだのが欽明《きんめい》天皇と書かれています。

皇位を継ぐには系譜が最も大切です。いわゆる血筋です。例えば、応神大王を継いだ仁徳大王は、「大鷦鷯天皇《おおさざきのすめらみこと》（仁徳天皇）は応神天皇の第四子である。母を仲姫命《なかつひめのみこと》という。五百城入彦皇子《いおきいりびこのみこ》の孫である」とあります。

欽明大王の系譜については、次のように書かれています。

「天国排開広庭天皇《あめくにおしはらきひろにわのすめらみこと》（欽明天皇）は継体天皇の嫡子《ひつぎのみこ》である。母を手白香皇后《たしらかのきさき》という。（即位された）年はまだ若干《そこばく》である」。

〈ちゃくし【嫡子】（名詞）①あとつぎの子。よつぎ。②正妻から生まれた子。嫡出の子〉の意味からすれば、欽明大王は継体大王の正妻の子になります。継体大王の長子の安閑大王の母は目子媛《めのこひめ》で、第二子の宣化大王は安閑大王と同母兄弟とあるので欽明大王とは異母兄弟という関係です。欽明大王の即位した年齢が若干なら、即位してから三十二年後に亡くなりましたが死亡した時の年齢もやはり「時に年若干《みどしそこばく》」。

〈そこばく【若干】（名詞）いくらか。いくばく。そくぼく〉とあるので、皇位を継いだ年齢がそこそこなら、死去した年齢もそこそこと、いかにも胡散臭い雰囲気がいっぱいです。〝胡散臭い雰囲気〟とは、『日本書紀』継体天皇紀の末尾に注記されている、『――ある本によると、天皇は二十八年に崩御としている。それをここに二十五年崩御としたのは、百済本記によって記事を書いたのである。その文に言うのに、「二十五年三月、進軍して安羅に至り、乞乇城を造った。この月高麗はその王、安を弑した。また聞くところによると、日本の天皇および皇太子・皇子皆死んでしまった」と。これによって言うと辛亥の年は二十五年に当る。後世、調べ考える人が明らかにするだろう』という記述のことです。

欽明大王は実父の継体大王と異母兄弟を殺害し、「百済本記」に書かれているように血生臭い事件によって大王位を収奪してしまったのではないか、ということに通底していると思えてなりません。

欽明大王が生まれることになったいきさつについて、『日本書紀』継体天皇紀元年の条に詳しく書かれています。

十日、大伴大連が、「古来の王が世を治め給うのに、たしかな皇太子がおられないと、天下をよく治めることができません。睦まじい皇妃がないと、よい子孫を得ることができないと聞いております。その通り清寧天皇は、跡嗣がなかったので、私の祖父の大伴大連室屋に命じて、国毎に三種の白髪部を置かせ――三種というのは、一に白髪部舎人・二に白髪部供膳《かしわで》・三に白髪部靫負《ゆけい》である。――自分の名を後世に残そうとされました。何と痛ましいことではありませんか。どうか手白香皇女《たしらかのひめみこ》を召して皇后とし、神祇伯《かむつかさのかみ》らを遣わして、天神・地祇をお祀りし、天皇の御子が得られるようお祈りして、人民の望みに答えて下さい」と奏上した。天皇は「よろしい」といわれた。

三月一日詔して、「天の神・地の神を祀るには神主がなくてはならない。天は人民を生み元首を立てて人民を助け養わせ、その生を全うさせる。大連は朕に子のないことを心配し、国家のために世々忠誠を尽くしている。決してわが世だけのことではない。礼儀を整えて手白香皇女をお迎えせよ」といわれた。

五日、手白香皇女を立てて皇后とし、後宮に関することを修めさせられた。やがて一人の男子が生まれた。これが天国排開広庭天皇《あめのくにおしはらきひろにわのすめらみこと》（欽明天皇）である。この方が嫡妻の子であるが、まだ幼かったので二人の兄が国政を執られた後に、天下を治められた。――二人の兄は安閑天皇と宣化天皇である。

（『日本書紀』全現代語訳　宇治谷 孟）

大伴大連がぜひ手白香皇女を娶って正妻としてください、と継体天皇に懇願する手白香皇女とはいかなる女性かわかりませんし、正妻を強調するのも胡散臭いものです。しかも継体天皇は「朕にはまだ子がない」と答え、大伴大連は「皇太子を」と願っています。

そのような会話が交わされている一方で、欽明天皇には二人の兄があり、二人の兄が国政を執られた後に欽明天皇は天下を治められた、というのです。見え透いた作り話であることは一目瞭然です。

大伴大連の口を借りれば、「継体天皇はその内に実子に殺される運命にありますので、正妻を娶って皇太子を生まれたことにしなければ、とても国の正史として残せるものではありません」と言うことになりましょう。

では、欽明大王となった人は継体大王の子の内誰なのか。軍君は京へ入る時にはすでに五人の子があった、と雄略天皇紀にありました。

安閑天皇紀に、「継体天皇の長子である」と書かれている安閑天皇とされる人が第一子です。第二子は、安閑天皇の同母弟で宣化天皇とされる人です。第三子は、百済へ渡って東城王となった末多王《またおう》でしょう。雄略天皇紀には次のように書かれています。

二十三年夏四月、百済の文斤王がなくなった。天皇は昆支王の五人の子の中で、二番目の末多王が、若いのに聡明なのを見て、詔して内裏《だいり》へよばれた。親しく頭を撫《な》で、ねんごろに戒めて、その国の王とされた。兵器を与えられ、筑紫国の兵士五百人を遣わして、国へ送り届けられた。これが東城王《とうせいおう》である。

ここでは第二子となっていますので、『日本書紀』には食い違いがあるものの大きな問題ではありません。ところが、若くて聡明なはずの末多王はとんだ食わせ者で、百済で無道を行い、民に暴虐を加えたので国民から見放されてしまいました。そこで新たな国王として倭から渡ったのが末多王の弟で、島王こと、武寧王です。

ところがこの島王、昆岐が倭へ向かう時に九州の島で生まれた蓋鹵王の子とされるものの、蓋鹵王の子ではなく、昆岐の子でした。ということは、島王は五人いる昆岐の子の最後の一人で、その一人を島王にしたということになります。

天皇となる人物は日本で生まれなくてはならないからです。そのために、百済から倭へ渡る時に昆岐にはすでに五人の子があったが、継体天皇を継ぐ人物は九州の島で生まれたとしたのです。

さて、欽明大王は即位した翌年（五四〇）に都を大和の磯城島《しきしま》に移しましたが、遷都してわずか二カ月足らずで大伴金村が失脚します。継体大王の擁立では中心的な役割を担っていた大伴金村ですが、代わって台頭してくるのが蘇我氏です。

蘇我氏の名が『日本書紀』に初めて出てくるのは、履中天皇紀です。

二年春一月四日、端歯別《みづはわけの》皇子《みこ》を立てて皇太子とした。冬十月、磐余に都を造った。このとき、平群《へぐりの》木菟宿禰《つくのすくね》・蘇賀《そがの》満智《まち》宿禰・物部《もののべの》伊莒弗《いこふの》大連《おおむらじ》・円《つぶらの》大使主《おおみ》らは、共に国の政治に携わった。

『日本書紀』に初出の蘇我満智が、国の要職に就いています。

『日本書紀』応神天皇紀二十五年の条にも木満致が出てきます。

二十五年百済の直支《とき》王が薨《こう》じた。その子の久爾辛《くにしん》が王となった。王は年が若かったので、木満致が国政を執った。王の母と通じて無礼が多かった。天皇はこれを聞いておよびになった。

――百済記によると、木満致は木羅斤資《もくらこんし》が新羅を討ったときに、その国の女を娶って生んだところである。その父の功を以って、任那（加耶）を専らにした。我が国（百済）にきて日本と往き来した。職制を賜り、我が国の政をとった。権勢盛んであったが、天皇はそのよからぬことを聞いて呼ばれたのである。

（『日本書紀』全現代語訳　宇治谷 孟）

百済にいる木満致が蘇我満智ではないかとする説があります。

「百済記」には木満致が百済と倭を往き来したと書かれています。木満致は、百済の直支王が死亡したので若い久爾辛が王の代わりに国政を執ったものの、王の母と通じていたので大王が倭へ呼び寄せたと『日本書紀』にあります。

木満致は百済と倭の両方の国に力を持っていたわけです。

百済の直支王は、『日本書紀』応神天皇紀十五年八月の条に、百済王は阿直岐《あちき》を遣わして良馬二匹を奉った、として出てきます。この阿直岐が直支王となるもので、渡来した翌年に父の阿花王が薨じ、応神大王は直支王に「あなたは国に帰って位につきなさい」と語っています。

百済の直支王が亡くなったのは四二〇年ですので、『日本書紀』によれば木満致は四二〇年に百済で国政を執ったことになり、『三国史記』に書かれている四七五年とは開きが大きいので別人とする説もあります。

しかし『日本書紀』と『百済記』を通じて言えることは、木満致は百済と倭を行き来し、加耶への影響も強い実力者であり、百済の王母ともただならぬ仲ではない人物だということです。蘇我満智は蘇我韓子《からこ》、蘇我高麗《こま》と代を継ぎ、蘇我稲目《いなめ》が生まれています。「韓子」や「高麗」と、半島の名残がふんぷんとする名です。

欽明大王には五人の妃がいますが、その内の二人が蘇我稲目の娘です。堅塩媛《きたしひめ》は七男六女を産み、長男は後の用明《ようめい》天皇に、次女は後の推古《すいこ》天皇となります。

もう一人は堅塩媛の同母妹で小姉君《おあねのきみ》といい、四男一女を産んでいます。長女は泥部穴穂《はしひとのあなほ》部皇女《べのひめみこ》で、用明天皇の大后となり、聖徳太子《しょうとくたいし》の母でもあります。四男は泊瀬部皇子《はつせべのみこ》で、のちの崇峻《すしゅん》天皇となります。

そうして政権の中心部に取り入った蘇我氏は、代を継ぐごとにその影響力を増していきました。

まるで突然のように登場した蘇我氏ですが、王族の中心部にまで深いつながりをもった蘇我氏とは一体何者なのでしょうか。そのヒントが『魏志』「扶余伝」にあります。

「扶余には王の下に牛加、馬加、猪加、狗加などの牛、馬、豚、犬と同じように動物の名前のつく加、すなわち貴族階級がある」と書かれ、牛加はソカと読みます。「牛」のカラ語読みは「ソ」です。「王」を意味する牛頭を「ソモリ」あるいは「ソシモリ」と呼びました。

つまり、蘇我氏は百済発祥の地、扶余の時代から続く名門の最高貴族というわけです。蘇我氏は大王の系譜ではないものの、倭の大王を凌ぐほどの歴史がある家系の「牛加《ソカ》」が蘇我姓の名の由来ということになります。

もし、『日本書紀』欽明天皇紀の末尾に書かれている「聞くところによると、日本の天皇および皇太子・皇子皆死んでしまった」ということが事実だとすれば、大王位を継ぎたい皇子の気持ちを察した蘇我氏が皇子に嗾《けしか》け、殺害を実行させたのではないかと思えます。そうかと言って、継体大王と皇太子、皇子の皆殺しはとても一人でできるものではありません。

蘇我稲目が大王位収奪の計画を取り仕切り、暗殺を行って欽明大王を即位させたのではないでしょうか。そうして企んだ大王位収奪計画を思惑通り行った稲目が真っ先に行ったものは、それまで政権の中枢にいた大伴金村の排除です。年はまだ若干の欽明大王が即位した翌年、大伴金村は失脚しています。

大王を凌ぐ馬子

年は若干《そこばく》の欽明大王が亡くなり、大王位を継いだのは欽明大王第二子の敏達《びたつ》大王です。大連《おおむらじ》は宣化大王の時の物部麁鹿火《もののべのあらかい》から物部守屋《もりや》に代わりましたが、大臣《おおおみ》は蘇我馬子がそのまま継続します。

仏教が欽明大王の時に百済から倭へ伝わり、蘇我稲目は仏教を信奉しますが物部氏は仏教を排し、神道《しんとう》を勧めて欽明大王にこう述べています。「わが帝の天下に王としておいでになるのは、常に天地社稷《あまつやしろくにつやしろ》の百八十神《ももつあまりやそがみ》を、春夏秋冬にお祀りされることが仕事であります。今始めて蕃神《あたしくにのかみ》（仏）を拝むことになると、恐らく国津神の怒りをうけることになるでしょう」。

物部氏と蘇我氏の権力争いは、宗教をめぐる争いとも絡んで激烈さは増すばかりです。蘇我馬子は、百済から弥勒菩薩石像ともう一体の仏像がもたらされると、その仏像二体を請い受け、高麗人の僧を師とし、仏殿を造って崇めました。

ところが馬子は病にかかり、国内には疫病が流行って多数の死者が出ました。この機を逃してなるものか、とばかりに物部守屋は直ぐに動きました。馬子が病にかかってから一週間足らずで守屋は敏達大王に奏上しています。

「どうして私どもの申し上げたことをお用いにならないのですか。欽明天皇より陛下の代に至るまで、疫病が流行し、国民も死に絶えそうなのは、ひとえに蘇我氏が仏法を広めたことによるものに相違ありませぬ」。

そこで「仏法をやめよ」と詔をした敏達大王は馬子が建てた仏殿と仏像を焼かせましたが、その因果か大王と守屋は流行っていた疱瘡に冒されてしまったのです。大王の病は重く、仏像を焼いた五カ月後に亡くなりました。

殯《もがり》が執り行われている際のことです。誄《しのびごと》を述べる馬子の姿を守屋は、「猟箭《ししや》で射られた雀のようだ」とあざけ笑いました。小柄な体に大きな太刀を下げた格好を、雀を大きな矢で射るようなものだと馬子を笑ったのです。

守屋が手足を震わせて誄を読む姿を馬子は笑ってこう言いました。「鈴をつけたら面白い」。

もともとが権力争いをしている二人なので、この殯での出来事は両者に抜き差しならぬものへと発展していく発端となりました。

敏達大王が疱瘡で亡くなった後を継いだのは、欽明大王の第四子、用明《ようめい》大王です。母は稲目の娘、堅塩媛。馬子が大臣で守屋が大連は変わりません。用明大王は、欽明大王と小姉君の間に生まれた穴穂部間人皇女《あなほべのはしひとのひめみこ》を皇后としました。小姉君も稲目の娘です。

穴穂部皇女は四人の子を生みましたが、長男が厩戸皇子《うまやどのおうじ》で、後の聖徳太子《しょうとくたいし》となります。また、用明大王は稲目の娘、石寸名《いしきな》との間にも子をもうけています。このように、蘇我氏は王族の外戚として深く広く浸透していくことになります。

こうした中である事件が起きました。敏達大王が亡くなった時に、穴穂部皇子が敏達大王の大后で後の推古天皇となる炊屋姫《かしきやひめ》を犯そうとしたのを、警護の責任者の三輪逆《みわのさかう》が門を開けずに防ぎました。このことを恨んだ穴穂部皇子は三輪逆を殺したのです。穴穂部皇子が起こした事件はそれだけに留まらず、やがて更なる問題へと広がっていきます。

用明大王は先代の敏達大王と同じく疱瘡で亡くなっていますが、病床に呼び寄せた群臣に「仏法に帰依したい。皆もよく考えてほしい」と告げたので、蘇我氏と物部氏の対立は激しさを増します。

用明大王が亡くなると、蘇我氏と物部氏の権力争いは新大王候補の殺害に至るまでになりました。

物部守屋が大王の擁立に図ったのは、穴穂部皇子です。穴穂部皇子は、敏達大王が崩じた時に炊屋姫を犯そうとして警護の三輪逆に阻止され、恨んだ皇子は三輪逆殺害事件を起こした人物です。

守屋が穴穂部皇子を大王に立てようとしていることを知った馬子は、配下に命じて穴穂部皇子と友人の宅部皇子《やかべのみこ》を相次いで暗殺させました。

蘇我氏と物部氏の因縁の権力争いは、馬子が主導した守屋への一斉攻撃にまで進みます。しかし守屋は強く、厩戸皇子軍も含めた蘇我軍勢は三度退却をしなければならなかったほどです。『日本書紀』にはその状況をこう書いています。


このとき厩戸皇子は、瓠形《ひさごがた》の結髪をして、軍の後に従っていた。何となく感じて、「もしかするとこの戦いは負けるかも知れない。願をかけないと叶わないだろう」といわれた。

そこで白膠木《ぬりで》を切りとって、急いで四天王の像《みかた》を作り、束髪の上にのせ、誓いを立てていわれるのに、「今もし自分を敵に勝たせて下さったら、必ず護世四王《ごせしおう》のため寺塔を建てましょう」といわれた。蘇我馬子大臣もまた誓いを立て、「諸天王・大神王たちが我を助け守って勝たせて下さったら、諸天王と大神王のために、寺塔を建てて三宝を広めましょう」といった。誓い終って武備を整え進撃した。迹見首赤檮《とみのおびといちい》が大連を木の股から射落として、大連とその子らを殺した。これによって大連の軍は、たちまち自然に崩れた。兵たちはこぞって賤しい者の着る黒衣をつけ、広瀬の勾原に狩りをするようによそおって逃げ散った。この戦役に大連の子と一族とは、あるいは葦原に逃げ隠れ、姓《かばね》を改め名を変える者もあった。あるいは逃げ失せて逃亡先も分らなかった。時の人は語り合って言った。「蘇我大臣の妻は、物部守屋の妹だ。大臣は軽々しく妻の計を用いて、大連を殺した」と。

（『日本書紀』全現代語訳　宇治谷 孟）

聖徳太子の発願による四天王寺とは大阪市天王寺区に現存する寺のことで、推古天皇元年（五九三）に着工されたと『日本書紀』に書かれています。馬子が戦勝を祈願して建てたのが飛鳥にある法興寺で、飛鳥寺とも呼ばれています。創建当時は塔を中心に三棟の金堂があり、約一キロの周長で回廊が囲むという威容も、現在では安居院《あんごいん》の寺名の堂内に丈六の釈迦如来金銅仏が安置されているだけです。

五八七年に起きた蘇我氏と物部氏の戦いは丁未《ていび》の乱と呼ばれ、両軍の戦死者は数百人に及んだといいます。丁未の乱の翌月、炊屋姫と群臣の勧めで泊瀬部皇子《はつせべのみこ》が崇峻《すしゅん》天皇として大王位を継ぎます。泊瀬部皇子は欽明大王と稲目の娘の小姉君との間に生まれ、馬子に殺された穴穂部皇子の実弟です。

崇峻大王が命運を分けることになったのが、次の一言です。

十月に猪が大王に献上され、こう呟《つぶや》きました。「いつの日かこの猪の頸《くび》を斬《き》るように、自分がにくいと思うところの人を斬りたいものだ」。

この一言を耳にした馬子は自分のことを言っているのだと思い、一族の者を招集して大王の暗殺を謀りました。また、この月には法興寺の仏堂と歩廊の着工をしたといいますから、右手で仏像を拝み、左手には刀を持っているようなものです。

翌月、馬子は東漢直駒《やまとのあやのあたいこま》を使って崇峻大王を殺害しました。崇峻大王を殺した駒が、大王の妻の河上娘《かわかみのいらつめ》を奪ったことを知った馬子は駒も殺したのです。河上娘は馬子の娘でした。

こうして崇峻大王が殺され、空位となったところで群臣から大王にと懇願されたのが炊屋姫《かしきや》です。炊屋姫は稲目の娘、堅塩媛と欽明大王の間に生まれた子で、十九歳の時に敏達大王の大后となりましたが大王は疱瘡で亡くなっています。年は三十九歳。飛鳥の豊浦宮《とゆらのみや》で推古大王として即位し、皇太子《ひつぎのみこ》は厩戸皇子を立てました。

皇太子は一度に十人の訴えを誤ることなく聞き、仏法を高麗の僧恵慈《えじ》に学び、儒教の経典を覚哿《かくか》博士に学んでそれらをことごとく究められた、と『日本書紀』に書かれています。

ところで、一度に十人の訴えとはどういうことを言っているのでしょうか。高麗の僧、恵慈の言葉はいわゆる日本語で話されたのでしょうか。儒教の経典を読む覚哿博士の言葉も日本語だったのでしょうか。

恵慈は高麗の言葉でしょうし、覚哿博士の言葉は恐らくは百済語でしょう。高麗の言葉も百済の言葉も、元は同じ扶余民族なので多少の違いはあるにしても大きくは違わないはずです。方言の違いくらいなものでしょう。

飛鳥時代には確立した日本語というものは存在せず、『日本書紀』のいう言葉とは朝鮮半島で話されている言葉に他なりません。第一、厩戸皇子は百済系の人間です。推古天皇紀三年に恵慈は帰化し、その年に百済の僧恵聡が来てこの二人が仏教を広め、併せて三宝の棟梁になったと『日本書紀』に書かれています。

つまり、聖徳太子が一度に十人の訴えを誤ることなく聞いたということは、半島で話されている方言を聞き分けることができたということです。

「ヤマト」は檀君神話に登場する「カムト」が語源だとする説を〝二つのヤマト〟の所で述べていますが、加耶系の王はヤマトの地名を好んで使っています。九州で邪馬台国を建国した時に「ヤマト」、任那加羅から王が大軍を引き連れて大和へ移った時も「ヤマト」でした。それが百済系の王が支配するようになると、ヤマトに代わってアスカの地名がたびたび使われるようになりました。

扶余系の建国神話には、神市《カムト》の他にもう一つの地名が出てきます。阿斯達《アサダル》です。ダルは山のことですが、高句麗・百済系は定着地の地名にアサカを好み、アサカは「日が昇る安らかな地」という意味で、ヤマトと同じ「聖なる地」という意味があります。

仏教を進めた推古大王

崇峻大王が馬子に殺されて空位になったものを、群臣の推挙によって継いだのが推古大王です。推古大王は蘇我稲目の娘、堅塩媛《きたしひめ》と欽明大王の間に生まれた子で、豊御食炊屋姫尊《とよみみけかしきやひめのみこと》が大王位を継いで推古大王となります。王統で初の女帝です。皇太子は聖徳太子を任命し、国政をすべて任せたと『日本書紀』推古天皇紀にあります。大臣は蘇我馬子がそのまま就いています。

大王位を継いだ翌年の推古天皇紀元年（五九三）、聖徳太子は物部守屋との戦いで念じた早速四天王寺の着工に取り掛かり、多くの臣《おみ》や連《むらじ》たちは競って寺の建立を始めるようになりました。

崇峻大王の世に着工を始めた法興寺（飛鳥寺）が推古天皇紀四年（五九六）に落成し、その九年後（六〇五）には皇太子や大臣たちに命じて一丈六尺の大仏の制作を始めています。制作者は鞍作鳥《くらつくりのとり》と言いますから、鞍を作るのが本職でしょう。翌年（六〇六）には丈六の大仏が完成しましたが、金堂の扉から大仏を入れることができないので扉を壊そうかという話を聞いた鞍作鳥は、扉を壊すことなく金堂内に安置させたので大王から高位を賜ったということまで『日本書紀』に書かれています。

聖徳太子は飛鳥から北の斑鳩に斑鳩宮《いかるがのみや》を建て、推古天皇紀十三年（六〇五）に移り住んでいます。斑鳩は生駒山地の南麓にあって、大和川が大和国から河内国へと流れ出る要所にあります。

斑鳩宮に隣接して建立された法隆寺の創建がいつなのかは『日本書紀』にも記述がないため定かではありませんが、天智天皇紀九年（六七〇）の条に、「夏四月三十日、暁に法隆寺に出火があった。一舎も残らず焼けた。大雨が降り雷鳴が轟いた」と書かれています。

法隆寺非再建論もありましたが、昭和十四年の発掘調査によって、創建当時は現在の西院伽藍の南東にある若草伽藍跡に四天王式伽藍があったことが判明しました。

四天王寺は聖徳太子の建立によるものですが、中門の後ろに五重塔、金堂、講堂を縦一列に配置するもので、中門と講堂を回廊で結んだ伽藍を四天王寺式伽藍といいます。現存する西院伽藍は、創建当時の伽藍が焼失した後の七世紀後半に違う場所に再建されたものですが、中門の後ろの右に金堂、左に五重塔を配置し、講堂を回廊で結んだ創建当時とは異なる形となっています。

西院伽藍の東に隣接した東院伽藍が斑鳩宮跡で、『法隆寺東院縁起』によれば、斑鳩宮の荒廃を嘆いた僧行信が太平十一年（七三九）に創建したとあります。伽藍の中央にあるのが夢殿で、聖徳太子の等身大とされる救世《ぐぜ》観音が安置されています。

また、法隆寺金堂内に安置されている金銅薬師如来像の光背には次の銘があります。

池邊大宮治天下天皇大御身勞賜時歳次丙午年召於大王天皇與太子而誓願賜我大御病太平欲坐故将造寺藥師像作仕奉詔然當時崩賜造不堪小治田大宮治天下大王天皇及東宮聖王大命受賜而歳次丁卯年仕奉

漢文と日本文の読み方が併用されている有名な銘です。日本文の読み方とは訓読みを交えた言葉が使われていることで、例えば「薬師像作」と書き、「薬師像を作る」とあります。これは現在に通じるものです。

池辺の大宮で天下を治める天皇がおお身を労《いたわ》り賜る時、丙午年（五八六）の歳《とし》に大王天皇と皇太子を召されて誓願賜れた。「我の大病が太平し、座りたいので将《まさ》に寺を造り、薬師像を作って奉じられたい」と詔《みことのり》をされた。然《しか》し時に当たりて堪えられず崩じ賜れた。小治田大宮で天下を治める大王天皇と東宮聖王は大命《たいめい》を受け賜り、丁卯年（六〇七）の歳に仕《つかまつ》り奉じた。

池邊大宮とは、用明天皇紀に「用明天皇が即位し、磐余の地に宮をつくられた。名づけて池辺双槻宮という」と書かれている池辺宮のことなので、用明大王のことです。「大王」のことを「天皇」と書かれています。用明大王は五八七年に疱瘡で亡くなっています。その病床に呼び寄せられた大王天皇とは推古大王のことです。

推古大王は飛鳥の豊浦宮で崇峻天皇紀五年に即位され、推古天皇紀十一年（六〇三）に小墾田宮《おはりだのみや》へ移っています。飛鳥の雷丘東方の遺跡からは、小治田宮と墨書きされた土器が多数出土しているので、『日本書紀』に書かれている小墾田宮のことだと思われます。

東宮聖王とは聖徳太子のこと。聖徳太子は用明大王の子です。推古大王と聖徳太子が用明大王の遺詔によって、丁卯年（六〇七）に法隆寺が建てられたことが分かります。

注目すべきは、金銅薬師如来像の光背に推古大王のことを「大王天皇」と併記されていることです。〝天皇〟の称号は、倭国が国を挙げて百済に加勢して唐と新羅の連合軍と戦って敗れた、白村江の戦いが終わってから使われるようになったもので、中国の皇帝が天子なら、日本はその上を行く〝天皇〟としたのです。

〝大王〟と〝天皇〟が併記されているということは、「大王《おおきみ》」とあるので金銅薬師如来像は百済系の工人が作り、「天皇」とあるので作られたのは天武天皇の代以降ということになります。天皇の称号は白村江の戦いで倭が大敗してからのことだからです。

〝日本〟の国号もそうです。それまでの〝倭（やまと）〟は卑語だとして〝大和（やまと）〟としましたが、白村江の戦いの敗戦を機に国号を〝日本〟としています。

『日本書紀』は白村江の戦いがあった天智天皇を継いだ天武天皇の発意《ほつい》によりますから、〝大王《おおきみ》〟とはされずに〝天皇〟、〝大和《やまと》〟とはされずに〝日本〟となっているのです。

金堂の薬師如来坐像は法隆寺創建時の作ではなく、火災で焼失した後に再建された時に作られたとする説が有力ですが、それもそのはず、光背の〝大王天皇〟の文字が再建時制作論を裏付けているのです。

推古天皇紀二十九年（六二一）に聖徳太子がなくなり、その知らせを聞いた高麗の僧恵慈は深く悲しんで僧を集めて齋会《さいえ》を催し、太子を「中国三代の聖王をも越えるほどの大きな仕事をされ、三宝をつつしみ敬って、人民の苦しみを救われた。真実の大聖である……」と礼讃《らいさん》したことが『日本書紀』に書かれています。

推古天皇紀三十四年（六二六）に蘇我馬子が死去し、「夏五月二十日、馬子大臣が亡くなった。桃原墓《ももはらのはか》に葬った。大臣は蘇我稲目の子で、性格は武略備わり、政務にもすぐれ、仏法をうやまって、飛鳥川の辺りに家居《いえい》した。その庭の中に小さな池を掘り、池の中に小さな嶋を築いた。それで時の人は嶋大臣《しまのおおおみ》といった」とあります。

飛鳥川のほとりに建てられた馬子の館にある、小さな池の中に作った小さな島。よほど小さな島だと思えるのに、それで人々が言うのには嶋大臣。特段取り留めのない話のようですが、なぜわざわざ馬子のことを人々は嶋大臣と呼ぶのか。

これには深い意味合いが込められているように私は思います。『百済本記』が記すように、継体大王と皇太子、皇子は皆殺害され、大王の第五子と暗殺の陰謀を謀ったのは蘇我馬子だと思われます。

第五子が欽明大王となって大王位を継ぎ、暗殺を首謀した馬子を人々は嶋大臣と呼んだ――。

これが私の考える筋書きです。

では、嶋大臣と呼ばれる蘇我馬子と欽明大王はどのような関係にあるのでしょうか。

馬子は五五一年頃に生まれて六二六年に亡くなり、欽明大王は五〇九年頃に生まれて五七一年に亡くなっているので接点は短い期間となりますが、まったく重ならないわけではありません。欽明大王が即位すると直ぐに大伴金村は失脚し、代わって蘇我勢力が突然台頭してきます。

私は、欽明大王のクーデターは蘇我氏が仕組んだものではないかと推察します。それならば、なぜ昆岐が渡る時に蓋鹵王が孕ませた臨月の婦人を望み、九州の島へ渡った時に子を生ませる筋書きとしたのか。

それは、もし継体大王とその皇太子、皇子を皆殺しにした人物が大王の実の子だとしたら――。とても正史に残せるものではありません。島王は蓋鹵王の子と書かれていましたが、蓋鹵王の子ではなく継体大王の子でした。

継体大王が倭へ渡る時にはすでに五人の子があったとありますが、その内の四人の子は分かっています。その残る一人を百済で孕んだ女性を九州の島へ送り、島で子を生ませることにしたのではないか、そう思えるのです。つまり、九州の島で生まれたとする島王は継体大王を継いだ欽明大王。天皇は日本生まれでなければならないからです。これが私の考えた筋書きです。

そうして欽明大王の外戚として勢力を拡大した蘇我一族で、権力を欲しいままとした馬子。その馬子を人々は嶋大臣と呼んだのではないでしょうか。

推古大王と蘇我氏の親しい関係は、酒宴で交わされた歌からも知ることができます。『日本書紀』推古天皇紀です。

二十年春一月七日、酒を用意して群卿《まえつきみたち》に宴を賜った。この日蘇我馬子は盃をたてまつって、

ヤスミシシ《八隅知》、ワガ《我》オホキミノ《大君》、カクリマス《隠坐》、アマノ《天》ヤソカゲ《八十蔭》、イデタタス《出立》、ミソラ《御空》ヲミレバ《見》、ヨロヅヨニ《万代》、カクシモガモ《如此》、チヨニモ《千代》、カクシモカモ《如此》、カシコミテ《畏》、ツカヘマツラム《仕奉》、ヲロガミテ《拝》、ツカヘマツラム《仕奉》、ウタツキマツル《宴杯奉》。

天下をお治めになるわが大君の、おはいりになる広大な御殿、出で立たれる御殿を見ると、まことに立派で、千代万代までこのようであって欲しい。そうすれば畏《かし》こみ、拝みながらお仕えします。私は今、お祝いの歌を献上いたします。

と寿《ことほ》ぎのことばを申し上げた。天皇が答えて歌われた。

マソガヨ《真蘇我》、ソガノコラハ《蘇我子等》、ウマナラバ《馬》、ヒムカノコマ《日向駒》、タチナラバ《太刀》、クレ《呉》ノマ《真》サヒ《鋤》、ウベシカモ《宜哉》、ソガノコラヲ《蘇我子等》、オホキミノ《大君》、ツカハスラシキ《使》。

蘇我の人よ、蘇我の人よ。お前は馬ならばあの有名な日向の国の馬、太刀ならばあの有名な異国の真太刀である。もっともなことである。そんな立派な蘇我の人を、大君が使われるのは。

しかし蘇我氏の増長は留まることがなく、馬子の専横を諫めた推古大王とのやりとりが推古天皇紀三十二年（六三二）十月一日の条に書かれています。

冬十月一日、大臣馬子は、阿曇連《あずみのむらじ》と阿倍臣摩侶《あべのおみまろ》の二人に、天皇に奏上させ、「葛城県《かずらきのあがた》は元、私の本貫であります（代々葛城氏が居り、蘇我は葛城の同族になるとの考え）。その県にちなんで蘇我葛城氏の名もありますので、どうか永久にその県を賜って、私が封ぜられた県といたしとうございます」といった。すると天皇が仰せられるのには、「いま、自分は蘇我氏から出ている（天皇の母は蘇我稲目の女堅塩媛《きたしひめ》）。馬子大臣はわが叔父である。故に大臣のいうことは、夜に申せば夜の中に、朝に申せば日の暮れる中に、どんなことでも聞き入れてきた。しかし今わが治世に、急にこの県を失ったら、後世の帝が、『愚かな女が天下に公《きみ》として臨んだため、ついにその県を亡《ほろ》ぼしてしまった』といわれるだろう。ひとり私が不明であったとされるばかりか、大臣も不忠とされ、後世に悪名を残すことになるだろう」として許されなかった。

（『日本書紀』全現代語訳　宇治谷　孟）

このやりとりがあった二年後に馬子は亡くなり、さらにその二年後に推古大王は亡くなっています。

馬子の墓とされるのが、飛鳥の石舞台古墳です。石舞台と呼ばれるのは古くから玄室を覆う盛り土がなく、玄室が露出していたためで、石舞台の東方にある多武峰《とうのみね》から運んできた特大の花崗岩上はまるで舞台のようだ、と見られています。

覆土が古くからなかったのは、蘇我氏の専横を恨んで墓が暴かれたからだとする説もあるほどです。昭和初期の発掘調査によれば、玄室の周囲に五十メートル四方ほどの空堀があり、さらに八十メートル四方ほどの堤が築かれていた方形の墳墓であることが分かりました。

馬子の死亡から遡ること三年、推古天皇紀二十三年（六二三）に加耶は新羅によって滅ぼされ、消滅しています。加耶はそれまでたびたび新羅に侵略されて諸国を失ってきましたが、倭国には遠征して新羅を討つほどの力はなかったのです。

推古大王は七十五歳で亡くなりますが、病床に呼び寄せて跡継ぎを告げたのは田村皇子《たむらのみこ》でした。田村皇子は後に舒明《じょめい》大王となりますが、田村皇子は蘇我氏の血筋は継いでいません。父は敏達大王の孫、彦人大兄皇子《ひこひとのおおえのみこ》で、母は蘇我一族ではない糠手姫皇女《あらてひめのみこ》。敏達大王も欽明大王と蘇我一族ではない石姫の間に生まれているので、田村皇子は蘇我氏の血筋を継いでいないことになります。

三月に亡くなった推古大王ですが、その年の九月に葬礼を終えても皇位は定まりません。衰弱する推古大王が田村皇子を呼び、「天子の位を嗣ぎ、国の基をととのえ、政務を統べて、人民を養うことはたやすいことではない。私はいつもお前をいつも重くみてきた。それゆえ行動を慎んで物事を明らかに見るように心がけなさい。何事も軽々しく言ってはなりませぬ」と告げたのに対し、聖徳太子の子の山背大兄皇子《やましろのおおえのみこ》にはこう諭しています。「お前は未熟であるから、もし心中に望むことがあっても、あれこれ言ってはなりませぬ。必ず群臣の言葉を聞いて、それに従いなさい」。

推古大王ははっきりと告げているので大王位は問題なく田村皇子が継ぐように思えるのですが、推古大王の死去後半年間も空位の状態が続いています。こうして、大王位をめぐる争いは群臣を交えて再び激しさを増していくのでした。

王統を継ぎたい山背大兄王の抗議も叶わず、舒明大王が即位しました。大臣は馬子の子、蘇我蝦夷《そがのえみし》です。ある時、敏達大王の子の大派王《おおまたのおおきみ》が蝦夷に、「群卿や百寮《つかさつかさ》が朝廷への出仕をなまけている。今後は卯の時（午前六時）の始めに出仕し、巳の時（十時）の後に退出させよう。鐘で時刻を知らせるように」と伝えても、蝦夷はこれを無視したと『日本書紀』にあります。

舒明天皇紀十三年（六四一）に舒明大王が亡くなり、王統を継いだのは舒明大王の大后であった皇極大王です。大臣は蘇我蝦夷と変わりません。

蘇我氏の横暴　中大兄の謀略

女帝、皇極《こうぎょく》大王が即位（六四二）した四月に、倭に滞在していた百済の王子、翹岐《ぎょうき》が皇極大王に拝謁しました。

百済では、皇極大王が即位する前年に大乱が起こっていたことを、朝廷へ献上を終えた高麗の使者が大夫に伝えています。

「去年の六月に弟王子《だいおうじ》（栄留王の弟）が亡くなると、九月に大臣の伊梨柯須弥《いりかすみ》が大王（栄留王）を殺し、併せて伊梨渠世斯《いりこせし》ら百八十人余を殺しました。弟王子の子（宝蔵王）を王とし、自分の同族の都須流金流《つするこんる》を大臣としました」。

また、皇極大王即位の前年に舒明大王が亡くなり、皇極大王の即位に合わせて来た百済の弔使はこうも伝えています。

「今年一月、国王の母が亡くなりました。また弟王子に当る子の翹岐や同母妹の女子四人、内佐平岐味、それに高名の人々四十あまりが島流しになった」。

百済は王位継承を巡って血みどろの争いが起き、それで翹岐が倭へ来ていたのです。

蘇我蝦夷は翹岐を畝傍の自宅に招き、親しく懇談しています。翹岐は蝦夷に馬一頭と鉄艇二十艇を贈っていますが、もちろん百済語での会話です。

五月には河内国で翹岐に騎射を見物させ、七月には相撲を見物させて百済の王子をもてなしています。翹岐をまるで大王と接するかのように丁重な扱いをして、蝦夷にとってはこの世の春といったところでしょう。

翹岐は百済最後の王、義慈王の子で扶余豊璋ではないかとする説があります。百済が唐と新羅連合軍によって滅ぼされた時に、義慈王一家と臣下ら五十人余が唐へ送られていきます。そのために百済から豊璋の帰国を要請されて戻った王子が、倭に滞在していた翹岐だとする説です。

しかし、『日本書紀』皇極天皇紀二年（六四三）二月の条には次のように書かれています。

二十一日、筑紫の太宰府から早馬で伝えて、「百済国王の子、翹岐弟王子《だいおうじ》が調使と共に到着しました」といった。

もし翹岐が豊璋だとするならば、豊璋は兵五千人余を伴って百済へ帰国していますので、翹岐が豊璋とする可能性はないと言えるでしょう。翹岐は調使と共に到着したと早馬で伝えているのですから。皇極天皇紀二年には次の記述もあります。

この年百済の太子余豊が、蜜蜂の巣四枚をもって、三輪山に放ち飼いにしたが、うまく繁殖しなかった。

太子余豊と書かれている人物が扶余豊璋ではないかと思います。百済の王子が多く倭に滞在しているのです。

皇極天皇紀元年には、蝦夷は大勢の部民を使って蝦夷と息子の入鹿の墓を現在の御所市《ごせ》に造らせています。部民とは豪族の民《たみ》のことで、蝦夷は勝手に他の豪族の部民まで徴発して自分たち親子の生前の墓を造らせているのです。聖徳太子の娘、上宮大娘姫王《かみつみやのいらつめのみこ》は「蘇我臣は国政をほしいままにして、無礼の行いが多い。天に二日《ふたつのひ》無く二王《ふたつのきみ》は無い。何の理由で皇子の封民を思うままに使えたものか」と憤慨しています。国に二つの大王《おおきみ》がいるようなものだ、との嘆きです。

皇極天皇紀二年に蝦夷は病にかかりましたが、蝦夷は自分の位を勝手に子の入鹿に渡しています。入鹿は位をもらったわずか六日後、聖徳太子の家系上宮《かみつみや》を絶とうと企み、その一月後には配下の者を使って斑鳩にある上宮を襲わせました。

山背大兄王は一家と臣下を連れて生駒山へ逃れたものの食糧はなく、再び斑鳩寺に戻って自決しています。

こうした蘇我氏の行為を苦々しく思っている人々は少なくなかったはずです。まるで大王が二人いるようなものだ、と聖徳太子の娘が嘆いていました。そのように苦々しく思っている一人に、後の天智大王となる中大兄皇子《なかのおおえのおうじ》がいます。中臣鎌足《なかとみのかまたり》もその一人です。鎌足は初め鎌子と名乗り、後に中臣鎌足になり、亡くなる前日に藤原姓を天智大王から賜って藤原鎌足に改姓しています。

二人の出会いは法興寺（飛鳥寺）で催された蹴鞠《けまり》でした。中大兄の皮鞋《みくつ》が脱げて鞠と一緒に転がったものを、鎌子は跪《ひざまず》いて恭《うやうや》しく差し出しました。これが縁となって二人は語り合うようになり、鎌子は中大兄に蘇我討伐の計画を打ち明けたのです。「大事を謀るには助力者があるのがよろしい。蘇我倉山田麻呂《そがのくらやまだのまろ》の長女を召して妃とし、婿と舅《しゅうと》の関係をむすんで、後で事情を明かして共に事を計りましょう。成功の道にこれより近いものはありません」。

その年（六四四）の十一月、蝦夷と入鹿は甘樫岡《うまかしのおか》に二人そろって家を建てています。蝦夷の家を上《うえ》の宮門《みかど》と呼び、馬子の家を谷《はざま》の宮門と呼んだと言います。現在では甘樫丘《あまかしのおか》と呼ばれる丘は飛鳥を一望する一等地ですから、蝦夷の家は丘の頂に造られ、馬子の家は南にある川原展望台あたりにでも建てられたのでしょうか。子たちは王子《みこ》と呼ばれ、家の外は砦《とりで》を築き、門の脇には武器庫を設けて力のある者には武器を持たせ、常に家を守らせたとあります。

鎌子が自ら山田麻呂のもとに赴いて仲人の役を決めた夜、長女が一族の者に奪われてしまいましたが、山田麻呂から悩みを打ち明けられた妹が話を聞いて姉に代わったのです。こうして翌年（六四五）決行されたのが乙巳《いっし》の変です。この時のありさまが『日本書紀』に詳しく書かれています。

六月八日、中大兄はひそかに倉山田麻呂臣に語って、「三韓《みつつのからひと》の調を貢《たてまつ》る日に、お前にその上表文を読む役をして欲しい」といい、ついに入鹿を斬ろうという謀《はかりごと》をのべた。麻呂臣は承諾した。

十二日、天皇は大極殿にお出ましになった。古人大兄がそばに侍した。中臣鎌子連は、蘇我入鹿臣の人となりが疑い深くて、昼夜剣を帯びていることを知っていたので、俳優《わざひと》に教えてだまし剣を解かせた。入鹿は笑って剣を解き、中にはいって座についた。倉山田麻呂臣は御座の前に進んで、三韓の上表文を読み上げた。中大兄は衛門府に命じて、一斉に十二の通門をさし固め通らせないようにした。衛門府の兵を一ヵ所に召集し、禄物を授けようとした。そして中大兄は自ら長槍を取って大極殿の中に隠れた。中臣鎌子連らは弓矢を持って護衛した。海犬養連勝麻呂《あまのいぬかいのむらじかつまろ》に命じ、箱の中から二本の剣を、佐伯連子麻呂《さえきのむらじこまろ》と葛城稚犬養連網田《かつらぎのわかいぬかいのむらじあみた》に授けさせ、「ぬからず、素早く斬れ」といった。子麻呂らは水をかけて飯を流しこんだ。だが恐怖のためのどを通らずもどしてしまった。中臣連鎌子はこれを責め励ました。倉山田麻呂臣が上表文を読み終わろうとするが、子麻呂らが出て来ないのが恐ろしく、全身に汗がふき出して、声も乱れ手も震えた。鞍作臣（入鹿）は怪しんで、「何故震えているのか」ととがめた。山田麻呂は、「天皇におそば近いので恐れ多くて汗が流れて」といった。中大兄は子麻呂らが入鹿の威勢に恐れたじろいでいるのを見て、「ヤア」と掛声もろとも子麻呂らとともに、おどりだし、剣で入鹿の頭から肩にかけて斬りつけた。入鹿は驚いて座を立とうとした。子麻呂らが剣をふるって片方の足に斬りつけた。入鹿は御座の下に転落し、頭をふって、「日嗣《ひつぎ》の位におい でになるのは天子である。私にいったい何の罪があるのか、そのわけを言え」といった。

　天皇は大いに驚き中大兄に、「これはいったい何事が起ったのか」といわれた。中大兄は平伏して奏上し、「鞍作（入鹿）は王子たちをすべて滅ぼして、帝位を傾けようとしていたます。鞍作をもって天子に代えられましょうか」といった。

天皇は立って殿舎の中に入られた。佐伯連子麻呂・稚犬養連綱田は入鹿臣を斬った。この日雨が降って、庭には溢れ流れる水が一杯になった。蓆蔀《むしろしとみ》で、鞍作の屍《かばね》を覆った。古人大兄は私宅に走り入って人々に、「韓人が鞍作臣を殺した。われも心痛む」といい、寝所に入ってとざして出ようとしなかった。

（『日本書紀』全現代語訳　宇治谷 孟）

古人大兄は皇極大王のそばに座っているので、大王を継ぐ最有力候補と目されます。中大兄は、自分の置かれている大王位継承順が古人大兄より劣るのでその立場を利用して控えることができたと見られます。

百済と高麗、新羅の三韓が倭国の大王へ献上する品目を申し上げる「三韓の調《みつき》」の儀で、上表する役割を命じられた山田麻呂が上表文を読み終わろうとしても一向に現れる気配はありません。緊張して震える山田麻呂。怪しむ入鹿。

槍を持った中大兄が飛び出して槍を突いたものの入鹿は身をかわし、つられるようにして出てきた者が刀を振り下ろしたものの、体が硬くて空を切ったのでしょう。

この乱を描いた絵では、御座の上で頭がない入鹿の首から血が噴き出しているところが描かれていますが、どうやら片足を斬られて御座から転げ落ちた馬子が「何をしやがる」と叫んだところを、それまでたじろいでいた二人が斬りかかって殺したようです。『日本書紀』には、斬られた入鹿が「日嗣の位においでになるのは天子である。私にいったい何の罪があるのか、そのわけを言え」と書かれていますが、そのような言葉を言えた状況か疑問が残ります。

この日は雨が降って、庭は溢れて流れる水で一杯になったとありますから、殺された入鹿は外に投げ出され、遺体を強い雨が打ったのでしょう。「蓆蔀で鞍作の屍を覆った」との生々しい描写は迫真的です。

目の前で起こった惨劇に動転した古人大兄は、「韓人が鞍作臣を殺した」と口走っています。入鹿を殺した方が韓人なら殺された入鹿も韓人ですし、叫んでいる古人大兄も韓人なのですが……。

入鹿が討たれた翌日に蝦夷は館《やかた》に火を放ち、自殺をしています。

その際に、焼かれようとしている国記を取り出したことが『日本書紀』に書かれています。

十三日、蘇我臣蝦夷らは殺される前に、すべての天皇記・国記・珍宝を焼いた。船かれています。

史恵尺はそのとき素早く、焼かれる国記を取り出して中大兄にたてまつった。

蝦夷が焼こうとした文書とは、次のものだと思われます。推古天皇紀二十八年の条に書かれています。

十二月一日、天に赤色の気《しるし》が現れた。長さは一丈あまりで、形は雉《きぎす》の尾のようであった。この年、皇太子と馬子大臣が相議《はか》って、天皇記および国記《くにつふみ》、臣・連・伴造・国造など、その外多くの部民・公民らの本記《もとつふみ》を記録した。

聖徳太子と馬子大臣が相議《はか》って記録したという天皇記および国記《くにつふみ》には、神武天皇や仲哀天皇、神功皇后などは存在していなかったでしょう。なぜなら、実在しない神武天皇や仲哀天皇、神功皇后などが天皇記に書かれることはあり得ないからです。

大陸の北から南下してきた経過と、百済から倭に渡って今に至るまでの事柄が書かれているはずです。後に『古事記』と『日本書紀』の編纂を始めるのにあたり、豪族が持つ家伝などの文書は朝廷が徹底して提出させています。

入鹿の首塚とされる五輪塔は、かつては安居院の境内を出て西へ行った畑の中にポツンとありましたが、現在では周囲は整備をされています。

入鹿を討った二日後に皇極大王は入鹿を討った中大兄に大王位を継ぐように詔をしましたが、中大兄は即答をせず、いったん退出して中臣鎌子と相談をしています。鎌子が言うに、「古人大兄は殿下の兄上です。軽皇子は殿下の叔父上です。古人大兄がおいでになる今、殿下が皇位を継がれたら、人の弟として兄に従うという道にそむくでしょう。しばらく叔父上を立てられて、人々の望みに叶うなら良いではありませんか」。

古人大兄よりも位の低い中大兄が入鹿を殺して大王位を継いだら、周りからは暴力で簒奪したのだと言われるから、しばらくの間叔父の軽皇子《かるのみこ》に大王位を継がせた方が良いのではないか、と鎌子から助言を受けています。

結局、中大兄は辞退をして皇極大王の実弟である軽皇子を薦めます。軽皇子も辞退をして古人大兄を薦めますが、古人大兄は「出家をして吉野にはいり、仏道の修行につとめます」と言って剃髪したのです。やむなく軽皇子は孝徳大王として大王位を継ぐことになり、即位しました。皇太子は中大兄、左大臣《ひだりのおおおみ》に阿倍内麻呂、右大臣《みぎのおおおみ》に入鹿討伐で功績のあった蘇我倉山田石川麻呂、内臣《うちのおみ》は中大兄と一体になって動いた中臣鎌子です。鎌子は後に藤原鎌足に改姓しています。

こうして見ると、中大兄は悪役の蘇我入鹿を討った正義漢のように思えますが、この後は予期せぬ展開となっていき、その中心に中大兄が絡んでくることになります。

孝徳大王は倭で初めて元号を制定し、皇極天皇四年を大化元年（六四五）としました。また、さまざまな制度の改革を行い、そのことを後には大化改新と呼ばれています。仏教を敬って神道を軽視し、使いを出して大寺で僧尼に次のような詔を伝えています。

「百済の聖明王が仏法を朝《みかど》に伝えたが、群臣はこれを広めようとしなかった。蘇我稲目宿禰は一人その法を受け入れ、天皇はその法を信奉された。敏達天皇の世に蘇我馬子は父の遺法を学び、仏の教えを信じた。しかし群臣たちは信じなかったので、滅びそうであった。敏達天皇は馬子に詔してその法を尊ばれた。馬子は天皇のために丈六の繡像と銅像を造った。仏教を顕掲し僧尼をつつしみ敬った……」。

確かに稲目と馬子は仏像を崇拝してはいますが、一方の手には刀を持ち、権勢をふるってやりたい放題のことをしてきました。これを仏法の信奉者としては、民からは見放されてしまうでしょう。事実、馬子や入鹿のことを人々はいろいろな謡歌《わざうた》で歌っています。その一つに、「上宮（斑鳩宮）の王たちは人となりが穏やかで、罪無くして入鹿のために殺されなさった。自ら報復されなくても、天が人をして誅される兆しであったのだ」というような意味合いの謡歌があります。

入鹿の指図で聖徳太子の子の山背大兄王を襲わせ、山背大兄王は生駒の山中に逃げ込んだものの食糧はなく、臣下の「東国へ行き、上宮の民をもとに軍を起こして戦いましょう」との勧めを断って再び斑鳩寺へ戻った山背大兄王一家と家来は、自決をして果てたのでした。

孝徳大王は制度の改革を進め、実行しましたが、仏教を信奉する蘇我一族を重用《ちょうよう》する傾向が強かったため大王は孤立し、大王の周りを冷たい風が流れるようになったのかも知れません。

孝徳大王は大化元年の六月に皇極大王から大王位を継ぎましたが、その年の秋、大王の候補と目されていた古人大兄が殺される事件が起こりました。

入鹿討伐で皇極大王は中大兄に譲位をしようとしましたが、中大兄は辞退して兄の古人大兄に大王位を勧めます。しかし古人大兄は吉野の山に出家をしてしまったために、やむなく軽皇子が大王位を継いで孝徳大王に就いています。その古人大兄が、「吉野の古人皇子は、蘇我田口臣川堀らと謀反を企てています。私もその仲間でありました」と仲間が自首したために、中大兄は兵を送って古人大兄を殺させたというものです。

腰の太刀を解いて地に投げ出し、剃髪して袈裟を身にまとい、吉野山に出家をしてわずか三カ月足らずで古人大兄が謀反を企てたというのです。古人大兄が謀反を企てたというよりも、中大兄は大王になりそうな者は兄弟であろうとも理屈をつけて排除する、したたかな魂胆が透けて見えます。

古人大兄は舒明大王と馬子の娘、法提郎媛《ほてのいらつめ》との間に生まれ、蘇我氏の血が入っています。古人大兄は目の前で入鹿が殺され、身の危険を感じて出家をしたものの中大兄はこれを許さず、謀反を口実にして古人大兄を殺害したのが真相でしょう。

孝徳大王は十二月には都を飛鳥から難波《なにわ》に移し、翌年（六四六）の元日に改新の詔を発しています。それまで各地の豪族が支配していた土地や人民は国が支配して人民は税を治めること、列島を国ごとに分割して定めて国司を置き、その下に郡を設けて律令体制を図ることなど、大王を中心とした制度の確立が目的です。

これらの制度の確立には、鎌子が果たした役割が大きかったと思われます。鎌子は中国の史書に通じ、遣唐使からは儒教を学んでいます。中大兄が大化の改新を進めたと言われていますが、鎌子が中国の制度を参考にして中央集権化を図り、中大兄は新制度実行推進者の役割をしていたのでしょう。

軽皇子が大王位を継いでわずか三カ月後に、中大兄は事件を起こしています。

『日本書紀』には、吉備笠臣垂が中大兄に自首して「吉野の古人皇子は蘇我田口臣川堀らと謀反を企てています。私もその仲間でした」とあり、その注記として「ある本に、吉備笠臣垂は阿部大臣と蘇我大臣に自首した」とあるので、有力者に吉備笠臣垂が自首をさせる形にして騒ぎを大きくさせたのでしょう。

中大兄はその騒ぎを聞いたことにして謀反の企みを理由に公然と兵を出し、古人大兄と一家を殺害させたのではないかと思います。

古人大兄は目の前で入鹿が殺されたので身の危険を感じて刀を捨て、剃髪して袈裟をまとって出家をしたのに、そのわずか三カ月後に古人大兄が謀反を企てていると自首をしたというのですから不自然な話です。

その五年後には、入鹿討伐で功績があった山田麻呂を、冤罪で中大兄が殺しています。

蘇我日向が中大兄に、「異母の兄、麻呂が近いうちに皇太子を殺そうと企んでいます」と密告したことになっていますが、日向が中大兄への忠義心で密告したのか、それとも企んだのは逆に中大兄であったのか確かなことは言えませんが、恐らくは後者でしょう。

中大兄が大王に進言し、大王は山田麻呂の虚実を知りたいと使いを出しましたが、山田麻呂は「御返事は直接大王の面前で申し上げたい」と述べ、再度の使いにも同じ返答を繰り返しました。そのため大王は兵を山田麻呂へ向かわせましたが、山田麻呂は子が造った山田寺に残り、「およそこの寺は、もともと自分のために造ったものではない。天皇のためをお祈りして造ったものである。今自分は日向に讒言《ざんげん》されて、無謀に誅《ころ》されようとしている。せめてもの願いは、黄泉国に行っても、忠を忘れないことである。寺にやってきたのは、安らかに終わりのときを迎えようと思ったまでである」と言い、首をくって死んだと『日本書紀』にあります。

山田麻呂に殉じた妻子ら八人の他に、連座して殺された者十四人。絞首された者九人。流罪が十五人と粛清されています。

ところが、山田麻呂の死後に資財を捜索したところ、皇太子の書《ふみ》が書物の上に置かれ、重宝《おもきたから》の上には皇太子の物と記してあったので、報告を受けた中大兄は深く後悔し、嘆くことがやまなかったと『日本書紀』に書かれています。が、多分に脚色されたものだとみなされます。

と言うのも、その後に中大兄は古人大兄を殺したのと同じような手口で大王の候補を殺害しているからです。

中大兄は、入鹿の殺害に功績があった山田麻呂を疎ましく思うようになり、蘇我氏の血を引く山田麻呂に謀反の汚名を着せて殺したのでしょう。中大兄の謀略に気付いた麻呂の願いが、「直接大王の面前で申し上げたい」というものではなかったでしょうか。

中大兄の妃、蘇我造媛《そがのみやつこひめ》は父の山田大臣が塩《しお》に斬られたと聞き、塩の名を聞くことすら憎んでいます。物部二田造塩《もののべふつたのみやつこしお》は首をくって死んだ麻呂の肉を刺し、叫び声をあげて麻呂の首を斬ったと『日本書紀』に書かれています。傷心の造媛は病み、死んでしまいました。

孝徳大王は大化六年（六五〇）を、白雉《はくち》元年として改元しています。白雉四年（六五三）に、なぜか中大兄が「倭《やまと》の京《みやこ》に遷《うつ》りたい」と孝徳大王に申し入れていますが、その理由は分かりません。これを許さない大王に、中大兄は実母の皇極上皇と妃の間人大后《はしひとのおおきさき》、実弟の大海人皇子《おおあまのみこ》らを率いて倭の飛鳥河辺行宮《あすかかわらのかりみや》に移っています。官吏らも皆従ったといい、残されたのは孝徳大王のみ。これを恨んだ大王は位を去ろうと思い、山碕に宮を造っているほどですがどうしてこのようなことが起こってしまったのか。

翌年病に侵された失意の孝徳大王を、中大兄は皇極上皇らと共に難波宮へ赴いて見舞いましたが間もなくして大王は亡くなっています。なぜ大王は中大兄らを恨んだのか……。

孝徳大王は生前、失意の歌を間人大后に寄せています。

「棓着《かなき》け、我《わ》が飼う駒は引き出せず、我が飼う駒を人は見つらむか」

首かせを着け、私が飼っている馬は厩から引き出すことができないようにしているのに、なぜ他人は私が飼う馬を見知ってしまったのか、といった内容の歌です。

馬は間人大后のこと、馬を見る人とは中大兄のことだと思われます。中大兄は間人大后と内通していたのでしょう。内通と言っても、甥《おい》や姪《めい》などとの近親婚が珍しくない王族の閉じられた血縁関係にあって、王族の間でも認められないただならぬ仲、実子同士の内通、つまり肉体関係です。

孝徳大王には大后と二人の妃がいました。大后は間人皇女《はしひとのひめみこ》で、舒明大王と宝皇女《たからのひめみこ》の間に生まれた第二子が間人皇女です。舒明大王と宝皇女の第一子は葛城皇子で、後の中大兄となり、実母の斉明大王が亡くなると天智天皇となって大王位を継ぎます。中大兄と間人大后は実の兄と妹なのです。

皆が去った翌年、孝徳大王は難波宮で亡くなっています。

孝徳大王と間人大后の間に子は生まれず、第一の妃、小足媛《おたらしひめ》の間に生まれたただ一人の子が有間皇子《ありまのみこ》です。孝徳大王が病死した時、十五歳の青年でした。

孝徳大王が亡くなった翌年（六五五）の正月に、皇極大王が斉明《さいめい》大王と大王名を改めて飛鳥板蓋宮《いたぶきのみや》で再び即位しています。

斉明天皇紀三年九月の条に、「有間皇子は性さとく狂者をよそおったところがあった」とありますが、心身に変調をきたしてあったことは容易に想像がつきます。妃までもが父から離れ、孤独になった孝徳大王は、間人大后はもちろんのこと中大兄を恨みながら病死をしています。残された一人の皇子。

有間皇子にとっては毎日が陰鬱なものだったでしょう。鬱屈した気持ちを解きほぐしてくれたのが、温泉でした。紀国《きのくに》へ出かけて牟婁《むろ》の湯に浸かって来た有間皇子は、斉明大王に「ただその場所を見ただけで、病気は自然に治ってしまいます」と報告をしています。牟婁の湯とは南紀白浜温泉のこと。海辺に湧くナトリウム泉の保温効果と広い海の開放感に、皇子は癒されたのです。

有間皇子から牟婁の湯は卓効があると聞いた斉明大王は、翌年の十月十五日に紀の湯へ向かいました。

有間皇子の運命を決定づける事件のきっかけは、大王が行幸に出発してから間もない十一月三日にあった、有間皇子と留守番役をする蘇我赤兄《あかえ》との会話でした。赤兄は皇子にこう言ったと『日本書紀』に書かれています。

「天皇の治世に三つの失政があります。大きな蔵を立てて、人民の財を集め積むことがその一。長い用水路を掘って、人夫にたくさんの食糧を費やしたことがその二。舟に石を積んで運び、岡を築くというようなことをしたことがその三です」。

それを聞いた皇子は、「わが生涯で始めて兵を用いる時がきたのだ」と喜んで応えたというのですが、この話の筋道が見えてきません。

第一、大王行幸で不在となった政庁を守るはずの赤兄が、孤立している有間皇子をわざわざ訪ねて大王非難の言葉を皇子に耳打ちをすること自体が不可解です。

赤兄が皇子の家に来た二日後に、皇子は赤兄の家に行って相談をしています。その時、床几がひとりでに壊れたので不吉と思い、秘密を守ることを誓って中止したとありますが、皇子は謀反の相談で赤兄の家に行ったのかは分かりません。

孤立した父の孝徳大王は失意の中で亡くなり、大王位は斉明大王が継いではいますが実権を握って采配しているのは中大兄です。孝徳大王の一人息子の有間皇子は抑圧された毎日が続き、精神は躁鬱状態になっていたとしてもおかしくはありません。

そのような状況を見透かした中大兄が、赤兄に指図して大王の不徳を皇子に耳打ちさせ、孤独な皇子が我が意を得たりとばかりに躁状態で、思わず「初めて兵を使う時が来た」と口走ってしまったのかも知れません。

その夜中に赤兄は造宮人夫を手配させ、有間皇子の家を取り囲んでいます。そして早馬を出して大王へ報告をさせているのです。

一方で、『日本書紀』はこうも伝えます。有間皇子は謀反の計画があり、「大宮を焼いて五百人で牟婁津に迎え討ち、舟軍で淡路国をさえぎって牢屋に囲んだようにすれば、計画は成り易い」と書く本がある、と付記しています。

九日、有間皇子と三人が捕らえられ、一人の従者も同行して斉明大王がいる紀の湯へ送られました。そこで中大兄は自ら尋問しています。「どんな理由で謀反を図ったのか」との問いただしに、皇子は「天と赤兄が知っているでしょう。私はまったく分かりません」と否定しました。

十一日、有間皇子は絞首され、捕らえられた一人と同行した従者が斬られていますが、塩屋連鯯魚《このしろ》は殺される時に「どうか右手で国の宝器を作らせて欲しいものだ」と言っています。その意味は不明なものの、鯯魚の言葉からは「無実の罪だ」との訴えが聞こえてくるようです。赤兄が有間皇子と会ってから、わずか八日後のことです。

百済滅ぶ

斉明天皇紀六年（六六〇）九月に百済の使いが来て、「七月に、新羅は唐人を引き入れて百済を転覆させました。君臣みな虜《とりこ》とされ、ほとんど残る者もありません」と報告しています。唐は強国の高句麗を制圧することが目的で新羅と組み、その前段として南にある百済へ攻め入って滅ぼしました。そうして義慈王《ウィジャワン》とその妻子、臣下ら五十人余りが唐へ送られてしまったのです。

百済の使いは、唐へ送られてしまった義慈王の代わりに、倭に滞在している「王子の豊《プン》璋《ジャン》を王として迎えたい」と伝えに来たことになっていますが、敗れた百済が新たな王を呼んでも打つ手は限られています。非常事態の百済が倭に復興の援軍の派遣を頼みに来たのです。倭は唐と新羅の連合軍に百済が敗れたことは直ぐに知っているので、斉明大王は「救援の軍を乞うていることは前からよく聞いている。危うきを助け、絶えたものを継ぐべきことは当然のことである」と答え、武器の準備と軍船の建造を命じています。

百済が唐と組んだ新羅によって滅ぼされたと聞いた斉明大王は、翌年（六六一）の正月に難波を発って九州の朝倉宮に移っていますが、その年の七月に大王は朝倉宮で亡くなりました。皇太子（中大兄）は即位式をあげないで政務をとっています。

九月に皇太子は五千余もの兵と共に豊璋を百済へ送り、豊璋は平伏した鬼室福信の出迎えを受けています。

福信は、前年の七月に唐と新羅連合軍によって百済が滅びた時、任射岐山《にざぎのやま》に陣取って棓《つかなき》という木の棒で新羅の軍を破り、武器を奪って鋭く戦ったため唐軍を退けることができたといいます。それで人は、「福信は神武の権《はかりごと》を起こして、一度滅んだ国さえも興いた」と崇めたとの言い伝えがあります。狗奴国との戦いで敗れた邪馬台国が、神武の武力で国が再興したというたとえ話を福信にだぶらせた言い伝えです。

百戦錬磨の福信と、実戦で陣頭指揮もしたこともなさそうな豊璋との軋轢は広がる一方だったのでしょう。その福信を、謀反の疑いを持った豊璋王は天智天皇紀二年（六六三）

六月、兵に命じて殺してしまいました。窮すれば鈍する、とはこのことを言うようなものです。一説には、福信がいないので百済が滅亡したのだとする話があるほどで、福信の殺害を知った新羅は唐と組んで、百済再興の応援に来ている倭軍と百済の残党を攻撃するために白村江《はくすきのえ》に船を並べて州柔城《つぬきし》を包囲しました。

白村江の戦いに先立ち、倭は二万七千人の兵を百済へ送っていますので、先軍の兵五千人と合わせて総勢三万二千人もの大軍です。当時の日本の総人口は四百万人とか五百万人とも推定されていることからすれば、総人口の〇・八パーセント近い兵が送り出されていることになります。兵の大半、いやそのほとんどは農民だったでしょう。

総人口の〇・八パーセント近い兵と言っても西日本がその多くを占めたはずですし、半島に近い九州ではかなりの農民が否応なく徴兵されたのかも知れません。

唐軍の軍船が百七十余艘に対して倭軍の軍船は千余艘。船の艘数からすれば圧倒的な倭軍ですが、唐軍の軍船は大きく、頑丈さでは比較になりません。寄せ集めの兵もさることながら、陣頭指揮をすべき将軍の実戦経験でも唐軍の指揮官とは大差があったのでしょう。一回目の戦闘では倭軍はあえなく敗退してしまいました。

唐軍は追撃せず、陣形を整えて作戦を練り、次の戦闘に備えています。一方の倭軍は、負けたのは気合が足りなかったからだとばかりに、船数と兵数の多さを頼りにして陣容も整わない状態で将軍は総攻撃をかけました。

唐軍は二手に分かれて突撃をしてくる倭軍の船を挟み込み、大きな軍船の上から倭軍の船に攻撃をしたのです。倭軍の小さな船はたちまちにして狭い水域に追い詰められ、艫《とも》と舳《へさき》がぶつかりあって船を動かすこともできないという惨状となりました。

唐軍の攻撃から逃れようとして倭軍の兵は海に飛び込み、溺死する者数知れずといったありさまです。多数の船が焼かれ、海は倭兵の血で染まったといいます。

唐と倭の水軍はこの後数回交戦していますがいずれも倭軍の敗北に終わり、百済は復興することなく滅亡してしまったのです。

百済王の豊璋は数人と船に乗って高麗へ逃げ、国人は語り合って「州柔城が落ちた。如何ともしがたい。百済の名前は今日で終わりだ。先祖の墓にも二度と行くことができぬ。ただ弖礼城《てれきし》に行って、日本の将軍たちに会い、今後の処置を相談しよう」と『日本書紀』にあります。

半島からは、以前に応神大王が支配すると百済から多数の人々が倭へ移り、熊津百済が滅ぼされると弓月の王に率いられて多くの遺民が倭へ逃れてきていました。そうして百済復興の戦いで百済は壊滅し、生き残った兵と共に百済の高官や多くの遺民が倭へ渡ってきたのです。

斉明天皇紀に、倭が百済復興に向けての準備をしている時に、次のような童謡《わざうた》が流行っていました。童謡とは時の政治や時事の風刺を歌に込めたものです。

摩《ま》比《ひ》邏《ら》矩《く》都《つ》能《の》俱《く》例《れ》豆《つ》例《れ》於《を》能《の》幣《へ》陀《た》乎《を》邏《ら》賦《ふ》俱《く》理《の》能《り》歌《か》理《り》鵝《が》
美《み》和《わ》陀《た》騰《と》能《の》理《り》歌《か》美《み》烏《を》野《の》陛《へ》陀《た》烏《を》邏《ら》賦《ふ》俱《く》能《の》歌《か》理《り》鵝《が》甲子《甲子》騰《と》和《わ》
與《よ》騰《と》美《み》烏《を》能《の》幣《へ》陀《だ》烏《を》邏《ら》賦《ふ》俱《く》能《の》理《り》歌《か》理《り》鵝《が》

この童謡を金 容雲は次のように解読しています。

そうそうたる学者によっても、「諸説はあるがいまだ解明を得ない」とし、要するに「半島に出征する軍は成功しないことを風刺する歌に相違ない」としているだけです。斉明天皇は六六一年に唐と新羅に滅ぼされた百済を復興するため半島へ軍隊を送りましたが、戦いには敗れています。

古くは鎌倉期の『続日本紀』（卜部兼方著）の註も、

齋明は女帝なり。よりて天下をもった女の作田にたとふ。雁の稲実を食ひ終はるが如しとは不祥なり。百済の救軍を潰す事、敗積すべしといふわざうたなり。

としています。

また、宇治谷孟教授の『日本書紀』（講談社刊）の解説は、「背中の平たい男が作った山の上の田を、雁どもがやってきて食う。天皇の御狩りがおろそかだから食うのだ」とあり、征西の軍の成功を風刺したものと思われますがいまだによく説明されていません。

いままでこの歌に関する解釈はほとんどがこうした理解しづらいものなのです。

しかし、この歌は明らかに当時の日本語なのです。難解なのは日本語（百済語）に「ドレ」「甲子《コシ》」「トワ」など、やまと語ではないカラ語が混ざっているからです。

（『日本語の正体』金 容雲）

詳しくは同著をご覧いただくとして、概略次のように解説をしています。

「まひらくつのくれつれ」

――「くれ」はくれ―クル（穴、口）―〝くち〟のこと、「つれ」はつれ―トレ―〝ドル〟（複数のこと）で、「くれつれ」は「口々」を意味する。「まひらくつのくれつれ」は「真開く津の口々」のことを表わす。

「をのへたを」

――「を」は〝己〟のこと、「へた」は端、岸、枝の意味だが雁の習性からすれば〝水際のほとり〟のことを表わす。

「らふくのかりが」

――「羅」は薄い織物のことで語頭の「ら」は「な」となりやすく、カラ語のナブキが「なふく」となり、「らふく」は風に吹かれてなびくこと。「のり」はのり―なり―〝ナラ〟（飛ぶ）で、「らふくのかりが」は「風に吹かれる雁」と解釈できる。

「みわたとのりがみ」

――「み」はみ―〝ビ〟（雨）のことで、「わた」はわた―〝バダ〟（海）のこと、「と」はと―ど―〝も〟のこと、「のり」は〝乗り〟のこと、「がみ」はがみ―かみ―こみ―〝こえ〟で、「みわたとのりがみ」は「雨の海も乗り越え」と解釈できる。

「甲子とわよとみ」

――「甲子」はこし―〝くし〟（奇し）、「とわ」は「足す」ことをカラ語で「トハ」から足す―〝助け〟、「よとみ」は淀みで、よどみ―のどみ―〝のこり〟（残り）となり、「甲子とわよとみ」は「奇しのたすけにとどまり」となって、「神の助けで生き残り」と解釈できる。

全文を直訳すれば、
大きく開け津の口々
己の（止まる）岸べ　乱れ飛びくるかりに
雨の海も乗り越え　己の岸べ　乱れ飛ぶかりに
奇しきたすけに生き残り　己の岸べ
乱れ飛びくるかりに

全文の意訳は、
大きくすべての港の入り口を開いておけ
乱れ飛びかえるかり　おのおのに止まるところを
雨の海も乗り越え帰る　乱れ飛びかえるかり
おのおのに止まるところを　奇しきたすけに生き残り
乱れ飛びかえるかり　おのおのに止まるところを

（『日本語の正体』金　容雲）

以上のように童謡《わざうた》を訳しています。もちろん、雁《かり》（〃がん〃とも）が倭の敗残兵を指していることは言うまでもありません。

また、天智天皇紀には次の童謡もあります。

橘《たちばな》は　己《おの》が枝々実《な》れれども　玉を貫《ぬ》くとき　同じ緒《お》に貫く

橘の実はそれぞれ違う枝に実っても、根は同じだという意味です。橘の実は百済と倭の民を意味しており、違う国でももともとは同じ者同士だということを歌ったものです。つまり、金容雲が解読した童謡は百済語だったということになります。

天皇制を確立した天武天皇

天智天皇紀二年（六六三）にあった白村江の戦いで大敗を喫した倭国は、唐と新羅連合軍の追撃に怯えます。

翌年、九州の北部や瀬戸内海の沿岸に朝鮮式山城を築き、烽火《のろし》台を設けています。『日本書紀』に、「この年（六六五）、対馬・壱岐・筑紫国などに防人《さきもり》と烽《すすみ》をおいた」とあります。

この時築いた朝鮮式山城が、高良大社や山門の女山《ぞやま》など神籠石と呼ばれる石組みの列石です。

防人を「さきもり」と読むのは難解ですが、防人を岐守とも書くので、分岐点となる先を守ることからそう名付けられたのかも知れません。防人の任務は三年で交代することが基本でしたが、脱走者や病人が出たりするため十年に及ぶこともあったようです。

しかし、民にとっては白村江の戦いで出征した兵のほとんどが死に、築城や警備のために多大な負担を強いられるわけですから、強い不満が残ったものと思われます。

天智天皇紀六年（六六七）、大王は飛鳥から近江に遷都しました。『日本書紀』には、「このとき天下の人民は遷都を喜ばず、諷諫《ふうかん》するものが多かった。童謡《わざうた》も多く、夜昼となく出火するところが多かった」とあります。白村江の戦いにはそれまでにない数の人民が徴兵されて大敗した上に、国を挙げての遷都です。

唐と新羅の連合軍侵攻に備えて、逃亡しやすい場所を選んでの遷都が目的ですから、負担が増す一方の地方の豪族や人民は不満を募らせてしまいます。政府を卑下する歌が流行《はや》ったり、放火をする者が絶えない、騒然とした世情になってしまいました。

天智天皇紀七年（六六八）の一月三日、近江大津京で大王に即位しましたが、天智大王はこの時四十歳を一、二年過ぎています。翌年（六六九）、中臣鎌足の衰弱が甚だしく、鎌足を見舞った大王は大海人皇子を遣わして最上位の大織冠と大臣の位を授け、藤原姓を与えています。

藤原姓を与えられた鎌足は翌日に五十六歳で亡くなっていますが、この「藤原」姓について金 容雲は次のように述べています。

「もともと中臣であったのを誇り高き本貫の地（比自伐―フシポル―フシハラ。今の昌原）藤原を名乗り、加耶系が政治の表舞台に出たのです」。

「伐（ポル）」は原っぱのことで、カラ語で原っぱのことをボルと呼び、ボルが九州ではバル（原）となり、バルがハル―はら（原）」となりました。天智大王にとっては、本国で最高位の貴族であった蘇我氏に倭で好き放題のことをされるよりも、加耶系であっても気心の知れた方が良かったのです。

（『日本＝百済」説』金 容雲）

藤原鎌足が亡くなった三日後に天智大王は鎌足の家まで足を運び、「大錦上蘇我赤兄臣に命じて恵み深い詔を詠みあげさせ、金《こがね》の香鑪《こうろ》を賜った」と『日本書紀』にあります。大錦上《だいきんじょう》は天智大王が定めた冠位二十六階の第七位に当たり、有間皇子の殺害で中大兄の手先になったと思われる赤兄は重役に取り立てています。

天智天皇紀十年（六七一）の正月、天智大王の子、大友皇子《おおとものみこ》を太政大臣に任じ、蘇我赤兄臣を左大臣に、中臣金連《なかとみのかねのむらじ》を右大臣としました。

天智大王の実弟に大海人皇子《おおあまのみこ》がいますので、大王位を継ぐ立場にある大海人皇子を越えて実子の大友皇子を大王位に継がせたいと、天智大王は事実上正月に宣言したことになります。子の大友皇子を太政大臣に任じた年の九月、天智大王は病気になりました。

発病した翌月に病状は重くなり、天智大王は寝室に弟の大海人皇子を呼び寄せて大王位を継ぐよう伝えています。ところが皇子は病を理由に固辞し、代わりに大王位を大后に授けて子の大友皇子に施政をとらせてもらいたい、と願っています。

そうして大海人皇子はこう言いました。「私は天皇のために出家して、仏道修行をしたいと思います」。

どこかで似た場面があり、同じような言葉で大王位を継ぐことを辞退している前例がありました。古人大兄殺人事件です。

継体大王と皇太子、皇子がそろって暗殺され、蘇我一族がそれまで政権の中枢を握っていた物部守屋を殺して王族との外戚関係を深め、蘇我氏は突然として大王を凌ぐほどの権力を持ちました。これに不満を抱いた中大兄は、中臣鎌子と一緒になって蘇我入鹿を大王以下臣下が集まった場で殺した乙巳の変です。皇極大王は大王位を中大兄に継がせようとしています。

しかし中大兄は異母兄弟の兄に古人大兄がいますし、叔父に軽皇子がいることもあり、暴力で大王位を簒奪することは状況から見て得策ではないと考え、皇極大王の依頼を辞退しました。

入鹿が目の前で殺されることを目撃した古人大兄は、自分も蘇我氏の血を引いているために大王位を継ぐことを辞退してこう述べています。

「私は出家して吉野に入ります。仏道の修行につとめ、天皇の幸せをお祈りします」。太刀を放り、剃髪して袈裟をまとって出家をした古人大兄を、中大兄は謀反を謀っていることを口実に殺させています。

中大兄が天智大王となって病床に伏した今、大海人皇子が大王の言葉を額面通りに受け取ったとは思われません。正月には、大王の詔で子の大友皇子が大海人皇子よりも位の高い太政大臣に任ぜられています。

そうして大海人皇子が大王に伝えた言葉は古人大兄と同じ、「私は天皇のために出家して、仏道修行をしたいと思います」というものでした。もし皇子が大王位継承を承諾すれば、謀反の濡れ衣を着せられて大海人皇子は殺されていたでしょう。しかし大王はこれを許し、大海人皇子は剃髪して大王から贈られた袈裟をまとって吉野へ向かいました。

近江宮から宇治まで赤兄らが同行して皇子を見送り、引き返す時にある人が言うのに、「虎に翼をつけて野に放つようなものだ」と『日本書紀』にあります。天智大王は十二月に亡くなりました。この時大海人皇子は四十一歳で、大友皇子は二十四歳です。

大海人皇子が吉野入りをしてから半年も経たない時に、ある情報が皇子の耳に入りました。近江朝が美濃と尾張の国司に「天智大王の山陵を造るためにあらかじめ人夫を指定しておけ」と命じておきながら、それぞれに武器を持たせているというのです。

また別の情報には、「近江京より大和京に至るあちらこちらに監視人を置いてある。また宇治橋の橋守に命じて、皇大弟《もうけのきみ》（大海人皇子）の宮の舎人が、自分達の食糧を運ぶことさえ禁じている」というものもあります。

情報を確認すると間違いなく、それからの大海人皇子の行動は迅速でした。使者を美濃国へ送って役人に兵を集めさせ、近江から東国へ通じる不破道を塞ぐように命じました。

古代には、天武天皇元年（六七二）かその翌年に三関が定められました。近江から東へ通じる三本の要路に関を設けたもので、一つは鈴鹿山脈を越えて伊勢国へ出る東海道に設けた鈴鹿関《すずかのせき》、もう一つは美濃国へ出る東山道の隘路に設けた不破関《ふわのせき》、三つ目は北陸へ向かう北陸道の琵琶湖と敦賀の間に設けた愛発関《あらちのせき》です。

当時はこの三関を抜ければその先は東国でした。大海人皇子は不破道に兵を固めて、東国から近江朝に加勢するのを先手を打って防いだのです。近江朝にいる子の高市皇子《たかちのみこ》と大津皇子《おおつのみこ》を呼び出して伊勢で合流するよう手配し、吉野宮《よしののみや》を発った時には子の草壁皇子《くさかべのみこ》と忍壁皇子《おさかべのみこ》の他二十人余りと妃や女官ら十人余りの総勢三十人余でしたが、伊賀越えをして伊勢湾に沿って北上する頃には各地から兵が加わり、最終的には近江朝廷軍と匹敵するほどの大軍勢となりました。

大海人皇子が舒明大王と皇極女帝の間に生まれという申し分のない血筋なのに対して、大友皇子は天智大王と伊賀采女宅子娘《いがのうねめやかこのいらつめ》の間に生まれています。采女《うねめ》は大王の食事の世話をする官女ですから、血統を最も重んじる倭国においては、官女の子だからとして軽視されたことも大きかったと思われます。

一方の近江朝廷も軍勢の増強に余念がありません。吉備国と筑紫国へ向かわせて兵を集めるよう使者を出しましたが、兵の派遣を断られています。筑紫国の王は、官符の命令を読み上げる使者に対してこう返答しています。

「筑紫の国はもともと外敵への備えであり、城《き》を高くし堀を深くし、海に向かって守備しているのは、内賊のためにではありません。今、命に従って軍を起こせば、国の備えが空《から》になります。思いがけない変事があれば、一挙に国が傾きます。その後に臣を百度殺されても何の益もありません。天皇のご稜威《りょうい》にそむく気はありませんが、兵を動かすことができないのは、以上のようなわけです」。

筑紫国では、これまでに白村江の戦いで取り分け多くの死者を出していますし、戦いの敗北で築いた山城や防人などのために人民が駆り出されて悲鳴が上がっていることでしょう。筑紫国の王の返答はこのことを言っていると思われます。

こうして兵の確保もできずに使者は戻っています。また、東国へ向かった使者は、不破道を封鎖している兵によって遮られ、引き返しました。

両軍の決戦は、琵琶湖の水が流れ出す宇治川に架かる瀬田橋のほとりに陣取った近江朝廷軍と、朝廷軍を破って西へ進軍してきた大海人皇子軍が激突して始まりました。しかし、軍を進める大海人皇子軍と、防戦する形となった近江朝廷軍では朝廷軍の足並みの乱れがひどく、決戦したその日に決着がついています。

天武天皇紀元年（六七二）六月二十四日に大海人皇子が吉野宮を発ってから、二カ月後の七月二十二日のことです。翌日、大友皇子は首を吊って自決しています。

大海人皇子は翌年の春に飛鳥浄御原宮《きよみはらのみや》で即位し、天武天皇となりました。それまで大王《おおきみ》と呼ばれていた称号を天皇に改め、国号を大和《やまと》から日本と改めました。

一九九八年に明日香村の飛鳥池遺跡から「天皇」と書かれた木簡が出土し、同時に出土した木簡には「丁丑」と書かれていることから天武天皇期に「天皇」の称号が使われていたことが判明しています。

天武天皇は天皇を中心とした律令による官僚制を強め、国の史書を編纂しなければならないと念じて発意したのです。しかし天武天皇存命中に完成は叶わず、『古事記』は二代後の元明天皇の和銅五年（七一二）に、『日本書紀』は三代後の元正天皇の養老四年（七二〇）に完成しました。

『古事記』の序文に天武天皇の詔が記されています。

「朕《あれ》聞く、『諸家《もろもろのいへ》の賷《も》てる帝紀《すめらみことのふみ》と本辞《もとつことば》と、既に正実《まこと》に違《たが》ひ、多《さは》に虚偽《いつわり》を加ふ』といへり。今の時に当たり、其《そ》の失《あやまり》を改めずは、幾年《いくとせ》を経ずして、其の旨滅《むねほろ》びなむとす。斯《こ》れ、邦家《くにいへ》の経緯《たてぬき》、王化《みおもぶけ》の鴻基《おほきもとゐ》なり。故惟《かれこ》れ帝紀《すめらみことのふみ》を撰《えら》ひ録《しる》し、旧辞《ふるきことば》を討《もと》め覈《あなぐ》り、偽《いつは》りを削り実《まこと》を定め、後葉《のちのよ》に流《つた》へむと欲《おも》ふ」

天武天皇は詔で、皇室の系図を主題とした「帝紀」も、宮廷に伝わる伝説や説話などの「旧辞（本辞）」も誠と違い、大いに虚偽を加えていると述べていますが、古く国史の編纂はありました。

『日本書紀』推古天皇紀二十八年の条に、「この年、（聖徳）皇太子と馬子大臣が相議《はか》って、天皇記および国記《くにつふみ》、臣・伴造・国造など、外多くの部民・公民らの本記《もとつふみ》を記録した」とあります。また、乙巳の変で蘇我入鹿が中大兄に殺されていますが、その翌日父の蝦夷は館に火を放って死んでいます。この時に、国記が焼かれる前に取り出されて中大兄へ渡されたことが皇極天皇紀四年の条に書かれています。ここで言う国記とは、蘇我氏を中心とした史書であったと思われます。

記紀の編纂を始めるのにあたり、各豪族に伝わる伝記を提出させたことが持統天皇紀五年八月の条に書かれています。

「十八の氏（大三輪《おおみわ》・雀部《さざきべ》・石上《いそのかみ》・藤原・石川・巨勢《こせ》・膳部《かしわで》・春日《かすが》・上毛野《かみつけの》・大伴・紀伊・平群《へぐり》・羽田《はた》・阿倍・佐伯《さえき》・穂積《ほづみ》・安曇《あづみ》）に詔して、その先祖の墓記を上進した」。

こうして各豪族にあった家伝は召し上げられ、万世一系の思想のもとに『古事記』と『日本書紀』の編纂が始められたのです。

第六章　史実と神話が交錯する『日本書紀』

――あとがきに代えて――

弥生時代から始まる『日本書紀』

これまで『日本書紀』を中心にして古代から時代を追ってきました。『日本書紀』とほぼ同時期に編纂された『古事記』の序文です。

（陛下の）臣である安萬侶が申し上げます。そもそも宇宙のはじめの混沌が、やっと一つに固まってきたところで、まだ気も形のくまどりも現れず、だから何かに名づけようもなく、何かの作用もないから、誰もその形というものを知りようもない。そのような状態であったけれど、混沌が初めて二つに分かれて天と地になり、その天に三人の神が天神の始めとなり、陰と陽も初めて分かれてその地に男女二神が万物の祖先とおなりになった。二神が出現したことにより、二神はあの世とこの世を入り出ることがあって、（男神伊耶那岐命が）目を洗うときに、日の神と月の神が出現なさり、海水に浮かび沈みして禊をしたときに天津神と国津神が出現なさった……。

（『古事記』　中村啓信）

混沌とした日本列島が、「初めて二つに分かれて天と地になり、その天に三人の神が天神の始めとなった」とあります。『日本書紀』神代の始まりも同じような書き出しです。三柱の神の内の一柱の神が高皇産霊尊で、タカミムスヒノミコトと読みます。天に三柱の神が成り、次に天に成った神がイザナキとイザナミでした。イザナキとイザナミは国生みと神生みを行い……、と神代は展開していきます。

神代《かみよ》としながら、天の初めになった神の名を高皇産霊尊とし、高皇産霊尊の名は古代朝鮮半島にあった国、加耶という小国の集合体の内の一つである高霊加耶《コリョンカヤ》が「皇」を産んだ、とこっそり『日本書紀』は神の名の中に史実を忍ばせているのです。

ウカヤフキアエズノミコトもそうでした。天孫降臨したニニギノミコトが海神の娘、豊玉姫を娶り、燃える室から生まれた子の一人がホホデミノミコトで、ホホデミが豊玉姫の妹の玉依姫を娶って生まれた子がウカヤフキアエズノミコトでした。

そのウカヤは「上加耶」のことで、大加耶とも呼ばれていますが、大加耶は朝鮮半島南部にある高霊《コリョン》に存在した古代国家です。

ここでタカミムスヒとウカヤフキアエズがつながってきます。列島に国というものがなく、縄文人と稲作を始めた渡来人が併存するところに騎馬民族が渡って来て国づくりを行い、そのことを神話にして「まだ気も形のくまどりも現れず、だから何かに名づけようもなく、何かの作用もないから、誰もその形というものを知りようもない。そのような状態であったけれど、混沌が初めて二つに分かれて天と地になり、その天に三人の神が天神の始めとなり、陰と陽も初めて分かれてその地に男女二神が万物の祖先とおなりになった……」と表わしたのです。

支配者が列島に渡って来たということは、支配者の言葉が列島に入って来たということにもなります。支配者に限らず、弥生人はそれまで使っていた言葉を使いますので、列島は縄文人の言葉と、新しく列島へ渡って来た弥生人の言葉が混在する時代となっていきます。支配者は漢字を読み書きできるためやがて「やまと言葉」へと収束することになります。

神話では「海」のことを「わたつみ」と呼んでいます。「わた」は新羅語のパダから「わた」となり、「うみ」は百済語・高句麗語のヨミから「うみ」になったというのです。

漢字だけが羅列された万葉仮名から片仮名と平仮名が考案されて、現在の日本語となりました。

天孫降臨したニニギの第一声です。

「ここは韓《から》の国に向き合い、探し求めて笠紗《かささ》の岬に通り来て、朝日のまっすぐに射《さ》す国、夕日の照り輝く国である。この場所こそもっとも吉《よ》い土地である」。

天から降りて来たニニギは、「韓の国に向き合い」と降り立った所を言っています。ニニギから代を継いで生まれた子がイワレヒコで、イワレヒコは東征して大和に至り、即位して神武天皇となりました。

ここで神代は終わり、天皇《すめらみこと》が日本列島を支配する時代へと入っていきます。これが神代の粗筋です。

ところが、神であるはずのニニギは、実は任那加羅王を指していたのです。

それならば、どうして任那加羅王は母国を離れて、韓の国に向き合う日本列島へやって来たのか。母国を離れるのには、相当な決心をしなければなりません。まして任那加羅は金官加耶とも呼ばれ、加耶諸国の中でも高霊加耶と並ぶ一、二を争う国でした。その任那加羅（金官加耶）が母国を離れるのには、戦争で負けて遺民となるか、もしくはそれに近い状況に追い込まれなければならないと思われます。

分国の邪馬台国が狗奴国に敗北したからといって、任那加羅王が自国の大軍団を率いて国を離れるとは思えません。国王が主力の軍を引き連れて国を離れてしまえば、自国が弱体化して、自国の存在が危うくなってしまうからです。

任那加羅王の決断は、魏の帝王の詔書と黄幢を携えて邪馬台国で女王・卑弥呼へ檄を発した張政が、九州の北岸に最短の位置であり、加耶諸国の中では有力な国力を持つ任那加羅王に参戦するように要請したためと思われます。

張政が倭へ来てから十九年後に帰国しているのに、張政は記紀には書かれていません。しかも、ニニギが降臨する原因となった狗奴国と邪馬台国の戦争も、邪馬台国の敗北についても一切出てきません。

ただ、申し訳程度に書かれているのは、『日本書紀』神功皇后紀に「山門県《やまとのあがた》にいき、土蜘蛛――田油津媛《たぶらつひめ》を殺した。田油津媛の兄――夏羽が兵を構えて迎えたが、妹の殺されたことを聞いて逃げた」、と書かれているだけです。

山門にいる土蜘蛛の田油津媛、と卑弥呼を土賊扱いしていると思えますが、神功皇后自体が架空の人物です。架空の人物が山門にいる土蜘蛛の田油津媛を殺したと言っても、そのまま鵜呑みにすることは当然のことながらできません。架空の人物が、架空の人物を殺すことはできないためです。

架空の人物とは言え、山門には女王・卑弥呼がいました。神話にはこのように核となるものがあり、その核を元にして奇想天外な夢物語にしてしまうので、話の真相が見えなくなってしまうのです。

田油津媛を殺したとする神功皇后もそうです。

邪馬台国は狗奴国に敗れましたが、本国から任那加羅王が参戦して強力になった新邪馬台国は東へ進軍して大和に移り、三輪王朝を作りました。ヤマト王権の誕生です。ヤマト王権が大和に作られると、四方に将軍と軍を派遣して勢力範囲を広げていきます。

ヤマト王権は、百済の影響が及びにくい遠方の地に都を築いたために、九州にあって邪馬台国を破った狗奴国が勢力を強め、大和へ移った加耶勢力にたびたび反抗して背くようになります。

そうしてとうとう加耶勢力の最後の王が、狗奴国によって殺されてしまいます。殺された加耶勢力最後の王が、仲哀天皇です。

加耶勢力に代わって第二次ヤマト王権を樹立したのは、百済勢力です。この百済勢力が、紆余曲折を経て現在に至っているということになりますが、その過程は文字通り波乱万丈の世界でした。

『古事記』では神代の過半を占めていた出雲神話は『日本書紀』では小さな扱いで、邪馬台国に至っては山門県に田油津媛がいたと書いているだけです。しかし、田油津媛とする卑弥呼も、神武天皇とされる任那加羅王も同じ加耶の出身です。それなのに、『日本書紀』での極端な扱いの差は何なのか。

それは、出雲も邪馬台国も最終的には敗北者であるためです。支配者にとっては、敗北者をとりたてて取り上げる必要はないために、軽視されてしまうのです。

では、なぜ敗北者の国王が、初代天皇の神武天皇として掲げられているのか。

その答は、皇統は万世一系である、という大前提のもとに記紀が編纂されているから、というものになりましょう。加耶勢力は百済勢力に滅ぼされますが、皇統は不変であるとするのですから、勢力が変わるという歴史上の大きな出来事をないものとしてつなげるのに必要なのが、神功皇后という人物です。

架空の神功皇后を作り出し、殺される仲哀天皇と結婚したことにして臨月の神功皇后が新羅征伐のために朝鮮半島へ渡り、征伐を終えて九州へ戻り、九州で産んだ子が応神天皇になった、としたのです。こうして列島の支配が加耶勢力から百済勢力へと変わることを、神功皇后という架空の人物に代えて歴史をすり替えてつなげたのです。

しかし、神功皇后の話のすべてが偽りであるとも言えません。

百済から臨月の女性が九州に来て子を産んだか、もしくは幼子を抱えた女性が百済から九州へ渡り、その子が応神大王になったと思われます。当時の熊津百済は高句麗の攻撃を受けて陥落し、倭へ脱出してきたからです。

この逸話を元にして作られたものが、『日本書紀』の神功皇后紀になります。

このようにして歴史を追っていけば、邪馬台国については歴史の経過のごく一部であることが分かります。ですから、弥生時代最大の問題は、邪馬台国はどこにあったのかということではなく、どのようにして日本列島は支配されていったのかということになるのです。

大和説はあり得ない

弥生時代最大の問題は、邪馬台国はどこにあったのかということではなく、どのようにして日本列島は支配されていったのかということになる、と述べましたが、これまで果てしのない邪馬台国論争が繰り広げられてきましたので、弥生時代最大の関心が邪馬台国はどこにあったのかということにあるのは間違いありません。

魏志倭人伝は魏の時代が終わって次の晋代に書かれた、日本列島が古墳時代に入ってからの、邪馬台国を知ることのできる唯一貴重な史書です。著者の陳寿は、列島が弥生時代の終末期から古墳時代へと移行する頃に暮らしていた人なので、ほぼ同時代に書かれた史書ということになります。

ところが、倭人伝には理解ができない記述があり、そのためにさまざまな解釈がなされて江戸時代から続く邪馬台国論争となっているわけです。

その一つに、倭人伝に書かれている里数があります。

帯方郡から九州北部にある不弥国までの里数と、女王国に接する狗奴国の境界までの里数です。不弥国から投馬国と邪馬台国までは里数ではなく、所要日数が書かれています。

そのためにさまざまな解釈がなされるわけですが、各人各様の考え方で解釈は変わります。

魏尺の一里は四百三十四メートルですが、倭人伝の一里を魏尺の標準里としてみると計算値と倭人伝の里数では計算が合わない。そこで大和説者は倭人伝に書かれている所要日数を頼りにして、邪馬台国は大和にあったと導きます。

邪馬台国九州説者でも、倭人伝に書かれている所要日数の水行十日陸行一月を水行すれば十日、陸行すれば一月として解釈し、邪馬台国は九州にあったとする考え方もあります。

次に、卑弥呼の墓は径百余歩とあります。

この百余歩の一歩の長さを、どう解釈するかによって卑弥呼の墓の大きさは変わってきます。魏尺の一歩は一・四四メートルなので、径百余歩は約百五十メートルとするのが大和説者、九州説者を問わずほとんどの考え方です。

また、卑弥呼の墓には奴婢百余人が殉葬された、と倭人伝にあります。

しかし、日本列島では殉葬されたものが発見されていないので、考古学上からはこの殉葬については無視というか、論点にも取り上げられていないようです。

日本では発見されていないとする殉葬は、『日本書紀』垂仁天皇紀に書かれていますし、垂仁天皇は、御肇国天皇と書いて「はつくにしらすすめらみこと」と読む崇神天皇を継いだとされる大王です。「肇」の文字には「初めて」という意味合いがあります。

垂仁天皇紀には殉葬がこう書かれていました。

十一月二日、倭彦命を身狹《むさ》（橿原市在）の桃花鳥坂《つきさか》（築坂）に葬った。このとき近習の者を集めて、全員を生きたままで、陵のめぐりに埋めたてた。日を経ても死なず、昼夜泣きわめいた。ついには死んで腐っていき、犬や鳥が集まり食べた。

清寧天皇紀にも殉葬を行ったと見られる記述があります。

冬十月九日、雄略天皇を丹比高鷲原陵《たじひのたかわしのはらのみささぎ》（大阪府羽曳野市島泉字高鷲原）に葬った。このときに近習の隼人たちは、昼夜、陵のそばで大声で悲しみ、食物を与えても食べず、七日目に死んだ。役人は墓を陵の北に造り、礼をもって葬った。この年、太歳庚申《かのえさる》。

いずれも、生きたまま王と一緒に埋め立てられたことが分かります。殉葬が行われていたことは間違いありません。しかし殉葬の跡が見つかっていないために考古学者はこのことを認めていないわけですが、殉葬をした跡にほぼ相違ないと思われるものを見つけた人がいます。瀬高町（旧山門）の郷土史家、村山健治です。

「殉死についてかんたんに触れよう。瀬高町の上小川で、石棺が発掘されたとき、その周囲に二十五センチくらいの朱の固まりが、一メートル間隔見当で、円状に並んでいた。弥生のころ、殉死する人は体じゅうに朱を塗って、棺の回りに人垣を作って葬られたようだ。この上小川の石棺と、それを取り囲む朱が、殉死の原型と思う」

と、著書の『誰にも書けなかった邪馬台国』に具体的に書いています。一メートル間隔で二十五センチくらいの朱の固まりが石棺の周りに円状に並んでいた、とあります。二十五センチくらいの朱の固まりとは、殉葬者は墓に埋め立てられる際に朱で塗られていたようです。

その朱が、一メートル間隔で中央にある石棺を取り囲むようにしてあったというのですから、垂仁天皇紀に書かれている殉葬の記述が村山健治によって暴《あば》かれた、と言えます。

もう一つ、倭人伝には卑弥呼の墓について書かれています。

「大作冢径百余歩殉葬者奴婢百余人」の「大作冢」です。

大和説者はこの「大作冢」をどう解釈しているのでしょうか。「冢」とは「塚」と同じようなもの、とされるのに、なぜか特大の前方後円墳を卑弥呼の墓だとしています。

この理解に苦しむ解釈がまかり通っているのは、魏尺の一歩が一・四四メートルであるからに他なりません。

倭人伝の里数が魏尺の一里、四百三十四メートルではないことが明らかなのに、なぜ一歩を魏尺の一・四四メートルとしてしまうのか。しかも卑弥呼の墓は「大作冢」と書かれ、「大いに冢を作る」となっているのに、どうして特大の前方後円墳が「塚」になってしまうのか。

殉葬の実例を暴いた村山健治は、決定的とも思える証拠を瀬高町藤ノ尾遺跡（旧山門で偶然掘り出しました。遺跡で仲間と二人で土取り作業をしていた時に、仲間が土の中からそれまで見たことのない奇妙な石板を偶然見つけたのです。土器でもなく、武器でもないやや長方形をしたもので、手のひらに乗るくらいの石板です。

やや長方形の石板の上部には穴が開けられ、ロウ石で作られた石板の表面には半分近くが摩耗していますが、「齋」と読める文字が彫られています。同じような石板の出土地は、瀬高町藤ノ尾遺跡の他に博多、福岡県浮羽郡、久留米市御井町の計四カ所がありますが、藤ノ尾遺跡で出土した石板以外には表面に文字は彫られていません。

四つの似た石板が出土したのは、いずれも九州の北部で、卑弥呼の時代に女王国が支配していた地域と見られます。女王国とは、加耶勢力が支配していた所です。

石板を発見した村山健治はこう考えました。

関所を通過する時に、通行者が所持する通行証を対照して確認する、「割符」の対照用原本ではないか。その原本が関所に保管されていて、それが九州北部の四カ所から出土したのだろう、と。

割符とは、青銅や竹などの表面に文字を彫り、それを二つに割って、一つは割符が偽造されたものではないかと確認するために関で保管する対照用の原本として、残る一つは通行者が携帯して関で役人に提示する、通行証としたものを割符と呼びました。

しかし、弥生時代には国境という定めはなく、ましてや関などが存在するわけはあり得ません。ですから、出土した古代通行証と見られる石板が対照用原本であるわけがありません。

私は、石板を卑弥呼が二回目に魏へ派遣した使者が、魏の国で常時携帯して使った通行証であると考えます。

日本では、関の通行を確認する「過所」という制度が始められたのは中国の漢の時代とするのが定説となっていますが、中国人で符を研究する研究者は、過所は初めて中国を統一した秦の時代から始められたものが原型で、国の出入りを監視することが目的だとされます。魏は、秦の時代に作られた基本的な制度を踏襲しているものと考えられます。

九州の北部で出土した四つの古代通行証と見られる石板は、女王国の使者が携帯して倭へ持ち帰ったものでしょう。割符は出発地に戻るまで携帯しなければならない、という決まりからです。古代通行証と見られる石板も、出発地に戻るまで携帯しなければならない決まりが適用されるはずです。

卑弥呼が一回目に派遣した使者に対して、帯方郡の太守、劉夏は使者の難正米と牛利に帯方郡の役人を同行させて魏の都である洛陽へ向かわせましたが、二回目の使者に対しても帯方郡の役人を同行させたはずです。

遣使は遠い洛陽まで行く長旅なので途中いくつもの関を通行することになり、割符であれば通行する関の数だけ必要となります。しかも、遣使には魏の皇帝に朝見するという大役を仰せつかっているので、遣使だけで魏の都まで向かわせることは帯方郡としてはできない相談だと思われます。

そこで倭の使者に対して作られたのは割符ではなく、石製の特別な通行証であり、旧山門から出土した通行証には「齋」王の文字が彫られたのではないかと考えます。浮羽郡から出土した通行証には文字の彫り込みがなく、他から出土した通行証にも文字が彫られていないということは、使者の代表者である「山門の使者に同行する一行」という扱いがされたものと思われます。言わば、使者の一団に対して下付された特製団体通行証が、九州北部の各地から出土したのではないか、ということになります。

殉死の跡といい、石の表面が半ば摩耗するほどに使われた古代通行証といい、村山健治は邪馬台国の存在を裏付ける決定的とも言える発見をしているのに、現在ではかえりみられることもなく邪馬台国大和説だけが闊歩しています。

本当におかしな話です。

『日本書紀』から抹殺される敗者

狗奴国に負けてしまった邪馬台国ですが、魏の皇帝へ使者が二度も朝見し、国が定まると晋の皇帝へも朝見しています。

しかし『日本書紀』にはそれらの記述は一切なく、わずかに神功皇后が山門県の土蜘蛛、田油津媛を殺したと、架空の神功皇后にかこつけて書かれているだけです。邪馬台国に限らず、ヤマトに滅ぼされた出雲も、『古事記』の上《かみ》つ巻では大半に渡って書かれていたものが、『日本書紀』では神代で少しばかりの記述になっています。

その理由は、いずれもヤマトに滅ぼされた敗者であるためです。勝者にとっては、敗者の記述はさほど重要なものではありません。

しかし、神武東征を行ったとする神武天皇は任那加羅王で加耶の人ですし、実質的な初代天皇とされる崇神天皇も加耶の人です。神武天皇と崇神天皇は、同一の任那加羅王を分けて別々の天皇とし、天皇の即位は朝鮮半島の建国よりも遥かに古かったとし、神話で脚色したものです。

邪馬台国は加耶勢力で、神武天皇と崇神天皇が同一の人ならば、加耶勢力と変わらないではないか、邪馬台国は抹殺されながら、なぜ記紀にかなりの枚数を割いて神武天皇と崇神天皇が書かれているのか、といった疑問が起こるでしょう。

それは、天皇は万世一系とするために、初めに日本列島を支配した大王を無視するわけにはいかないからです。

列島で最初に王権を立てたのは加耶勢力です。九州で狗奴国と戦って敗れた邪馬台国に金官加耶王（任那加羅王）が大軍を率いて加勢しましたが、九州で再び狗奴国と戦っては狗奴国本国の百済が乗り込んできてしまえば、金官加耶王が率いる大軍と言えども多勢に無勢です。そこで加耶勢力は九州を離れ、百済の力が及びにくい東へ移ったのです。

これを記紀では擬人化して、神武東征神話としています。神武天皇の和風諡号である神日本磐余彦天皇の磐余（イワレ）は、大軍が集結しているさまを表わす、と当の『日本書紀』に書かれていました。神武天皇は実在せず、大軍、つまり加耶の大軍団が九州から大和へ移動したことを神武東征としていることが分かります。

また、神武天皇の即位は『日本書紀』に辛酉《かのととり》年（紀元前六六〇年）となっています。干支は六十年周期で繰り返しますが、中国では漢代にできたと言われる予言、讖緯《しんい》説によれば、辛酉年は千二百六十年ごとに世の中は新しくなるとされ、倭と敵対した新羅よりも遥かに古くから建国されたのだとして、紀元前六六〇年を神武天皇即位の年にしたのだとする説があります。

そうして架空の神武東征がなされ、畝傍の橿原宮で即位したと記紀は記します。記紀の故地に因んで地元の強い請願がなされ、明治天皇の創建によるのが橿原神宮です。

ニニギノミコトが降臨した所は、日向《ひむか》の襲《そ》の久士布流峯《くしふるたけ》でした。加耶の建国の祖が降臨した所も亀旨峯といい、カラ語でクジボンと読みます。

「くし」とクジは通じます。「くしふる」が「かしはら」になったと思われ、賢所（かしこどころ）は宮中で最も神聖な場所とされています。

神武天皇は橿原宮で崩御され、『古事記』では百三十七歳、『日本書紀』では百二十七歳である、と書かれています。

このように、初代の天皇とされる神武天皇は史実を核にして、ほとんどが神話で構成されています。

神武天皇の後には八代の天皇の簡単な系譜と事績が書き連ねてあり、いわゆる欠史八代と呼ばれています。歴史上存在しないという意味です。

イワレヒコは初めて天皇に即位されたのでこれを「始馭天下之天皇」と書き、「はつくにしらすすめらみこと」と読みますが、ほとんど同じ称号の天皇が崇神天皇です。「御肇国天皇」と書いて「はつくにしらすすめらみこと」と読む、崇神天皇です。

崇神天皇の和風諡号は、「御間城入彦五十瓊殖天皇」と書いて「みまきいりひこいにえのすめらみこと」と読みますが、「みまき」の「みま」は任那の「ミマ」、「き」は城の「キ」で、「ミマキ」とは任那加羅王のことだとするのが日本で初めて騎馬民族征服王朝説を唱えた江上波夫です。

金官加耶王（任那加羅王）によって国中が定められ、間もなくして女王に就いたのが卑弥呼の宗女である台与と考えられます。邪馬台国の遷都という中で大役を果たした張政は、台与に見送られて帰国したのです。

加耶人は、建国した聖地をカラ語でヤマトと呼んだので、九州に山門の地名が残り、奈良平野に大和の地名が残ったというわけです。また、奈良平野の東南端にある三輪山は故郷（山門）にあった、かつては女王山と呼ばれた女山《ぞやま》と山容がよく似ているために御神体と崇めたと思われます。御神体とする山麓に神社を建てて大神神社としました。大神神社の大神は「おおみわ」と読み、「おおみわ」の名は山門にあった於保美和（おほみわ）の名に通じます。

国中が定まり、三輪山の山麓には大小さまざまな前方後円墳が造られて古墳時代へと移っていくことになりますが、卑弥呼の墓とされる箸墓古墳はその中の一つです。巨大な箸墓古墳が、邪馬台国と狗奴国が戦争をしている最中に築かれるわけはありませんし、第一、邪馬台国は狗奴国に敗れています。

卑弥呼が葬られた墓は径百余歩の「冢」（塚）だと倭人伝に書かれているのに、それがどうして卑弥呼の墓になってしまうのか。

大和説者はイイトコ取りをしてしまうからでしょう。邪馬台国は狗奴国に勝ち、径百余歩の一歩は魏尺の一・四四メートルであり、箸墓古墳の後円部の径は約百五十メートルでちょうど見合う。被葬者は倭迹迹日百襲姫命《やまとととひももそひめのみこと》という女性である。巨大な箸墓古墳を造ることができるのは、邪馬台国でなければ成し得るものではない。だから箸墓古墳は卑弥呼の墓である、と。

加耶勢力を征服した百済勢力

金官加耶王が自国の軍を率いて参戦し、邪馬台国の敗残兵と合流して東へ進軍の途中に出雲勢力のニギハヤヒが率いる軍を武力で圧倒して服従させます。これを『日本書紀』では、「昔、天神の御子《みこ》が、天磐船《あまのいわふね》に乗って天降《あまくだ》られました。櫛玉饒速日命《くしたまにぎはやひのみこと》といいます」としたのです。

イワレヒコが奈良平野に入ろうとすると、これを阻止しようとする長髄彦が強い抵抗をしていています。長髄彦はイワレヒコに敗れ、イワレヒコにこう言っています。

「櫛玉饒速日命が我が妹の三炊屋媛《みかしきやひめ》を娶って子ができました。名を可美真手命《うましまでのみこと》といいます。それで、手前は饒速日命を君として仕えています」

近畿や中国地方には新羅勢力が先着していました。先着していた新羅勢力が加耶勢力の侵入を阻止しようとした戦いを、長髄彦に擬人化したのです。進軍する加耶勢力をイワレヒコと擬人化したように。

ですから、大和から古墳時代よりも古い弥生時代の遺物が出土して当たり前、ということになります。例えば、奈良平野にある弥生時代から続く大規模な遺跡の唐古・鍵遺跡を、三輪王朝の前身とする見方がありますが、そうではなく、弥生人が定着して稲作をいたところに新羅勢力がやって来て、弥生時代から続く複合遺跡になったと考えることができます。

ニニギが任那加羅（金官加耶）から九州に天降ったように、ニギハヤヒも新羅から山陰地方に天降ったのです。

三輪王朝を築いた加耶勢力でしたが、やがて百済勢力にとって代わられます。記紀では万世一系とする天皇が、違う勢力の大王に代わってしまうのです。このことを、記紀では架空の神功皇后を作り、朝鮮半島から戻った臨月の神功皇后が九州で子を産んだとしました。

子が産まれんとする臨月の婦人が、遠征の途中で子が産まれないように腰に温石をあて、男装して新羅へ向かったとしています。神功皇后が乗った船を、神風が吹いて船は新羅の内陸にまで到達し、恐れをなした新羅の王は自らを縛って屈服したと記紀は書きます。新羅遠征を成功させた神功皇后は九州へ戻り、九州で産んだ子が後に応神天皇になったとします。

この筋書きはまさに神話そのものですが、ここで重要なことは、天皇になる子が半島からやって来たということです。ニニギは天から天降り、代を継いで神武天皇が生まれていますが、すでにニニギが天孫降臨を終えているので応神天皇は天からではなく、臨月の婦人が海を渡り、九州で子を産んだとしたのです。

応神天皇の和風諡号を誉田天皇と書いて、「ほむたのすめらみこと」と読みます。

「誉田」を「ほむた」と読む一方で、応神天皇陵は誉田山古墳と呼び、「誉田」を「こんだ」と読んでいます。

応神天皇の代になると、百済から大勢の百済人が海を渡って来るようになります。弓月君が百二十県の人民を率いて海を渡って来ていますし、阿知使主が十七県の人民を率いてやって来ています。

百済の王や知識人もやって来て、応神天皇の子の師となって学ばせたりしています。崇神天皇の時にも似たようなことがあったと『日本書紀』に書かれています。

崇神天皇紀十一年夏四月二十八日、四道将軍は地方の敵を平らげた様子を報告した。この年異俗の人達が多勢やってきて、国内は安らかになった。

異国から大勢の人々がやって来て、国内は安らかになった、というのです。このことは、次のように考えれば説明がつきます。

邪馬台国が作られたきっかけは、鉄を狙って他国から攻め込まれて身の危険を感じた高霊加耶の王子が、国を離れて九州へ逃れたからだと思われます。山門に邪馬台国が建国され、加耶諸国からも多くの王子が渡って来て九州の北部に国々が作られ、卑弥呼が女王に共立されて女王国となります。

しかし邪馬台国は狗奴国に敗れ、窮地に陥った邪馬台国を復活させるために任那加羅王が大軍団を率いてやってくると、東進して奈良平野の三輪山麓に定着し、三輪王朝を築きました。

大勢の異俗の人達とは、任那加羅（金官加耶）の民が多くいたことと思われます。加耶人は、加耶王を頼って渡来したのです。

応神天皇が海を渡って来たのも、高霊加耶の王子が列島にやって来たのときっかけは似通っています。

百済には、高句麗から逃れた兄弟の弟が建国した都が北にある漢城百済《ハンソン》で、兄が南に移って新たに建国した都が熊津百済《ウンジン》（カラ語でクマナリ）です。しかし熊津百済は高句麗に滅ぼされてしまい、臨月の婦人を伴って脱出して来たのが九州です。

いずれも、身に危険が迫ったので祖国を離れ、海を渡って列島へ脱出しています。

九州には百済の分国である狗奴国があり、狗奴国と熊津百済から渡来した軍隊が合流して大和にいる加耶勢力と戦い、これを征服します。こうして列島を支配するのは加耶勢力から百済勢力へと変わりました。

応神大王が倭を支配し、高句麗に滅ぼされて遺民となった熊津百済の人々は応神大王を頼って列島に大挙してやって来た、ということになります。

三輪王朝に代わった河内王朝ですが、乱れに乱れた生活で武烈大王が後継ぎのないままに十八歳で早逝してしまい、王統は途切れてしまいます。

継体大王、波乱の生涯

『日本書紀』には、継体天皇が即位したのは継体天皇紀元年（五〇七）二月四日、大伴大連から天子の璽符《みしるし》の鏡と剣を河内の葛葉《くずは》の宮で受けた、と書かれています。宮殿で璽符を受けて即位したのではなく、非常事態の中での即位という印象を受けます。継体大王はこの時五十八歳。

葛葉の宮で即位した天皇ですが、淀川に近い所で遷宮を繰り返して行い、大和の磐余玉穂宮に入ったのは即位して十九年後のことです。継体大王七十七歳。武烈大王の死去後、二十年近くも大王不在の状態が続いていたので、豪族の権力争いは激しいものがあったでしょう。

権力争いの渦中で大王の即位があり、大和へ入るのにも長い年月がかかってしまったように思えます。

継体天皇の和風諡号は男大迹天皇で、「おおどのすめらみこと」と読みます。『古事記』では袁本杼命と書いて「おほどのみこと」と読みます。いずれも、「おおど」の名です。

『日本書紀』には、男大迹天皇は応神天皇の五世の孫、母の振媛は垂仁天皇の七世の孫とあります。五世や七世の孫となれば、遡って互いの親兄弟がどのような人かはほとんどが知る由もないでしょう。極めて作為的な印象を受けます。

しかも、継体天皇が即位すると、大伴大連からこう嘆願されています。

「古来の王が世を治め給うのに、たしかな皇太子がおられないと、天下をよく治めることができません。睦まじい皇女がないと、よい子孫ができないと聞いております」。

大伴大連が言うのには、「皇太子がおられないからぜひ後継ぎを」というものです。大連の嘆願は具体的です。

「どうか手白香皇女を召して皇后とし、神祇伯らを遣わして、天神・地祇をお祀りし、天皇の御子が得られるようお祈りして、人民の望みに答えて下さい」。

へりくだった言葉ながら、天皇に有無を言わせない口ぶりです。大連の嘆願に応えて天皇は早速手白香皇女を召して皇后としました。

早速手白香皇女を立てて皇后とし、後宮に関することを修めさせられた。やがて一人の男子が生まれた。これが天国排開広庭尊《あめくにおしはらきひろにわのみこと》（欽明天皇）である。この方が嫡妻の子であるが、まだ幼かったので二人の兄が国政を執られた後に、天下を治められた。——

二人の兄は安閑天皇と宣化天皇である。

大伴大連の言葉は食い違っています。初めはたしかな皇太子がおられないと、と言っていますが、大連の嘆願を受け入れた天皇に子ができると、その子（欽明天皇）の上には二人の兄がいたとなっています。

大連は「たしかな皇太子」と、わざわざ「たしかな」という言葉を付け加えているのは胡散臭い感じがします。そうして生まれた子は、大后を娶って「やがて」です。

雄略天皇紀には次のように書かれていました。百済の加須利君が弟の軍君《こにきし》に「お前は日本に行って天皇に仕えよ」と命じ、軍君が倭の京に入ったときにはすでに五人の子があった、とあります。注記には、「百済新撰」によると、辛丑年に蓋鹵王が弟の昆支を遣わし、大倭に参向させて天王にお仕えさせた、とあります。

軍君とは昆岐のことで、昆岐はクンチと読み、クンチは「大きい人」すなわち「オオト」となり、オオトは百済語で大君《おおきみ》のことです。継体天皇の和風諡号は男大迹天皇《おおどのすめらみこと》で、諡号にオオトが付いているのは、百済から来た大君《おおきみ》を意味することになります。

昆岐の五人の子の内、第三子は百済へ行って東城王となったものの国民から見放され、第四子が武寧王となりました。

昆岐は葛葉の宮で即位して継体大王となったものの、『日本書紀』によれば八十二歳で亡くなったとありますので、継体大王は七十七歳で大和へ入ってからその五年後に、第一子と第二子と共に、継体大王の実子の第五子によって皆殺害されてしまったのです。

これを『百済本記』では「日本の天皇および皇太子・皇子皆死んでしまった」と書き、『日本書紀』では「早速手白香皇女を立てて皇后とし、後宮に関することを修めさせられた。やがて一人の男子が生まれた。これが天国排開広庭尊《あめくにおしはらきひろにわのみこと》（欽明天皇）である。この方が嫡妻の子であるが、まだ幼かったので二人の兄が国政を執られた後に、天下を治められた」と書いているのです。

忌まわしい事件の背景には、蘇我氏の影がちらついて見え隠れします。こうして欽明大王が大王位に就くと、真っ先に行われたのが大伴大連の排除です。代わって蘇我氏が台頭し、大王家の外戚となってその勢力は大王家を凌ぐほどまでに大きくなっていきます。

蘇我氏は百済の故地である扶余の時代から続く、由緒ある最高貴族です。大王家はその蘇我氏を軽視することもできず、やがては大王を殺害するまでに至ったのです。

百済滅亡で断絶する日本

蘇我氏の専横を苦々しく思っていた中大兄皇子は、中臣鎌子と組んで蘇我馬子を討ちました。女帝の皇極大王から大王を継ぐように推される中大兄ですが、直ぐには大王に立たず、皇太子として権力をふるいます。中臣鎌子は後に藤原鎌足に改姓しています。

蘇我氏の血を引く古人大兄に謀反の疑いをかけて一家を殺し、乙巳の変で功績のあった蘇我倉山田麻呂に謀反の疑いがあると一家を滅ぼしました。

皇極大王を継いだ孝徳大王でしたが、中大兄は大王《おおきみ》の大后《おおきさき》を始めとして臣下一同も連れ、皆難波《なにわ》から飛鳥へ移ってしまったのです。どうしてこのような事態になってしまったのか、明確なことは分かりません。一人取り残された孝徳大王はこれを恨み、失意の内に亡くなってしまいます。

孝徳大王の大后と中大兄とは実の兄弟で、肉体関係にあったのではないかとする説もあります。孝徳大王の死で大王位を継いだのは斉明大王です。斉明大王は中大兄の実母で、皇極大王から斉明大王と名を改めての再登場となります。

中大兄は、再び皇子を殺しています。

孝徳大王と大王第一の妃、小足媛《おたらしひめ》の間に生まれたただ一人の子、有間皇子《ありまのみこ》が謀反を企てているとの知らせを聞き、報を受けた六日後に有間皇子を絞首しています。有間皇子がこの時言った言葉は、「天と（謀反があると告げた）赤兄《あかえ》が死っているでしょう。私は全くわかりません」というものです。

この頃の百済は末期的な症状となっていました。

『日本書紀』斉明天皇紀六年（六五五）秋七月十六日の条に、注記として次のように書かれています。

新羅の春秋智《しゅんじゅうち》（太宗《たいそう》武烈王）は、唐の大将軍蘇定方の手を借りて、百済を挟み撃ちにして滅ぼした。他の説では百済は自滅したのであると。王の大夫人が無道で、ほしいままに国権を私し、立派な人たちを罰し殺したので禍《わざわい》を招いた。気をつけねばならぬ、と。その本の註に、新羅の春秋智は、高句麗の内臣蓋金《こうきん》に助力の願いをいれられず、さらに唐に使いを送り、新羅の服を捨てて唐服を着、天子に媚びて、隣国を併合する意図を構えたとある。

（『日本書紀』全現代語訳　宇治谷 孟）

百済では前年に大飢饉がありましたが、皇太子の扶余隆のために宮殿の修理に金を無尽蔵につぎ込んだりしたのを、周囲の人たちが諫めたのかも知れません。それらの人々を逆に義慈王や妃は咎めて、殺してしまったのでしょうか。

こうした百済の乱れに乗じた新羅は唐にすり寄り、唐を受け入れることにして百済の討伐を企てたのです。新羅の服を捨てて唐の服を着たのも、唐への忠誠を示すものです。漢文を中国と同じ、音読みと改めました。

唐にとっては、強国の高句麗を討つ目的のために新羅と組む必要がありました。

白雉《はくち》二年（六五一）には、新羅の使者が唐服を着て筑紫に着いたので、朝廷はこれを責め立てて追い返されています。これらの朝鮮半島の動きを危惧した巨勢大臣《こせのおおおみ》は、「今新羅を討たれなかったら、きっと後に悔いを残すことになるでしょう。そのやり方は難しくはありません。難波津から筑紫の海に至るまで、船をいっぱいに並べて、新羅を呼びつけてその罪をただせば、たやすく出来るでしょう」と進言しましたが、中大兄はこれを聞き入れません。

そうして斉明天皇紀六年（六六〇）三月、新羅の要請で唐が参戦し、唐は大軍団の水軍で百済を攻撃し、新羅は陸軍が百済を攻撃したのです。

佐平の忠告を無視して粛清を行っていた義慈王は後悔したものの、時すでに遅し。義慈王とその妻ら五十人余が捕えられて唐へ送られ、百済は滅びました。

百済を討った唐軍の主力が高句麗打倒へ向かったため、残党は百済再興を図るために、使者を出して倭に滞在している太子、豊璋の帰国を願って中大兄に奏上したのです。

翌年（六六一）四月に斉明大王は自ら出兵して娜大津《なのおおつ》に入りましたが、七月に亡くなりました。

その年の九月に、豊璋は倭から派兵された五千人と共に百済へ入り、平伏した鬼室福信の出迎えを受けます。ところがこの豊璋、実戦の経験がないばかりか大将の気概もないので、福信らからは見放されてしまいます。

逆に豊璋は福信に疑念を持ち、謀反を謀っているとして福信を殺してしまいました。こうなると百済再興は夢物語です。百済は敗戦している上に内紛ですから、どこかで見たような展開となっていきます。

唐と新羅連合軍は一気に倭と百済残兵連合軍に対して攻撃を仕掛け、統率者も定まらず軍備も劣る倭軍は大敗し、生き残ったわずかな兵は脱出する百済の難民を乗せてようやく帰国をすることができました。乱れ飛び、風に吹かれて帰る雁です。

大敗のダメージは大きく、中大兄は唐と新羅連合軍が倭へ追撃してくるのではないかと怯え、九州北部と瀬戸内海沿岸の要所に築いたのが、現在神籠石と呼ばれる朝鮮式山城というわけです。

天智天皇紀六年（六六三）、都を飛鳥から琵琶湖のほとりの大津へ移しましたが、人民は遷都を喜ばず、昼夜を問わず出火をする所が多かったと『日本書紀』にあります。

翌年（六六四）中大兄は即位して天智天皇となります。

『日本書紀』によれば、天智天皇は四人の嬪《みめ》の他に三人の娘《むすめ》、四人の女官の間に子をもうけていますが、女官の一人、伊賀采女宅子娘《いがのうねめやかこのいらつめ》との間に生まれた子が伊賀皇子《いがのみこ》で、後に大友《おおとも》皇子となります。

天智天皇紀十年（六六七）一月、大友皇子は太政大臣に任命され、皇太子ではないものの事実上の世継ぎと宣言したようなものです。その年の秋に発病した大王は症状が急速に悪化し、蘇我臣安麻呂を通して枕元に呼ばれた実弟の大海人皇子は、大王から「私の病は重いので後事をお前に任せたい」と伝えられました。

この時、安麻呂は大海人皇子へ秘かに「よく注意してお答えください」と耳打ちしています。皇子も心得て大王と接し、「大后《おおきさき》に託され、大友皇子を立てて皇太子として下さい」と返答しました。

大海人皇子は何度も固辞し、「私は天皇のために出家して仏道修行をしたい」と伝えて許され、吉野の山に入ります。中大兄に殺された古人大兄と似た展開ですが、大王はその年の十二月に亡くなっていますので、さしもの大王も重い病で気弱になっていたのでしょう。

大海人皇子の願いを聞き入れています。

翌年の五月に、大海人皇子へ「近江朝が戦の用意をしている」との情報が入ります。これを知った皇子の動きは速く、美濃国へ行って吉野宮とつながりがある役人に機密を打ち明けて兵を集めるように命じ、国司らに伝えて軍勢を集め、近江と美濃を結ぶ不破道を封じるように、と近臣に指示をしています。

事は急なので徒歩で吉野を発ち、途中で馬が届いて東国へ向かいますが、吉野から従った総勢は、近江朝から馳せ参じた皇子の子二人を含めて臣下ら二十人あまりと、女孺《めのわらわ》十人あまりとあります。

大海人皇子が美濃国へ入る時には各地から兵が参集して大軍となりましたが、一方の近江朝廷も軍勢の拡大のために吉備と筑紫へ使者を派遣したものの、出兵を断られています。

こうして大海人皇子軍と近江朝廷軍の決戦が瀬田橋で始まり、近江朝廷軍は瀬田橋が突破されると総崩れになってその日の内に決着がつきました。

大海人皇子は飛鳥へ戻り、天武天皇紀二年（六七三）、飛鳥浄御原宮《あすかきよみはらのみや》で即位したのです。

天武天皇紀十年（六八一）三月の条に、天武天皇が帝紀の必要について述べたことが書かれています。その言葉を筆記したのが『古事記』の序文です。

自分が聞くところによると、多くの氏族が持っている帝紀（天皇の正史）と本辞（諸氏族の家伝）はまったく真実と違い、多くの虚偽が加えられているという。今この時に、その誤りを改めないと……。

この天武天皇の発意によって記紀の編纂がなされ、『古事記』が七一二年に、『日本書紀』が七二〇年に上表されました。

執筆者が引用した史料に、「百済記」、「百済新撰」、「百済本記」の多用が多く、倭を貴国としていることなどから百済人が多く関わっていると思われます。思われると言うよりも、白村江の戦いで遺民となり、百済から日本へ渡って来た鬼室集斯《きしつしゅうし》が学識頭《がくしきとう》に任命されて指導をしていますので、日本人は百済人から国語や文章を学んでいるのです。

鬼室集斯は、百済再興のために先頭に立ったものの謀反の嫌疑で豊璋に殺された鬼集福信の子とも言われます。

記紀の編纂は藤原不比等の采配で行われ、不比等は藤原鎌足の子です。「不比等」とは、〝誰も比べることができない〟という意味で、凡人の〝史人《ふびと》〟とは〝月と鼈《すっぽん》〟と宣言しているわけです。

百済の滅亡によって日本と朝鮮半島は断絶され、両国は最短という地理的な環境にありながら、近くて遠い国となってしまいました。しかし日本には百済人や加耶人の末裔が多く住んでいるために、心根《こころね》に残っている新羅への恨みが何かをきっかけに滲み出てくるのだと言えなくもないのです。

【参考文献】

宇治谷 孟『日本書紀』全現代語訳（上）（下）（講談社　一九八八）
中村啓信『古事記』新版（KADOKAWA　二〇〇九）
村山健治『誰にも書けなかった邪馬台国』（佼成出版社　一九七八）
三品彰英『増補　日鮮神話伝説の研究』（平凡社　一九七二）
金 容雲『「日本＝百済」説』（三五館　二〇一一）
金 容雲『日本語の正体』（三五館　二〇〇九）
森 浩一『倭人伝を読みなおす』（筑摩書房　二〇一〇）
大友幸男『海の倭人伝』（三一書房　一九九八）
荘 卓燐『符の政治的意義』（学習院史学　二〇一八）
藤尾慎一郎『九州の甕棺――弥生時代甕棺墓の分布とその変遷』（国立歴史民俗博物館報告
一九八九）
村上恭通『古代国家成立過程と鉄器生産』（青木書店　二〇〇七）
森浩一・上田正昭編『継体大王と渡来人』（大巧社　一九九八）
汪高鑫・程仁桃著　山田侑平訳『東アジア古代三国史』（共同通信社　二〇〇九）

鳥越憲三郎『倭人・倭国伝全釈』(KADOKAWA　二〇二〇)
チェ・サンウォン「古代国家伽耶、6カ国ではなく12カ国以上で構成」(ハンギョレジャパン紙記事　二〇一八)

千寿 史人（せんじゅ・ふびと）［自己紹介］

1947年（昭和二十二年）東京生まれ
定年退職し、現在に至る。在職中の資格は建築設備士
前著に『神さまは渡来人』 2016年ブイツーソリューション発行。一年の半分を安宿で湯治。

邪馬台国から百済大王へ

二〇二一年六月十日　初版第一刷発行

著　者　千寿史人
発行者　谷村勇輔
発行所　ブイツーソリューション
〒四六六・〇八四八
名古屋市昭和区長戸町四・四〇
電　話　〇五二・七九九・七三九一
ＦＡＸ　〇五二・七九九・七九八四
発売元　星雲社（共同出版社・流通責任出版社）
〒一一二・〇〇〇五
東京都文京区水道一・三・三〇
電　話　〇三・三八六八・三二七五
ＦＡＸ　〇三・三八六八・六五八八
印刷所　モリモト印刷

ISBN978-4-434-28927-9